Christian Doumet
Agrégé des lettres
Ancien élève de
l'École Normale Supérieure

LITTÉRATURE

FRANÇAISE

Hachette

Savoir et plaisir : telles sont les deux exigences que cette littérature française s'est donné pour ambition de concilier.
Elle se le devait d'autant plus qu'elle s'adresse prioritairement à un public non francophone.

*A **l'exigence de savoir** répond la rigueur de l'organisation du présent volume :*
— une présentation synthétique du cadre historique de chaque siècle ;
— une description rapide des conditions de production et de diffusion des textes, de l'évolution de la place et du rôle de l'écrivain ;
— des Itinéraires *suffisants pour permettre de suivre les étapes importantes de la vie des auteurs ;*
— des Points de repères *incitatifs qui fixent le contenu de certaines œuvres et qui voudraient donner le goût d'aller les fréquenter de plus près ;*
— des Tableaux *exhaustifs balisant chaque siècle, replaçant les œuvres et leurs auteurs dans le cadre historique, mais aussi artistique et culturel du moment ;*
— dans la rubrique Pour aller plus loin, *des échappées complémentaires vers les textes critiques contemporains sous la forme de courtes citations ;*
— sous l'entrée Lire aujourd'hui, *un essai de définition de ce qui motive plus particulièrement la lecture et l'étude de certains auteurs « incontournables ».*

*Quant à **l'exigence de plaisir,** nous avons voulu la satisfaire au travers d'un double choix : l'un touchant les développements consacrés à chaque écrivain, l'autre, l'iconographie.*

Les développements : ils essaient de répondre à la question : Qu'est-ce qui fait qu'aujourd'hui je puisse avoir envie de lire Rabelais ou Rousseau ? Sans jamais sacrifier une exigence scientifique qui tient compte de la réflexion sur les textes et des acquis critiques de ces trente dernières années, notre propos est de fournir à nos lecteurs non seulement des déclencheurs, des clefs mais surtout une matière de rêve qui leur donne le goût de lire ce grand roman des mots qu'est la littérature française.

© Hachette, 1985 - 79, boulevard Saint-Germain - F 750006 PARIS.   ISBN 2.01.007809.8

L'iconographie : *préférant le plus souvent le regard que le présent jette sur le passé au regard que le passé jette sur lui-même, nous avons opté pour le principe du « collage » cher aux surréalistes ; ce « collage » fait appel d'abord aux images du cinéma, du théâtre, de l'opéra, de la photographie dans leurs expressions les plus contemporaines, mais aussi à la gravure, à la sculpture et bien sûr, à la peinture : Matisse peut ainsi rencontrer Ronsard, Patrice Chéreau, Agrippa d'Aubigné, Bertolucci, Stendhal.*

Choix critiques, points de vue sur les œuvres et sur leurs auteurs, iconographie, participent de cette confrontation dans laquelle se reconnaît la modernité.

Moderne..., le mot, disait Pierre Reverdy, n'est pas un dérivé de « mode ». Si Rabelais, Mme de La Fayette, Marivaux ou Chateaubriand sont encore un peu nos fantômes familiers, c'est pour une raison plus obscure et plus lumineuse, que la simple soumission aux caprices de l'époque. C'est du moins le désir de mettre en évidence cette raison qui a inspiré notre démarche.

Un mot encore de remerciement à Claude Pincet et Daniel Malbert pour leur aide précieuse, et l'attention critique qu'ils ont bien voulu prêter à ce travail.

Christian Doumet
Jacques Pécheur

Les * renvoient au glossaire, p. 235-36.

Le Moyen Age : cinq siècles de littérature

Du IXe au XVe siècle, cinq siècles de mouvements, de renouvellements vont voir la littérature passer des *Serments de Strasbourg* au *Testament* de François Villon ; c'est également au cours de ces cinq siècles que la *lingua romana rustica* va devenir ancien, puis moyen français, se simplifiant et s'enrichissant tout à la fois pour mieux se fixer.

Quatre grands moments ordonnent cette période :

— **Le Haut Moyen Age** jusqu'au XIe siècle, est dominé par les grandes gestes épiques ou chansons *(La chanson de Roland)*, ou parodiques *(Le roman de Renart)* ;

— **Le XIIe siècle** est considéré comme une montée en puissance : une société, davantage urbaine, invente la courtoisie, dont les chantres, troubadours et trouvères, sont les premiers poètes de cour ; à la chanson fait place un récit plus organisé, le roman, pour lequel « la matière de Bretagne » sera la source d'œuvres majeures : *Tristan et Iseult* de Béroul, le cycle du Graal de Chrétien de Troyes ; c'est aussi du XIIe siècle que l'on peut dater l'apparition de la notion d'auteur : Rudel, Thibaud de Champagne, Bernard de Ventadour pour les troubadours et trouvères, Marie de France avec ses *Lais*, et, bien sûr, Chrétien de Troyes et Béroul furent reconnus dès le XIIe siècle comme des auteurs à part entière ;

— **Le XIIIe siècle** voit s'installer la domination économique, religieuse et territoriale de l'Occident en même temps que sa domination culturelle dont rend compte, en littérature, *Le roman de la rose* de Guillaume de Lorris et Jean de Meung, somme littéraire et référence ;

— **La crise du XIVe siècle** et du début du XVe siècle, qui sanctionne la fin du Moyen Age, désorganise l'économie, divise les États chrétiens ; elle se traduira par une littérature de l'inquiétude, perceptible dans les poésies de Charles d'Orléans, « les mystères » représentés sur les parvis des cathédrales, dans le goût pour l'histoire et les chroniques historiques (Froissart) et dans une littérature du désenchantement social, que consacre une veine satirique. anticléricale et anti-bourgeoise.

La société et son paysage

● *Paysage politique*

Il se caractérise par :
— une **affirmation du pouvoir royal** qui, de Hugues Capet (987) à Louis XI (1461-1483) en passant par Philippe Auguste, ira grandissant et triomphera grâce à l'appui de l'Église, des classes économiques montantes (bourgeoisie marchande), et des grands féodaux, au départ plus puissants ;

— une **affirmation solidaire des idées d'État** (mise en place de pouvoirs structurés, judiciaires, économiques et subordonnés) **et de Nation** (sentiment d'appartenir à une même identité nationale, révélé par la guerre de Cent Ans).

● *Paysage économique*

La **croissance démographique** qui s'opère à cette époque voit la société du Moyen Age, de campagnarde devenir urbaine et, à une économie d'origine agricole, se substituer une économie fondée sur l'échange et la circulation des marchandises.

● *Paysage social*

Un état social qu'on croyait créé et voulu par Dieu et caractérisé par une **division de la société en trois ordres** (les prêtres, assurant la fonction religieuse ; les guerriers, la fonction militaire ; et les paysans, la fonction économique), va lentement se transformer sous l'effet des changements économiques.
Ces modifications vont se manifester par :

○ *Une évolution des classes existantes*

Les paysans : au lien d'assistance mutuelle, qui liait seigneur et vassal, se substitue un lien de dépendance unilatérale du paysan envers le seigneur, doublé d'une exploitation économique.

Le clergé : il faut distinguer entre
— haut clergé (instruit, riche et urbain) et bas clergé (ignare, pauvre et campagnard) ;
— clergé régulier (moines de plus en plus riches rassemblés autour des grandes abbayes) et clergé séculier ;
— prêtres (tournés vers la vie sacerdotale) et clercs (assurant des fonctions intellectuelles).

La noblesse : de chevaleresque elle devient courtoise ; en même temps elle entre dans un lent et long processus de déclin, préférant les disponibilités financières à court terme à un changement économique lié à la circulation de l'argent.

○ *L'apparition d'une nouvelle classe : la bourgeoisie*

C'est au XIᵉ siècle qu'apparaît le mot **« bourgeois »**, il est le produit d'une société fondée sur l'échange, la spécialisation professionnelle, le désir de richesse. Le bourgeois peut se définir comme quelqu'un qui possède un métier, dont la fortune, personnelle et mobile, est due au savoir-faire et à l'esprit d'entreprise ; l'argent lui apporte une sécurité renforcée et lui donne un poids politique.

● *Paysage religieux*

L'église, seule puissance organisée, va jouer un rôle déterminant tant au plan politique que culturel et esthétique.

Politiquement, elle « fait » les rois, assure une paix relative au monde chrétien unifié par elle ; au travers des Croisades, elle mobilise les esprits autour de son idéal et pour son propre développement.

Culturellement, elle forme les élites, assure la diffusion des textes anciens et fonde les premières universités.

Esthétiquement, elle impose un style, l'art roman, puis gothique, destiné à rendre universelle la lecture du message chrétien.

Naissance d'une langue : le français

● *Du latin à la* **lingua romana rustica**

En dépit de l'écroulement de l'Empire romain, des invasions barbares, de la création du royaume franc de Clovis, de l'influence des parlers germaniques qui s'en suivit, **le latin** conserve, entre le Vᵉ et le VIIIᵉ siècle, son rôle de **langue dominante,** véhiculaire et culturelle ; il bénéficie notamment de la puissance croissante de l'Église et du prestige durable de la civilisation gallo-romaine. Détaché cependant de son centre et de la romanisation qui l'imposait, le latin évolue très vite ; il subit l'influence celte et germanique et devient, dès 813, sous le nom de *lingua romana rustica,* la langue recommandée par le Concile de Tours.

On considère les *Serments de Strasbourg* de 842 comme le premier texte rédigé en français et la *Cantilène de sainte Eulalie,* composée vers 881, comme la première œuvre littéraire.

• Des dialectes romans au français

Avant d'être imposé par le pouvoir royal, le français a dû subir les redoutables concurrences de dialectes très productifs comme le parler d'oc, ou provençal, qui s'illustra très tôt par sa poésie, ou comme les dialectes normand, anglo-normand ou picard.

• De l'ancien français au moyen français

Tout au long du Moyen Age, **le français,** qui reflète une civilisation en expansion, **va subir des enrichissements continus :**
enrichissement lexical grâce aux liens entretenus avec la tradition antique ; enrichissement syntaxique par :

— l'emploi des subordinations,

— la généralisation de la construction sujet-verbe-prédicat et le renforcement de la valeur fonctionnelle de l'ordre des mots,

— la restauration de la conjugaison par l'emploi des pronoms pour désigner les personnes,

— l'amplification des constructions de phrase.

Une littérature des genres

La littérature du Moyen Age a d'abord été une **littérature orale**, c'est-à-dire chantée ou déclamée.

On peut la caractériser :

— **par sa rhétorique :** modes d'introduction, reprises, refrains, modes de transition, formules de présentation des situations, de caractérisation des personnages fournissent des repères au conteur obligé de mémoriser et à l'auditeur désireux de s'y retrouver ;

— **comme un texte ouvert :** chaque conteur devenant auteur, le texte est toujours provisoire, œuvre en train de se faire ; ainsi parle-t-on des « branches » du *Roman de Renart,* de la « matière » de Bretagne, des « états » de la *Chanson de Roland...*

— **par la mise en place de modèles culturels dominants :**

le chevalier, garant de l'ordre et de la stabilité des valeurs ; la littérature du Moyen Age voit en lui le défenseur de l'harmonie sociale et de l'unité du monde ;

l'homme courtois, soucieux d'identité et de distinction : il conforme sa conduite à un code qui lui permet d'être reconnu ; il est une des figures centrales des romans de Chrétien de Troyes ;

le fin amant, capable de la « bone », de la « fin » amor ; pour lui l'amour, instrument de reconnaissance, renvoie à un système de valeurs qui n'est plus orienté vers Dieu, mais vers le monde.

Les chroniques et l'histoire

Chroniques, annales, biographies, mémoires, les hommes du Moyen Age se sont passionnés pour l'histoire ; conformément à l'enseignement de l'Église, devant un monde qu'ils croyaient voir glisser vers sa fin, ils ont considéré **l'histoire comme un moyen de contenir le temps et de lui donner une signification ;** d'où le souci d'exactitude et de vérité que revendiquent les chroniqueurs et qui les pousse, tel Froissart ou Robert de Clary, à rechercher les témoins ou les acteurs des événements qu'ils se proposent de restituer.

Cependant, à leurs travaux comme à ceux de leurs contemporains, font défaut toute critique des sources, toute vue d'ensemble des événements : seuls, les batailles, les récits d'exploits, les intrigues de cour, tout ce dans quoi les lecteurs peuvent se reconnaître intéressent les chroniqueurs : mêmes héros, mêmes intrigants de Cour...

Quant au travail d'interprétation, il se ramène à quelques explications sommaires faisant intervenir la volonté de Dieu ou les caprices du destin.

Des chroniques de cette période, on retiendra :
Villehardouin : *Chroniques,* dont *La conquête de Constantinople* (1200-1213) ;
Joinville : *Vie de Saint Louis* (1300-1310) ;
Froissart : *Chroniques* (1360-1400) ;
Commynes : *Mémoires* (1489-1498).

Le conte : lais et fabliaux

Marie de France, avec ses *Lais* (1160), *Le roman de Renart* (XIIᵉ siècle), ont fait passer ce genre à la postérité.

Lai ou fabliau, le conte se caractérise par sa brièveté qui autorise à en faire récit dans sa totalité et en une seule fois.

Le **fabliau** se veut divertissant : ses cibles favorites sont les bourgeois pour leur prétention et les paysans pour leur grossièreté : de quoi faire rire une chevalerie sûre d'elle-même.

Le roman de Renart peut être identifié au fabliau par la nature de sa composition (des « branches » indépendantes à l'origine), mais aussi par sa verve qui se moque des hommes de ce temps et de leurs vices.

Le **lai,** chanté, se propose de fixer une aventure historique jugée remarquable. D'origine celtique, il emprunte sa matière au « merveilleux » breton et se donne pour un genre plus élevé que le fabliau.

L'histoire littéraire identifie le lai à Marie de France : elle lui en attribue douze. Aux intrigues amoureuses qui leur servent de centre, se mêlent des motifs fantastiques, folkloriques ou merveilleux.

Brefs, destinés à capter l'attention des foules, les contes (fabliaux ou lais) doivent beaucoup à l'art du conteur, à sa manière de ménager effets et rebondissements.

La chanson de geste

La chanson de geste (où *geste* signifie *exploit*) est un récit chanté, généralement composé de décasyllabes (vers de 10 syllabes) et découpé en laisses. Ces laisses constituent des unités narratives, homogènes et closes, qui épuisent chaque fois la totalité de leur sujet.

Les récits des chansons de geste sont centrés, soit sur un personnage (Roland), soit sur des événements historiques (prise d'Orange) ou imaginaires ; mais toutes placent la défense de la Chrétienté et des valeurs de la Féodalité au centre de leur récit : c'est toujours l'Ordre de Dieu ou l'Ordre du Prince qu'il s'agit d'établir ou de rétablir. Pour ce faire, la chanson recourt à un héros, archange de beauté morale, Christ libérateur dont elle met en valeur les exploits et autour duquel elle distribue les rôles : confident, lâche, traître, champion, ennemi...

Le récit, dans la chanson de geste, fonctionne sur un principe simple : l'identification de l'auditoire au héros et à la cause qu'il représente : le style propre à l'épopée l'emporte sur la nuance. *La chanson de Roland* (vers 1100), *Le couronnement de Louis* (1130-1150), *Le charroi de Nîmes* (1150), *La chanson de Guillaume* (XIIe siècle), *La prise d'Orange* (vers 1200) sont les grandes gestes que nous lisons encore aujourd'hui.

Lire aujourd'hui trois figures modernes du Moyen Age

Perceval

Le mythe de Perceval, appelé Parsifal dans la tradition germanique, n'a cessé de donner lieu à des interprétations et à des réécritures ou relectures, et ce, depuis le XIXᵉ siècle, siècle du regain d'intérêt pour le Moyen Âge.

Ainsi, l'aventure de ce chevalier chaste et pur que sa quête initiatique conduira à la lance divine et au Saint Graal inspire aussi bien des musiciens (Wagner) que, plus près de nous, des écrivains (Julien Gracq) ou des cinéastes (Eric Rohmer, Robert Bresson) : elle permet à chacun de ces créateurs de nous en donner des interprétations différentes : combat du vice et de la vertu, roman d'apprentissage chez Wagner, dépassement du religieux par le mystique chez Gracq, ou bien encore réflexion sur la représentation au cinéma chez Rohmer...

Le Moyen Age au cinéma :
le regard de Robert Bresson

Tristan et Iseult

Tristan et Iseult est considéré comme le mythe fondateur de notre conception de l'amour.

Ce conte « d'amour et de mort », ce roman du désordre amoureux exalte tout à la fois la fidélité, le renoncement, le plaisir fou et absolu, l'adultère, le désir de chasteté, l'amour comme désir de mort, le droit à la passion, l'amour-souffrance, la subversion par le désir ; le tout est possible de l'imaginaire amoureux...

De cet inventaire thématique, la littérature occidentale, suivant l'éclairage qu'elle choisira de donner au mythe, tirera des situations romanesques qui, de Dante à Shakespeare en passant par Racine et Sade, éclateront en chefs-d'œuvre,... ou s'identifieront à ce qu'on nomme la littérature de gare.

Villon

Annonçant déjà Rimbaud, François Villon traverse le temps par le profond souffle de liberté qui, du *Testament* à *La ballade des pendus,* vibre dans son œuvre : une œuvre dans laquelle tout dit *Je,* l'ivresse du plaisir, le goût pour le dérisoire, la provocation par le vulgaire, le choix de la marginalité et l'affirmation d'une différence, le pied de nez incessant à la mort et l'angoisse sourde qu'elle diffuse sur l'œuvre...

Si l'œuvre de Villon, par sa forme, ses choix d'écriture, ses thèmes mêmes prend parfaitement sa place dans son époque, elle la dépasse toutefois, jusqu'à se faire entendre, encore aujourd'hui, haut et fort, et ce, tout à la fois par son individualisme forcené et le désordre inquiet dont elle rend compte.

La poésie lyrique

La poésie a recouvert tout au long du Moyen Age des formes diverses ; si l'on peut cependant la considérer comme un tout, c'est en raison de son unique sujet, l'amour, et de toutes les variations auxquelles ce sentiment peut donner lieu.

Ce qui va distinguer les poètes, c'est la forme qu'ils choisiront pour dire cet amour :

la chanson d'amour est le genre lyrique courtois par excellence dans lequel toute une société reconnaît ses préoccupations et ses conduites ;

la pastourelle, poème de consolation, chante des amours passagères, autorisant des déclassements sociaux (amours de bergère et de chevalier par exemple) ;

le jeu-parti oppose des points de vue différents sur l'amour.

Si cette poésie, dans son ensemble, innove peu, si elle manque d'une invention plus personnelle, cela tient pour une grande part à la condition faite aux troubadours et trouvères, puis aux poètes de cour : pour survivre, ils sont tenus de plaire aux seigneurs qui les emploient.

Rutebeuf, puis **Villon,** plus marginaux, émanciperont cette poésie de ses contraintes et lui donneront son autonomie propre.

Parmi l'abondante production de cette époque, on retiendra les œuvres des **troubadours** et **trouvères courtois** : Jauffré Rudel, Bernard de Ventadour, Blondel de Nesle (XIIe siècle), Thibaud de Champagne (XIIIe siècle) ; le *Congé* de Jean Bodel (vers 1200) ; *Le miracle de Théophile,* les complaintes, les « dits », poèmes intimes de Rutebeuf (1280) ; les ballades et rondeaux de Guillaume de Machaut (1300-1377) ; les rondeaux de Charles d'Orléans (1394-1465) ; *Le grand testament* de Villon (1431-1465 env.) avec la ballade célèbre, des *Dames du temps jadis,* et enfin *La ballade des pendus.*

Le roman

D'abord traduction ou remaniement, en langue vulgaire, d'un texte latin, le roman devient, au XIIe siècle, un récit fait directement en langue romane, c'est-à-dire en français. Il est né d'un désir d'**une littérature plus attentive à la vie des âmes** que ne l'était l'épopée. Il fait moins appel à l'enthousiasme et aux grandes émotions collectives, mais davantage au cœur et à l'esprit du lecteur.

Tristan et Iseult (Béroul/Thomas, vers 1170), *Le chevalier à la charrette, Le roman de Perceval* (Chrétien de Troyes, 1181), *Le roman de la rose* (Guillaume

Points de repère

La chanson de Roland

Les menaces de l'ennemi sarrasin et musulman justifient l'envoi d'un corps expéditionnaire sur la frontière pyrénéenne, conduit par Charlemagne aidé de ses fidèles lieutenants : Roland, Ganelon et Olivier... mais l'affaire tourne mal, à la suite de la trahison de Ganelon... Roland meurt en sonnant du cor.

Epopée populaire, épopée nationale, *La chanson de Roland* conjugue les grands thèmes épiques : trahison, vengeance, amitié, honneur, héroïsme. Le son du cor de Roland n'en finit pas de résonner aujourd'hui encore dans de nombreuses pages romanesques ou cinématographiques (cf. *La guerre des étoiles*).

Le roman de la rose

Prendre possession de la plus belle rose du verger d'amour : vingt-deux mille vers pour nous conter l'histoire allégorique des bonheurs et malheurs de la conquête amoureuse : l'ambition des auteurs est d'abord de totaliser le discours sur le processus amoureux, puis de saisir, au-delà, l'ensemble du discours social, politique, religieux et philosophique qui le soutient ; la pratique amoureuse devient ici représentative de l'ensemble de la pratique sociale.

Tristan et Iseult

Tristan, meurtrier aux yeux d'Iseult la Blonde dont il a tué l'oncle, traître aux yeux du roi Marc à qui il ravit Iseult, infidèle aux yeux d'Iseult aux Blanches Mains, l'autre Iseult qu'il avait épousée, Tristan, ce héros malheureux et blessé, héros de la fragilité, premier anti-héros moderne, subit cet accablement du destin qui rend impossible, dans ce monde, toute union amoureuse avec Iseult la Blonde.

Le roman de *Tristan et Iseult* dit et redit cette impossibilité pour l'un comme pour l'autre de s'envisager l'un sans l'autre et ne donne à cet impossible qu'une seule réponse, celle irrationnelle de la fatalité amoureuse.

Lancelot, le chevalier à la charrette

Comme Tristan, Lancelot vient de la veine du *roman breton*, cette matière brumeuse née sur les terres de Cornouaille, d'Armorique, d'Irlande et de Galles, probablement l'une des plus fécondes de toute l'histoire littéraire. Lancelot explore, lui aussi, le territoire du sentiment amoureux : par amour pour la reine Guenièvre, prisonnière du pays de Gorre « d'où nul étranger ne retourne », il se plie à toutes les épreuves jusqu'à l'oubli de soi et l'acceptation de l'humiliation (symbolisée ici par la charrette de la honte).

Roman de l'élévation par l'humiliation et la perte de soi, Lancelot dit l'impudeur foncière du discours amoureux et le dirige vers des zones qui n'ont que faire de la bienséance et de la dignité.

Le roman de Renart

Renart, Chantecler (le coq), Ysengrin (le loup), Brun (l'ours), Tibert (le chat), Tiécelin (le corbeau), Noble (le lion), transposent dans le monde animal les conflits du monde humain : on lira tour à tour une œuvre satirique due à un moraliste épris de tableaux de mœurs et de peinture de caractère, un ouvrage de critique sociale dénonçant le monde féodal et son organisation, enfin une parodie des ouvrages du temps, chansons de gestes, ou romans courtois.

de Lorris, 1210 env. et Jean de Meung, 1240 env.), sont considérés comme des chefs-d'œuvre de la littérature universelle.

Poème lu, différent en cela de la chanson de geste, qui est chantée, il tourne autour de **deux grands thèmes : l'aventure et l'amour.** L'aventure prend souvent la forme d'une quête (voir la quête du Graal) au cours de laquelle le héros affronte l'Inconnu, le Mystère ; son devoir est d'y rechercher l'épreuve et d'y exposer son âme, sûr que son cœur, sa raison, l'espèce de grâce qui le désigne, aideront à son succès.

Le roman perdra, en évoluant, cet aspect déterministe et montrera **des héros plus fragiles** : c'est peut-être cette fragilité qui confère à Tristan et à Lancelot *(Le chevalier à la charrette)* la modernité qu'on leur reconnaît aujourd'hui : la grâce leur ayant manqué, leur aventure acquiert plus de portée et plus de profondeur. *Le roman de la rose,* de Guillaume de Lorris et Jean de Meung, écrit à la première personne, est un roman allégorique sur la quête de l'amour ; art d'aimer à la manière d'Ovide, il se lit aussi comme une somme sur son époque, un véritable roman de la connaissance qui en fait une référence constante jusqu'au début du XVIe siècle.

Pour aller plus loin...

La chanson de geste

Le style de la chanson de geste française est donc un style élevé, dans lequel la représentation structurelle des événements est encore très rigide, et qui ne parvient à représenter qu'une part très étroite de la vie objective, circonscrite par la distance temporelle, la simplification de la perspective et les limitations dues à l'idéologie d'une classe[...]

Les chansons de geste ne mettent en scène que la classe féodale, les autres couches sociales n'y trouvent aucune place ; les fondements économiques de la vie ne sont jamais mentionnés. [...]

Il n'en reste pas moins que les chansons de geste, et notamment *La chanson de Roland*, furent des œuvres populaires ; ce genre de poèmes traite exclusivement des prouesses de la classe dominante féodale, mais il s'adresse sans aucun doute également au peuple. Ceci s'explique probablement par le fait qu'en dépit des différences considérables qui existaient au sein des diverses couches de la population laïque, tant du point de vue matériel que du point de vue juridique, celles-ci se trouvaient encore, pour l'essentiel, au même niveau intellectuel ; on peut même dire que l'idéologie était encore homogène ou, tout au moins, qu'un autre idéal terrestre que celui de l'héroïsme chevaleresque ne pouvait encore s'exprimer ni dans l'art ni dans la vie.

AUERBACH, *Mimesis*, Gallimard

Le roman courtois

Faits d'armes et amour mis à part, rien ne peut se produire dans le monde courtois, et même ces deux occupations privilégiées sont d'un genre particulier. Il ne s'agit pas d'événements ou de sentiments qui pourraient ne pas exister pendant un certain temps ; au contraire, les uns et les autres se lient durablement à la personne du parfait chevalier ; ils font partie de sa définition, si bien qu'on ne peut l'imaginer un instant sans hauts faits ou sans soupirs, car alors il perdrait son identité, il cesserait d'être un chevalier. [...]

Le caractère fictif et irréel des histoires d'amour ne réside guère encore dans ces histoires mêmes ; il tient plutôt à leur fonction dans la structure globale des poèmes. Dans le roman courtois, l'amour est déjà très fréquemment le mobile immédiat des actes héroïques, ce qui n'a rien de surprenant puisque ceux-ci ne se rattachent à aucun contexte politique et historique, n'obéissant à aucune motivation pratique. L'amour, attribut essentiel et obligé de la perfection chevaleresque, sert de substitut ; il remplace d'autres motivations possibles, qui font défaut dans le cas particulier.

De là vient, dans son schéma général, l'ordre fictif des événements, où les actions les plus importantes sont accomplies avant tout en l'honneur d'une Dame ; de là vient aussi le rang plus éminent dévolu à l'amour, en tant que thème poétique, dans la littérature européenne.

AUERBACH, *Mimesis*, Gallimard

Le théâtre

Une double préoccupation, religieuse et profane, parcourt la création théâtrale au Moyen Age.

Quatre formes se disputent les faveurs du public : le drame, le jeu, le mystère, la comédie.

Le drame

Issu directement de la religiosité médiévale, il prend pour thèmes Pâques ou Noël, avant d'évoluer vers une forme semi-liturgique qui produira au XIIe siècle de petits chefs-d'œuvre en vers : *Le jeu d'Adam,* suivi du *Jeu de saint Nicolas,* de Bodel (vers 1200) et du *Miracle de Théophile* de Rutebeuf (1260).

Le jeu

Il est la manifestation d'un théâtre profane indépendant auquel Adam de la Halle donnera deux œuvres qui assureront son essor : *Le jeu de la feuillée,* récit picaresque et revue satirique, et *Le jeu de Robin et Marion,* qui met en scène des amours contrariées.

Le mystère

C'est la forme à grand spectacle de la fin du Moyen Age : joués par des confréries de bourgeois, étalant leur représentation sur plusieurs jours, les mystères mobilisent, sur les parvis d'églises où ils sont représentés, des centaines d'acteurs qui s'attachent à mettre en relief le caractère profondément humain de la passion du Christ. C'est le cas du *Miracle de la passion* d'Eustache Deschamps, ou du *Mystère de la passion* d'Arnoul Gréban.

La comédie

Elle revêt trois formes :

– la **sotie** (du nom des *sots* ou *fous* qui la jouaient), suite de sketches bouffons et satiriques ;

– la **farce** qui, inspirée de situations typées, met en scène, tour à tour, la femme trompée, le mari infidèle, le prêtre hypocrite, le médecin au savoir expéditif, le militaire vantard ;

– la **moralité** enfin ; apparentée à la comédie, elle aborde des thèmes qui concernent la vie religieuse, sociale ou politique (*Moralités* de Pierre Gringoire).

Les Temps Modernes

1453, date de la prise de Constantinople, 1789, année de la Révolution : il est convenu de désigner cette période sous le nom de **Temps Modernes.**

Sur le plan politique, les Temps Modernes se caractérisent par :

— **la montée de la monarchie,** qui triomphe de toutes les résistances intérieures : résistances politiques d'une noblesse frondeuse face à l'autorité du pouvoir royal, résistances religieuses du protestantisme contre un catholicisme qui s'impose grâce à l'appui de ce pouvoir, résistances économiques des classes possédantes contre l'innovation en matière économique et marchande ;

— **la création d'un État se confondant avec la Nation** et qui assurera à la France la place prépondérante qu'elle occupera pendant toute cette période.

Sur le plan économique, c'est la **lente ascension de la Bourgeoisie,** jusqu'à son triomphe après 1789 : elle prend en main les leviers économiques (bancaires et industriels), avec la complicité du pouvoir royal, elle s'installe et se fait reconnaître par une noblesse à court d'argent, enfin elle affirme son identité au travers d'une idéologie fondée sur la raison, la légalité et la liberté.

Sur le plan idéologique, Dieu est encore le centre à partir duquel toute pensée s'organise. Les Temps Modernes sont cependant marqués par la montée d'une idéologie qui tendra à **privilégier l'homme** et à tout ordonner à partir de lui et de lui seul.

Sur le plan culturel, les Temps Modernes sont dominés par **une référence constante à l'Antiquité** grecque et latine et par un développement considérable de la connaissance ; la découverte fondamentale de **l'imprimerie** permet une circulation grandissante des livres et du savoir, ainsi que la multiplication des bibliothèques ; **l'instruction** se développe également, par la création continue d'universités, et surtout de collèges, sous l'impulsion, notamment, des Jésuites.

L'organisation de la vie artistique pendant toute cette période va être marquée par **la reconnaissance du statut propre de l'auteur ou de l'artiste,** par **le développement d'un mécénat,** étatique, privé ou religieux, qui protège en même temps qu'il contrôle, par **la naissance d'institutions** (académies, salons, cercles) qui encadreront à leur tour la vie artistique, codifiant les genres et les modèles esthétiques au travers desquels les artistes sont tenus de s'exprimer.

La Renaissance

Selon Jean Delumeau, c'est au XVIe siècle que « la civilisation de l'Europe a distancié de façon décisive les civilisations parallèles ».

Et pourtant la Renaissance (1540-1610), qui incarne ce siècle, a donné lieu à des interprétations divergentes. Dans cette époque qui, dès ses origines, s'est nommée et célébrée elle-même, on peut voir :

soit **une période de rupture** avec les temps « gothiques » « d'indocte ignorance » ; cette rupture se manifeste par le retour à une Antiquité intacte et vivante, mais aussi par l'avènement de l'homme moderne, de cet homme dont Michelet dit qu'il a découvert l'homme ;

soit **un prolongement du Moyen Age,** épanouissement, au terme de deux renaissances, de l'apport médiéval.

En tout état de cause, si cette période retient aujourd'hui notre attention, c'est pour son foisonnement, ses mouvements contradictoires, « ce concert parfois grinçant d'aspirations divergentes » (Jean Delumeau) qu'elle nous donne à entendre.

Les nouvelles conditions de la vie littéraire

• Les foyers intellectuels

Les transformations du monde et des connaissances nécessitent la formation de nouvelles élites.

Ainsi, François 1er décide la création, contre l'Université, de l'actuel **Collège de France** (1530) ; par là, il accorde à l'humanisme une reconnaissance officielle et lui donne un bastion. Parallèlement à la création du Collège, il favorise la prise en main par les humanistes de collèges déjà existants, qu'ils transforment (Collège de Coqueret, de Broncourt) quand ils n'en fondent pas de nouveaux (Toulouse, Bordeaux).

Dans ces collèges, **les humanistes donnent un tour nouveau à la formation** qui fait, dans ses méthodes, une large place à la mémoire, « trésor de toute érudition », mais aussi aux « colloques », lieux de dialogue entre le maître et l'élève, aux « cahiers de notes » dans lesquels les élèves concentrent, classent, commentent leur connaissance du monde ; de ces cahiers naîtront les *Adages* d'Erasme et les *Essais* de Montaigne.

Les Jésuites, dans leurs collèges (dont l'actuel collège Louis-le-Grand), diffuseront, eux aussi, le modèle humaniste ; ils affirment leur originalité pédagogique par la pratique du cours dicté, la remise en vigueur des devoirs écrits, l'explication préalable des textes par les maîtres.

A ces structures nouvelles créées pour échapper à la tutelle d'une Sorbonne sclérosée, il convient d'ajouter les **Académies,** ancêtres des Salons des XVIIe et XVIIIe siècles ; avant de devenir lieux officiels, elles furent, à l'origine, des assemblées réunissant une société lettrée, curieuse, consciente de l'évolution continue du savoir. De ces réunions sont nées de véritables institutions, telles que l'**Académie de Poésie et de Musique** (1530) et l'**Académie du Palais.**

Enfin, la **Cour** joue aussi un rôle important dans la vie intellectuelle : elle suscite un grand nombre d'œuvres. L'art au XVIe siècle a été de ce point de vue un art officiel : art de la célébration du pouvoir (cf. les *Discours* de Ronsard), reflet de ses goûts et de ses préoccupations, il assurera la diffusion des modèles culturels, mais aussi de son idéologie, quand la Réforme viendra menacer ses fondements.

• *La condition de l'artiste*
Les poètes, d'origine nobiliaire pour la plupart — notamment ceux du groupe de La Pléiade — ont tous fréquenté la Cour ; en même temps, la Renaissance et le XVIe siècle en général ont vu naître **une nouvelle dignité de l'artiste** ; même si ce dernier reste largement tributaire du mécénat du Prince, de ses pensions, de ses commandes, il tire cependant sa gloire du style de ses œuvres, de l'indépendance et de la qualité de son inspiration, par lesquelles il arrive à imposer son regard et sa vision du monde à ses mécènes : c'est Charles Quint demandant à Michel-Ange « de bien vouloir lui faire l'honneur de travailler pour lui, et de daigner exécuter, à son gré, une sculpture ou une peinture qu'il souhaite réaliser ».
Si cette reconnaissance et cette indépendance par la gloire profitent à quelques-uns, on ne saurait passer sous silence ceux qui, tel Jodelle, ne tireront aucune reconnaissance de leur esprit d'indépendance.

• *La diffusion des textes*
C'est au XVIe siècle que l'**imprimerie** va se constituer en **art autonome** ; c'est aussi à cette époque qu'elle devient **une institution tour à tour surveillée et favorisée** , selon que l'on voit en elle une auxiliaire de la vérité, ou une auxiliaire de l'erreur.

L'imprimerie permet la mise en forme définitive et authentique des textes antiques ; elle favorise le travail scientifique par la publication rapide des découvertes, elle organise la diffusion de la pensée et de la littérature, elle permet la constitution de bibliothèques importantes qui vont devenir de vrais centres de recherches. Paris et Lyon sont, à cette époque, les deux grands centres de l'édition française.

Pour aller plus loin...

La ressemblance comme organisation du monde

Jusqu'à la fin du XVIᵉ siècle, la ressemblance a joué un rôle bâtisseur dans le savoir de la culture occidentale. C'est elle qui a conduit pour une grande part l'exégèse et l'interprétation des textes ; c'est elle qui a organisé le jeu des symboles, permis la connaissance des choses visibles et invisibles, guidé l'art de les représenter. Le monde s'enroulait sur lui-même : la terre répétant le ciel, les visages se mirant dans les étoiles, et l'herbe enveloppant dans ses tiges les secrets qui servaient à l'homme. La peinture imitait l'espace. Et la représentation – qu'elle fût fête ou savoir – se donnait comme répétition : théâtre de la vie ou miroir du monde, c'était là le titre de tout langage, sa manière de s'annoncer et de formuler son droit à parler.

MICHEL FOUCAULT, *Les mots et les choses*, · Gallimard.

Le développement du livre a été pour une grande part dans l'essor et dans la diffusion de la pensée du XVIᵉ siècle, de l'Humanisme d'abord, de la Réforme ensuite. Ainsi, il a contribué à créer l'opinion savante, mais aussi et surtout l'opinion publique.

● *Importance de la langue*

Le français pratiqué du XIVᵉ siècle au XVIᵉ siècle restait encore une langue médiévale, vulgaire, c'est-à-dire populaire ; la Renaissance va l'élever à la dignité de « langue noble », capable de donner des chefs-d'œuvre.

Cette prise de conscience de la langue s'avère être d'abord une prise de conscience politique : **l'Édit de Villers-Cotterêts** (1539) **impose le « langage maternel français » comme langue officielle,** évinçant des actes publics le latin, ainsi que les dialectes provinciaux ; le dessein était clair : faire de la langue le ciment de l'unité nationale, la rendre capable de produire des chefs-d'œuvre, d'ordre littéraire, scientifique ou philosophique qui témoignent de son génie propre, inséparable du génie de la nation.

Défense et illustration de la langue française, publiée en 1549 par Du Bellay au nom de La Pléiade (la première grande école littéraire française), résume assez bien cette ambition : c'est à la fois un manifeste et un art d'écrire.

Le manifeste – la Défense – prône la culture du français comme expression du génie de la nation. Il s'appuie pour cela sur une philosophie de l'histoire qui aboutit à une valorisation de la langue : pour Du Bellay, en effet, les Anciens ont possédé le trésor des sciences et notre devoir et notre ambition de Français est de nous assimiler leurs connaissances pour leur succéder.

Pour ce faire, il faut rendre possible le passage de leurs connaissances dans notre langue ; et la langue française le peut, parce que c'est une langue vivante, donc aisée à « cultiver », à enrichir. Deux principes vont guider cet enrichissement : **la traduction** qui facilite la lecture des textes, et **l'imitation** qui deviendra plus tard l'innutrition*. On enrichit la langue par des emprunts, d'abord aux langues anciennes, mais aussi aux langues étrangères (italien, espagnol) ; on l'enrichit encore en puisant au vieux fonds de la langue française, de ses dialectes, ainsi qu'aux langages des métiers ; on l'enrichit enfin en créant des mots nouveaux, soit par provignement (par greffe), soit par composition, suivant les règles laissées par les Anciens.

Cet enrichissement de la langue exigera d'être répertorié : les dictionnaires naîtront de cette nécessité qui aboutira, au seuil du XVIIᵉ siècle, à l'édition du *Trésor de la langue française* par Jean Nicot (1606).

A la devise « une foy, une loy, un roy », il convient d'adjoindre un quatrième élément : une langue. Favoriser le pouvoir d'écriture, mettre cette écriture au service du pouvoir, le XVIIᵉ siècle à naître réalisera pleinement ce programme élaboré par *Défense et illustration de la langue française*.

L'Humanisme : sources et aspirations

Le bouleversement du savoir qu'a connu le XVIᵉ siècle place au centre de la réflexion de l'homme sur lui-même l'idée qu'il peut concourir à sa propre élévation, qu'il y a une plus-value humaine qui ne dépend que de lui : le XIXᵉ siècle appellera **humanisme** cette tentative de création d'un nouvel ordre humain.

● *Retour au passé*

Pour appréhender la civilisation contemporaine, l'Humanisme a choisi le retour au passé et plus précisément à l'Antiquité.

L'humanisme s'affirme donc d'abord comme une archéologie : **les humanistes** sont en premier lieu **des éditeurs ;** ils entendent « nettoyer » les textes des commentaires et des gloses* sous lesquels le Moyen Age les a ensevelis ; c'est à leur activité de philologues* que nous devons la restitution des grands textes de l'Antiquité.

Cette activité d'éditeur se double d'**une réflexion sur ces textes,** sur l'expérience unique qu'ils donnent à lire et dont le présent peut ainsi bénéficier ; c'est donc dans une perspective dynamique qu'il faut les appréhender. La quête des humanistes n'est pas une quête passéiste, c'est la quête, bien au contraire, d'un nouveau, mais d'un nouveau chargé d'ancien.

Ainsi les humanistes, tout en se proposant de mettre à jour les vérités dissimulées dans les textes mythiques de l'Antiquité, s'attachent aussi à reprendre ces mythes dans leurs propres écrits : ils les chargent alors de nouvelles significations ou les illustrent différemment. Rabelais repartira du mythe de l'Hercule, du Banquet et de l'Arcadie dans *Pantagruel, Gargantua* et leurs suites.

● *Croyance en une culture universelle*

Les humanistes du XVIᵉ siècle conçoivent le savoir comme un tout continu et sans rupture : l'Homme est le reflet du Tout, le premier est microcosme*, le second macrocosme* ; grâce aux correspondances, aux analogies qui s'établissent de l'un à l'autre, le savoir s'élabore en circuit fermé : d'où ce mythe de la culture universelle que célèbre un Pic de la Mirandole ; ou un Paracelse, lorsqu'il écrit : « Il n'y a pas de montagne qui ne soit assez vaste pour cacher au regard de l'homme ce qu'il y a en elle ; cela lui est révélé par des signes correspondants ».

● *Refus du conflit entre pensée antique et christianisme*

Les hommes du XVIᵉ siècle ont souvent considéré la pensée antique comme une pensée chrétienne qui n'aurait pas été fécondée : il en va ainsi de l'œuvre de Platon où l'on décèle des vérités touchant l'immortalité de l'âme ou la croyance en la Providence* ; et la pensée chrétienne s'est enrichie elle-même de l'apport de la pensée antique, concernant par exemple les rapports de la science et de la foi, ou la possibilité d'une connaissance purement rationnelle de Dieu.

Les figures de saint Augustin et de saint Jérôme qui, en leur temps, avaient tenté une conciliation des cultures païenne et judéo-chrétienne, ont souvent inspiré les écrivains et les peintres soucieux de rendre compte de l'universalité du message chrétien.

● *Permanence du thème du bonheur*

La littérature humaniste, hantée par la question de l'élévation de l'homme, pose continûment la question du bonheur : toutes les grandes entreprises littéraires de ce XVIᵉ siècle tentent d'y apporter à leur manière une réponse.

L'une des réponses le plus souvent formulées coïncide avec **l'évocation ou l'édification d'un lieu imaginaire** où réfugier ce bonheur : évocation nostalgique de l'Arcadie des Anciens, référence à un Paradis perdu, telles apparaissent les Iles Fortunées de Ronsard ou l'Abbaye de Thélème chez Rabelais.

Mais il est aussi une autre réponse, toute humaine celle-là, qui, à l'exemple de Virgile ou de Cicéron, veut **fonder le bonheur sur une vie en accord avec « nature »**, c'est-à-dire en harmonie avec le monde, mais aussi avec la raison. Ce sera le cas de Montaigne.

Pour réaliser ces idéaux, les humanistes ont découvert **un moyen privilégié,** c'est **l'éducation,** « l'institution » : d'où la floraison des traités d'éducation au XVIᵉ siècle, dont les grands principes servent encore de référence aux pédagogues d'aujourd'hui : une pédagogie fondée sur la découverte, le dialogue, le respect, l'émulation, une pédagogie visant le corps et l'esprit, une pédagogie ouverte sur le monde.

Le respect de ces principes devait aider à fonder l'Homme nouveau accordé au Monde ; il a abouti à créer cette aristocratie de l'intelligence apte à répondre aux besoins d'un univers plus complexe et à conquérir la gloire. Ce thème de la gloire sera abondamment repris dans la littérature humaniste ; il est lié à une morale du dépassement : dépassement de soi dans l'œuvre, victoire sur la mort par la renommée, dépassement de l'individu.

Figures de l'Humanisme

Professeurs
Pierre de La Ramée (Ramus) (1515-1572) enseignant au collège de Presle, auteur d'une *Dialectique* (1555) et d'une *Grammaire* (1562).

Imprimeurs
Henri I Estienne, Robert I Estienne, Henri II Estienne, éditeurs en particulier des premiers dictionnaires latins et grecs et auteurs d'une *Précellence du langage français* (1591) ;

Etienne Dolet (1509-1546), éditeur et traducteur des *Dialogues* de Platon et des *Tusculanes* de Cicéron.

Erudits
Etienne Pasquier (1529-1615), auteur des *Recherches de la France* sur l'origine des Français, la langue, les lettres françaises : notre premier critique littéraire.

Claude Fauchet (1529-1601) : on lui doit la découverte des *Serments de Strasbourg* et le sauvetage de certains manuscrits de Chrétien de Troyes.

Traducteurs
Claude de Seyssel (1450-1520), traducteur des historiens grecs.

Jacques Amyot (1513-1593), traducteur des *Vies parallèles* de Plutarque, qui ont eu une influence considérable.

Personnalités marquantes
Jacques Lefèvre d'Etaples (1450 env.-1536) inventa, par sa lecture d'Aristote, le recours à la méthode directe.

Guillaume Budé (1468-1540), attaché à la personne de François 1er, voua sa vie à la science, ·traduisant, éditant, commentant. Il laisse un seul ouvrage, *De asse* , sur la République et l'Empire romains.

Erasme (1467-1536) : Hollandais, il vient à Paris à 25 ans refaire ses études auprès des pédagogues humanistes : ses *Adages* (1500) et son *Eloge de la folie* (1511) en font un ardent défenseur des temps nouveaux.

Rabelais (1494-1553)

L'œuvre de Rabelais n'est pas de taille commune : d'emblée elle s'est élevée au rang du mythe. La Fontaine se disait son disciple, Chateaubriand voyait en lui « le créateur des Lettres françaises », Michelet l'identifiait au « Sphynx ou à la Chimère », Hugo en faisait un « Mage » dont « l'éclat de rire est un des gouffres de l'esprit » et les grands textes contemporains de Céline ou de Joyce ont revendiqué sa paternité.

● *Quel récit ?*

Divisée en cinq volumes, l'œuvre constitue en fait un récit unique né des rebondissements successifs du récit initial et du succès que celui-ci a rencontré.

Trois personnages se partagent ces aventures.

Gargantua et Pantagruel donnent leur titre aux deux premiers livres qui nous content leur naissance, leur éducation — par Ponocratès pour l'un, dans les universités pour l'autre —, leurs premières armes — dans les guerres picrocholines ou contre les Dipsodes —, la fondation d'un lieu d'utopie — l'abbaye de Thélème —, dans *Gargantua.*

Lors de son périple universitaire, Pantagruel rencontre Panurge : les aventures de ce dernier vont occuper le *Tiers,* le *Quart* et le *Cinquième Livre :* elles sont centrées sur la question de son mariage ou non et vont l'amener à consulter *(Tiers Livre)* devin, savant, théologien, médecin, poète et jusqu'à un fou, avant qu'il ne décide de s'embarquer en compagnie de Pantagruel pour aller consulter l'oracle de la Dive Bouteille : l'odyssée *(Quart Livre)* rythmée par les escales, conduira les héros jusqu'à l'Ile sonnante *(Cinquième Livre)* avant leur débarquement au pays de Lanternois où se trouve la Dive Bouteille qui, consultée, répondra par un seul mot, « Trinch », c'est-à-dire « bois » !

● *Avec quelle matière ?*

On a souvent dit que le projet de Rabelais était **un projet encyclopédique** cherchant à rassembler à l'intérieur d'une œuvre tout le savoir disponible de son époque ; aussi puise-t-il sa matière à toutes les sources : les géants-héros lui viennent tout à la fois des romans de chevalerie, des mystères et des chansons de geste ; nombre d'épisodes sont inspirés par des souvenirs du moinage, de la vie universitaire, par des événements contemporains ayant touché Rabelais de plus ou moins près (voyage de Jacques Cartier au Canada) ; ils se déroulent dans des lieux familiers (région de Chinon pour la guerre picrocholine) et prennent pour modèles des contemporains dont il déguise à peine les noms. Ces aventures s'appuient aussi sur **une culture livresque** où l'on reconnaît les lectures grecques et latines, mais aussi la littérature française du Moyen Age, la fréquentation des ouvrages juridiques, médicaux, religieux...

Pour aller plus loin...

Le banquet chez Rabelais

Dans le livre de Rabelais, les images de banquet, c'est-à-dire du manger, du boire, de l'ingestion, sont directement liées aux formes de la fête populaire.[...] Il ne s'agit absolument pas du boire et du manger quotidiens et faisant partie de l'existence de tous les jours d'individus isolés. Il s'agit du *banquet* qui se déroule *pendant la fête populaire*, à la limite de la *grand-chère*.

[...]

Le manger et le boire sont une des manifestations les plus importantes de la vie du corps grotesque. Les traits particuliers de ce corps sont qu'il est ouvert, inachevé, en interaction avec le monde. C'est dans *le manger* que ces particularités se manifestent de la manière la plus tangible et la plus concrète : le corps échappe à ses frontières, il avale, engloutit, déchire le monde, le fait entrer en lui, s'enrichit et croit à son détriment. *La rencontre de l'homme avec le monde* qui s'opère dans la bouche grande ouverte qui broie, déchire et mâche est un des sujets les plus anciens et les plus marquants de la pensée humaine. L'homme déguste le monde, sent le goût du monde, l'introduit dans son corps, en fait une partie de soi.

Du rire carnavalesque

C'est avant tout un rire *de fête*. Ce n'est donc pas une réaction individuelle devant tel ou tel fait « drôle » isolé. Le rire carnavalesque est premièrement le bien de *l'ensemble du peuple* (ce caractère populaire, nous l'avons dit, est inhérent à la nature même du carnaval), *tout le monde* rit, c'est le rire « général » ; deuxièmement, il est *universel*, il atteint toute chose et toutes gens (y

compris ceux qui participent au Carnaval), le monde entier paraît comique, il est perçu et connu sous son aspect risible, dans sa joyeuse relativité ; troisièmement enfin, ce rire est *ambivalent* : il est joyeux, débordant d'allégresse, mais en même temps il est railleur, sarcastique, il nie et affirme à la fois, ensevelit et ressuscite à la fois. Notons une importante particularité du rire de la fête populaire : il est braqué sur les rieurs eux-mêmes. Le peuple ne s'exclut pas du monde entier en pleine évolution. Il est, lui aussi, inachevé ; lui aussi en mourant renaît et se renouvelle.[...]

Rabelais a été le très grand porte-parole, le summum du rire carnavalesque populaire dans la littérature mondiale.

MICHAËL BAKHTINE, *L'œuvre de François Rabelais*, Gallimard.

Le brassage de cette énorme matière aboutit à **la création d'un monde plus grand que le monde réel ;** œuvre poétique, elle le dépasse pour mieux en rendre compte.

● *Pour quel projet ?*

Dans le *Prologue* de *Gargantua*, Rabelais compare son livre à des boîtes d'apparence grotesque, remplies de drogues précieuses ; il nous invite à les ouvrir ; par là, il nous livre **une méthode de lecture :** savoir dépasser l'apparence des mots, les déchiffrer pour mieux les interpréter.

L'œuvre se présente comme une lecture du monde, d'un monde compris comme un texte à déchiffrer, et offre quelques remèdes.

Pour ce faire, Rabelais a recours au thème, à l'esprit et aux images du banquet : l'œuvre s'ouvre en effet sur une invitation « à rompre l'os et à sucer la moelle », elle s'achève sur l'affirmation qu'« en vin est vérité cachée ».

L'esprit du banquet nous convie à **un immense festin** où ceux qui ont faim et soif trouveront nourriture dans les vérités nouvelles (vérités sur l'éducation, la politique, la religion, l'homme) que l'œuvre se propose de révéler. Ces vérités fonctionnent comme **une médecine pour un monde malade :** désaltérer un monde qui a soif, restaurer un monde qui a faim, voilà les remèdes que propose le bon docteur Rabelais. Au vin est liée l'image d'une vérité libre et joyeuse, à la nourriture, celle d'une mort et d'une renaissance. Flaubert qualifiera l'œuvre de Rabelais de « belle comme le vin » et Hugo, son auteur, « d'Eschyle de la mangeaille » !

● *Avec quelles résonances aujourd'hui ?*

Michelet décrit l'œuvre de Rabelais comme « un monstre à cent langues » : une manière de bien dire que pour lui, et plus encore pour nous aujourd'hui, **le véritable géant de l'œuvre rabelaisienne, c'est la parole.** La prolifération du Monde s'apparente à la prolifération du texte. L'ambition de l'entreprise rabelaisienne est « d'engranger le plus grand amoncellement de matière verbale qu'on puisse imaginer » (Michel Butor), de **prendre** en quelque sorte **le monde au mot.**

Mais cette prolifération verbale par laquelle l'œuvre s'illustre est aussi la prolifération d'une langue : le français. Le devenir de l'œuvre, les combats incessants qu'elle décrit, ce sont ceux menés contre le latin – derrière lequel s'abrite l'Université –, pour **imposer une autre identité culturelle ;** Rabelais puise au langage neuf du monde qui vient, le français, ce français par lequel ce grand goûteur du verbe nous invite à faire trinquer les mots et à nous enivrer de leur saveur.

Rabelais au théâtre : mise en scène de Jean-Louis Barrault.

Itinéraires

Rabelais (1494-1553)

Moine (1521-1527), il apprend le latin, le grec et le droit, traduit, et participe au débat autour du Christianisme et de la Réforme.

Voyageur (1528-1530), il étudie à Bordeaux, Orléans, Paris et plus particulièrement la médecine à Montpellier.

Médecin , il exerce à partir de 1532, à Lyon, puis en Italie où il fait trois séjours à Rome et Turin, et dans plusieurs villes de France : sa réputation est grande.

Ecrivain, il publie *Pantagruel* (1532), *Gargantua* (1534), le *Tiers livre* (1546), le *Quart livre* (1548-1552) ; le *Cinquième livre* (1564) paraîtra après sa mort (1553).

Lire Rabelais aujourd'hui, c'est :

○ prendre la dimension de ce qu'ont pu être, jusqu'au XVe siècle, les grandes tentatives d'une saisie de l'ensemble des savoirs ;
○ découvrir les vertus subversives du rire ;
○ s'affronter à un univers où ce qui est proprement gigantesque, c'est la faim et la soif de savoir ;
○ participer enfin à l'une des grandes aventures du langage, de ces aventures pour qui « prendre le monde au mot » n'est précisément pas un vain mot mais une utopie follement possible.

L'école lyonnaise :
Maurice Scève et Louise Labé

Lyon sera, au XVIe siècle, la plus italienne des villes françaises : elle partageait avec les villes italiennes le goût pour l'échange et le commerce, mais aussi le goût de la vie mondaine, des fêtes et des arts. L'humanisme trouvera là une terre d'élection ; les imprimeurs (Dolet) s'y fixent, les écrivains (Rabelais, Marot) s'y rencontrent, une société lettrée se développe, notamment sous l'influence de Marguerite de Navarre, de Pontus de Tyard (auteur du premier manifeste de la poésie française, *Solitaire I*) ; Maurice Scève (1501-1562), Louise Labé (1519-1565), rassemblés en une véritable Ecole, subiront son influence.

Ce qui distingue cette Ecole Lyonnaise, c'est son goût pour l'hermétisme, l'insondable, les profondeurs de l'âme, les mystères du monde.

D'où une **poésie dominée par le symbole**, tout en demi-teinte, ombre et lumière à la fois.

Ainsi *Délie*, l'œuvre majeure de Maurice Scève, passe pour une œuvre hermétique. Si elle nous séduit aujourd'hui, c'est par son élaboration poétique où l'on voit l'imaginaire au travail ; comment la parole poétique naît d'associations d'impressions, d'images, de réminiscences antiques ou mythologiques et confère au poème son caractère dense et incertain semblable à la quête amoureuse, mais aussi morale et métaphysique* qu'il décrit.

Maurice Scève, avec *Délie*, ouvre la voie aux **recherches d'une forme poétique rare**, à un idéal de poésie fait de **subtilité**, de **condensation**, qui font de lui le « héros de la tradition la plus hautaine, la plus réservée, de la poésie française » (Thierry Maulnier) : on ne s'étonnera plus dès lors que Mallarmé, puis Valéry se soient considérés comme ses héritiers.

Autre figure de l'Ecole Lyonnaise, **Louise Labé,** devenue mythe féministe autant que littéraire : **mythe féministe*** pour son esprit de liberté, d'ouverture, son goût pour le savoir, sa volonté, à la manière de ces viragos de la Renaissance italienne, de « passer ou égaler l'homme en science et en vertu » ; **mythe littéraire**, son œuvre tient en 652 vers (trois élégies, 24 sonnets), qui sont un seul cri d'amour, celui d'une femme prise entre surprise et tourment, inquiétude et souffrance, complicité et solitude, désir de fusion et désir de mort. Pour proférer ce cri, Louise Labé invente un lyrisme très personnel qui fait alterner l'intensité de la passion et l'abandon de la plainte, mais surtout qui doit sa séduction à ce sens du rapprochement entre le temps de l'écriture et le temps du souvenir, rapprochement dont on sait quels effets romanesques tirera quelques siècles plus tard Marcel Proust dans *A la recherche du temps perdu*.

La Pléiade

Première grande école littéraire, elle eut pour ambition de donner à la France une poésie moderne équivalente de la poésie antique.

Fondateurs

Jacques Peletier du Mans (1517-1582) : donne l'impulsion ;
Ronsard (1524-1585) : est l'initiateur ;
Du Bellay (1522-1560) : est le théoricien.

Lieu

Le Collège de Coqueret.
C'est entre 1547 et 1549 que se forme la Brigade, cette troupe de poètes de choc dont font partie Dorat, directeur du Collège, Ronsard, Du Bellay, mais aussi Baïf, Jodelle, Belleau, et qui deviendra La Pléiade.

Manifeste

Défense et illustration de la langue française (1549)
ouvrage polémique : il défend la cause de la langue française ;
art poétique : il propose une poétique nouvelle fondée sur une psychologie de l'inspiration qui exige tempérament, travail, méthode, et aboutit à un renouvellement de toute la poétique française, tant dans les genres (le sonnet), que dans l'imagerie (la mythologie) et le style.

Caractères

La Pléiade est :
nationale, fière de la France, de sa langue, de son roi ;
moderne : elle célèbre les inventions du siècle, comme l'imprimerie ;
aristocratique : ses membres sont des gentilshommes ;
savante : elle veut transmuer la nature en art.

Oeuvres

Du Bellay : *Olive* (1549), *Antiquités de Rome* (1558), *Regrets* (1558).
Ronsard : *Amours* (de Cassandre : 1552 ; de Marie : 1555-56) ; *Sonnets pour Hélène* (1578) ; *Hymnes* (1555-56) ; *Discours* (1562-63) ; une épopée ratée : *La Franciade*.

Des tragédies de : **Baïf, Jodelle, Belleau** : *Antigone* (1573), *Didon* (1574), *Cléopâtre* (1574).

Du Bellay (1522-1560)

Trois œuvres majeures, l'*Olive* (1549), les *Antiquités de Rome* (1558), les *Regrets* (1558).

● *Une œuvre en mouvement*

De l'*Olive* aux *Regrets,* quel chemin parcouru ! Dans **l'Olive** Du Bellay, qui publie là la première suite de sonnets de l'histoire littéraire française, nous donne à lire en fait **une imitation du poète italien Pétrarque :**

imitation dans le récit : l'histoire d'un amour fou, douloureux et fatal, que subit l'amant-poète ;

imitation dans les thèmes : beauté fatale de la dame, amour fait d'admiration, de service et de sacrifice, voire de mysticisme ; et amour de la beauté ;

imitation, enfin, dans la technique : choix du sonnet, goût de l'antithèse pour la composition, développement du poème autour d'une image centrale, recours à la mythologie, aux allégories* , aux périphrases.

L'apport de Du Bellay tient ici dans la musique d'une écriture décantée où percent les accents d'une mélancolie qu'on ne retrouvera en poésie qu'au XIXᵉ siècle, avec Lamartine.

Les *Antiquités de Rome,* c'est-à-dire « les marques antiques » de Rome, composées entre 1553 et 1556 sont, pour Du Bellay, l'occasion d'utiliser une nouvelle métrique, faisant voisiner le rythme inégal, martelé, rapide du décasyllabe et le rythme plus large, plus grand, plus mélancolique de l'alexandrin*. Cette alternance, dans les *Antiquités,* s'accorde bien avec les deux thèmes dominants :

une exaltation de la grandeur de Rome, thème que Du Bellay introduit dans notre littérature et dont il puise, en humaniste averti, images et symboles chez les auteurs latins eux-mêmes : Virgile, Horace, Lucain... ;

une évocation mélancolique de la « poésie des ruines » : de la peinture de la Rome antique, naît une réflexion sur la fuite du temps, la destinée des hommes et des empires, la mort.

Les *Regrets* : 191 sonnets réunis sous un titre (dont l'étymologie scandinave et gothique signifie *plainte, pleur)* qui en annonce le contenu :
      « Moi qui suis malheureux, je plaindrai mon malheur. »

Cette œuvre, qui se déploie comme **un journal intime,** détaille impressions personnelles, états d'âme, souvenirs d'événements quotidiens et ce, au son d'une mélancolie douce-amère qui lui fait évoquer tour à tour la nostalgie des paysages d'enfance (c'est le célèbre poème « Heureux qui comme Ulysse »), les amitiés lointaines de la Pléiade, les rêves de gloire en poésie ; sa déception devant ce qu'il est advenu de Rome aujourd'hui lui arrache des poèmes incisifs, parfois violemment satiriques, touchant notamment la Rome pontificale.

Ici, Du Bellay atteint à la perfection formelle et lègue, avec les *Regrets,* une forme définitive, le sonnet, qui donnera à la poésie française quelques-uns de ses chefs-d'œuvre.

● *Une poésie de la nostalgie*

Le temps, thème riche et créateur, structure toute cette œuvre : amour impossible à retenir dans l'*Olive*, « poésie des ruines » dans les *Antiquités*, impossibilité d'être ici et ailleurs en même temps dans les *Regrets*, il y a toujours cette angoisse secrète d'une vie, d'un monde, d'une histoire éclatés − poésie impressionniste avant l'heure ? − qui perce au cœur de la poésie de Du Bellay. C'est par là qu'elle reste accordée à une sensibilité contemporaine.

Itinéraires

Du Bellay (1522-1560)

Des années de formation douloureuses et studieuses
Une santé délicate, toute sa vie ; une carrière militaire et ecclésiastique avortées ; mais des études enthousiastes au Collège de Coqueret (1547-1549), la rencontre de Ronsard et les premières œuvres : l'*Olive* et *Défense et illustration de la langue française*, livre manifeste.

Un séjour romain qui se termine mal
L'enchantement de l'humaniste et du poète devra céder la place au désenchantement dû à ses fonctions d'intendant aux mœurs romaines et à sa nostalgie du pays.

Une œuvre discrète
En 1558 il publie ses deux œuvres majeures : les *Antiquités de Rome* et les *Regrets*, ainsi que les *Jeux rustiques*.

Une fin douloureuse
Poète de cour malheureux, il meurt solitaire et épuisé (1560).

Ronsard (1524-1585)

Alors que Du Bellay écrit dans la rareté et le silence, Ronsard nous offre généreusement **une œuvre prolixe et bruyante,** témoignage de sa vitalité et de son inquiétude, témoignage aussi d'un art jamais satisfait de lui-même, animé de cet esprit de conquête propre aux gens du siècle, ne craignant ni l'erreur, ni l'insécurité, poussé par ses propres forces vers le dépassement.

● *Une œuvre prolixe*

Quatre grandes formes structurent cette œuvre : l'ode, le sonnet, l'hymne, le discours.

L'ode : Ce recours à une forme savante, inspirée d'Horace et de Pindare, va fournir à Ronsard l'occasion de déployer son talent dans une double direction : avec les *Odes horaciennes* (1550-1552), il s'essaye à une poésie intime et familière *(La forêt de Gastine, La fontaine Bellerie)* qui a l'homme pour mesure, la nature pour cadre, la fuite du temps pour urgence.

Les odes pindariques (1550-1552) offrent, au contraire, au poète la possibilité de s'exercer à la grande poésie d'apparat ; Ronsard y célèbre, à coup d'épithètes et de rimes somptueuses, tel ou tel grand personnage, comme Michel de l'Hospital* , dont il loue l'esprit de tolérance.

Le sonnet : inspiré, lui aussi, par Pétrarque, Ronsard choisit la forme du sonnet pour écrire ses amours *(A Cassandre,* 1552, *A Marie,* 1555-56, *A Hélène,* 1578) : ces *Amours* forment encore aujourd'hui un héritage culturel partagé : il n'est que de citer :

> « Mignonne, allons voir si la rose
> Qui ce matin avait déclose
> Sa robe de pourpre au soleil,
> A point perdu cette vesprée
> Les plis de sa robe pourprée,
> Et son teint au vôtre pareil »,

pour que Ronsard soit immédiatement reconnu comme créateur d'une manière bien française de dire poétiquement le monde.

Peu importe que ces *Amours* soient réelles ou imaginaires ; ce qui compte pour le lecteur, c'est la créativité de ce thème, sa matière à variations infinies où alternent la plainte, la louange, le soupir, l'aveu, la mélancolie, l'invitation à la retraite, où se mêlent les images du feu et de la glace, du dard, où abondent enfin les emprunts à l'Antiquité.

Créativité d'un thème, mais aussi créativité d'une forme : le sonnet, « machine à penser » selon l'expression d'Aragon, part d'une image, c'est-à-dire du lien aperçu entre deux objets ; il se développe, jusqu'à **créer des rapports nouveaux entre les mots,** une nouvelle mythologie et finalement une nouvelle

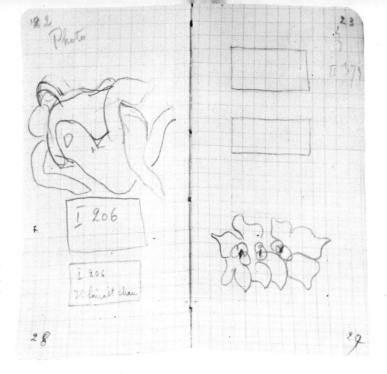

Ronsard et Matisse : la préoccupation de la forme.

réalité. Le poète devient alors un nouvel Orphée*, initié aux mystères du monde et initiateur. Cette tradition orphique qui naît avec Ronsard va jusqu'à Mallarmé et jusqu'aux surréalistes.

L'hymne : forme privilégiée de la grande poésie morale, mythologique et lyrique, cette forme permet à Ronsard d'exprimer sa conception du monde, comme en témoignent les titres *Hymne de la philosophie, du ciel, des astres, des démons, de l'or, de la mort, des quatre saisons ;* elle rend compte en outre de sa conception du poète capable d'enseigner des choses, de transmettre des connaissances.
Si l'impression de dissolution poétique, de rhétorique abusive, le style oratoire des hymnes ne répondent plus à nos attentes poétiques, elles ont eu cependant le mérite d'ouvrir à la poésie française les voies de la grande forme qu'emprunteront la poésie du XVIIᵉ siècle et, plus près de nous, celle de Claudel.

Le discours : les nécessités du temps – la Réforme –, et son engagement vont conduire Ronsard à s'intéresser à cette forme de la poésie didactique, dont il va faire un instrument de combat (voir p. 42).

Ronsard (1524-1585)

Une jeunesse chahutée
Enfance à la campagne, adolescence de page de cour (1536-1540), accès aux bénéfices ecclésiastiques (1543).

Une formation à l'écoute des humanistes
Baïf (1540), Peletier du Mans (1543), Dorat (1545-1547), le Collège de Coqueret contribueront à former son goût des lettres antiques, latines d'abord, grecques ensuite, et à développer sa vocation poétique.

Une œuvre poétique multiple
Les *Odes* (1550-1552), inspirées d'Horace et de Pindare. Les *Amours* de Cassandre (1552), de Marie (1555-56) et les *Sonnets pour Hélène* (1578), les *Hymnes* (1555-1556), les *Discours* (1562-1563), une épopée ratée : *La Franciade* (1572)

« Prince des poètes » et poète de Cour
« Prince des poètes », il anime la *Pléiade* (1556) qui regroupe les sept meilleurs poètes du temps.
Poète de Cour, il remplit le rôle de poète officiel, poète de circonstances, mais aussi de poète de combat contre les protestants.

En demi-disgrâce, il se retire (1575) et meurt (1585).

Pour aller plus loin...

Le sonnet

Il est de convention que les quatrains y soient comme les deux miroirs d'une même image ou miroirs l'un de l'autre, une sorte de dilemme dans lequel est le poète enfermé. Ou paraît enfermé. Tout part de cette image, c'est-à-dire de ce lien aperçu entre deux objets, qui semble inquiétant au poète, inexpliqué encore, enfin la cause de ce frisson poétique donné par certains mots qui font rêver et écrire.

C'est pourquoi les rimes ici (j'entends dans les quatrains) sont comme les murs du poème, l'écho qui parle à l'écho, deux fois se réfléchit et on n'en croirait pas sortir, la même sonorité embrasse par deux fois les quatrains, de telle sorte que le quatrième et le cinquième vers sont liés d'une même rime, qui rend indivisibles ces deux équilibres. La précision de la pensée ici doit justifier les rimes choisies, leur donner leur caractère de nécessité. De cette pensée musicalement prisonnière on s'évadera, dans les tercets, en renonçant à ce jeu pour des rimes nouvelles : et c'est ici la beauté sévère des deux vers rimant (selon la disposition marotique française), qui se suivent immédiatement, pour laisser le troisième sur sa rime impaire demeurée en l'air, sans réponse jusqu'à la fin du sonnet, comme une musique errante...

Car le tercet, au contraire du quatrain fermé, verrouillé dans ses rimes, semble rester ouvert, amorçant le rêve. Et lui répond, semblable, le second tercet, du roulement répété de ses deux vers rimés d'une rime nouvelle, indépendante, balançant le distique inaugural du premier tercet, tandis que le vers impair, le troisième (qui, à ne considérer que ce seul tercet, ferait comme un doigt levé) rimant avec son homologue, est comme la résolution de l'accord inachevé ; mais du fait de sa position même, le sonnet pourtant refermé, il laissera l'esprit maître de poursuivre l'image et la rêverie.

C'est ainsi, au corset étroit des quatrains dont la rime est au départ donnée, que s'oppose cette évasion de l'esprit, cette liberté raisonnable du rêve, des tercets.

Louis Aragon, *Du sonnet, Les lettres françaises*, n° 506, 4 mars 1954.

Lire Ronsard aujourd'hui, c'est :

○ découvrir que la poésie est aussi un jeu, un jeu supérieur avec les mots ;

○ assister à la naissance et au développement de la forme poétique la plus créatrice de la poésie française : le sonnet ;

○ voir éclore une certaine image du poète initié et initiateur, image qui traversera les siècles, jusqu'aux Surréalistes.

Naissance du théâtre

Le XVIe siècle a vu se former lentement ce qui va devenir le théâtre classique, et ce à travers une recherche menée dans trois directions : la tragédie humaniste, la tragédie religieuse, la comédie.

• Jodelle et la tragédie humaniste

Après diverses tentatives, traductions ou imitations des Grecs, des Latins ou des Italiens, la *Cléopâtre* de Jodelle (1553) peut être considérée comme une première ébauche de ce que sera un jour la tragédie classique. On y trouve :

— **la saisie d'un moment critique** de la destinée humaine (ici, le choix de Cléopâtre entre la fidélité à Antoine et la soumission à Octave) ;

— **la transformation de ce moment en une action dramatique,** appuyée sur les hésitations psychologiques des héros (dans *Cléopâtre,* l'expression de ces hésitations se réduit aux réactions devant ce qui arrive ou ce qui s'annonce) ;

— **une soumission à une certaine unité** (lieu, action, temps) qui tient ici au peu d'abondance de matière.

Il faudra attendre cinquante années et de nombreuses tentatives, dont celle de Garnier, pour que la tragédie française, améliorant ce modèle et s'appuyant sur les poétiques d'Aristote et d'Horace, trouve sa forme définitive.

• Garnier et la tragédie religieuse

Hérité des mystères, le goût pour les sujets religieux posait aux dramaturges un double problème esthétique et religieux : couler une pensée chrétienne et populaire dans une forme antique et aristocratique.

Robert Garnier allait, avec *Les juives* (1583), réussir cette synthèse et donner à la tragédie religieuse et à la tragédie au XVIe siècle son chef-d'œuvre. *Les juives* raconte le destin d'un homme qui, abandonné par Dieu, accablé par la fatalité, ne désespère pas et refuse de se soumettre à la tyrannie. Inspirée par la Bible, mais aussi par Sophocle et Sénèque, *Les juives* s'élève constamment au niveau du pathétique, grâce à une progression lente, mais implacable, de l'histoire qu'elle nous conte.

• La comédie

Le XVIe siècle est, pour la comédie, un temps d'attente, de tâtonnements ; de ces trois courants — courant médiéval de la farce, courant de la comédie antique, courant nouveau de la comédie italienne —, aucun ne s'impose vraiment ; par ailleurs, aucune tentative de synthèse n'aboutit. Restent des réussites épisodiques comme celles de Rémy Belleau.

Le mouvement des idées religieuses : une littérature militante

L'humanisme, qui est à l'origine de la Renaissance, est aussi pour une grande part à l'origine de la Réforme. A l'unité du monde renaissant va s'opposer la division du monde de la Réforme, division à l'intérieur de la chrétienté, mais aussi à l'intérieur des nations.

Les guerres de religion — guerres politiques et civiles — vont être la forme exacerbée de ces conflits qui, par ailleurs, donneront naissance à **une littérature militante** par laquelle les écrivains s'engageront pour la Réforme ou pour le parti catholique.

● *Humanisme chrétien et évangélisme*

Lefèvre d'Étaples avec ses *Commentaires*, Érasme avec son *Éloge de la folie* (1511), font du christianisme une lecture qui s'appuie tout à la fois sur l'*Évangile* et sur la sagesse antique ; ils tendent à montrer **une continuité** entre la « philosophie » du Christ telle qu'elle s'exprime dans **l'Évangile et la sagesse des Anciens.** Cet effort pour concilier Évangile et humanisme, qu'on appelle « humanisme chrétien », peut se caractériser par :

— un retour à la Parole sacrée, l'Évangile, et aux épîtres de saint Paul ;

— l'enseignement d'une théologie qui s'appuie d'abord sur cette parole et non sur ses commentaires ;

— une pratique religieuse centrée sur la prière et l'écoute de soi ;

— un respect de l'Église, de ses institutions et de son culte, accompagné d'une demande de renouvellement visant à rapprocher le texte sacré du peuple, notamment par sa traduction en langue nationale.

L'humanisme chrétien, bien accueilli d'abord par la papauté et le pouvoir royal, allait subir le contrecoup de la radicalisation luthérienne (1517-1524) et se voir tenu pour suspect par un pouvoir et une Église devenus hostiles à toute réforme religieuse.

● *Humanisme et réforme*

Fondement d'une crise religieuse déterminante, la Réforme va conduire à une remise en cause de l'humanisme.

Et pourtant, **la Réforme est, du point de vue de sa méthodologie, issue de l'humanisme :** elle s'appuie sur une pratique identique des textes (retour aux sources et renouvellement de l'exégèse*), mais elle s'en sépare quand elle affiche son ambition de réformer la croyance et de proposer de nouvelles affirmations doctrinales qui répondent mieux à une pratique religieuse vécue dans l'angoisse du péché et de la recherche du salut.

Calvin (1509-1564) et la Réforme

● Réformateur

Humaniste de formation, gagné à l'évangélisme*, son initiation aux doctrines luthériennes l'amène à fixer les tendances évangéliques en une doctrine rigoureuse rassemblée dans *L'institution chrétienne* (1536-1541); cette somme théologique sera enseignée à partir de 1559 à Genève, ville où il s'était réfugié (1538), qu'il plia à sa botte (1541) et dont il voulut faire une ville-église, « cité de Dieu sur la Terre ».

● Doctrinaire

La pensée de Calvin, centrée sur le dogme de la prédestination*, insiste sur la nature mauvaise de l'homme, sur la vanité de ses œuvres, sur la gratuité du salut gagné par Jésus-Christ pour ceux que Dieu a choisis. De ce pessimisme radical, il conclut cependant à la confiance en un Dieu qui est Providence sans cesser d'être Justice.

● Écrivain

L'importance historique de Calvin se double d'une importance littéraire : *L'institution* est considérée comme un des modèles de l'éloquence française, avec l'apparition stylistique de la grande période* dont on sait quels effets tireront Bossuet, Rousseau ou Chateaubriand...

Agrippa d'Aubigné : Les tragiques (1577-1616)

Épopée calviniste de soumission à la grâce, d'appel à la révolte et à la résistance, poème d'environ neuf mille vers, divisé en sept chants, *Les tragiques* a été commandé par les exigences de la lutte politique et religieuse. Elle est l'œuvre d'un partisan, mais surtout d'un grand metteur en scène des mots.

● Une œuvre partisane

La composition des *Tragiques* révèle cette ambition partisane : l'œuvre est construite sur une antithèse*entre les puissants d'un côté (roi, princes de l'Eglise, Cour) et les humbles de l'autre (paysans élus de Dieu) et sur l'espoir d'un renversement de cet ordre par Dieu.

● Une œuvre métaphysique

Au-delà d'un engagement dans les luttes du temps, elle rend compte d'une lutte plus fondamentale, celle que se livrent le bien et le mal.

Patrice Chéreau : Massacre à Paris. *A propos des guerres de religion, le spectacle d'une société qui regarde sa propre décomposition.*

Ce combat prend tout son sens à la fin des *Tragiques :* le poème historique s'élargit en un poème de la fin du monde.

● *Une œuvre poétique*
L'antithèse appartient aussi, chez d'Aubigné, au registre poétique ; et le poète se reconnaît ici dans le foisonnement des images, leur caractère concret et brutal, le goût pour un certain fantastique où s'exhalent, dans la lumière soufrée qui baigne l'œuvre, les puanteurs des parfums d'Église et de Cour et l'odeur des massacres.

La Boétie et le combat pour la liberté

Chaque fois que la liberté est en péril, jusque dans les périodes les plus troubles et les plus récentes de l'histoire de France, l'œuvre de La Boétie se trouve réactualisée et sa publication devient alors un acte militant.

Le *Discours de la servitude volontaire,* rebaptisé plus tard par les protestants *Le contre Un* (c'est-à-dire contre le Roi, contre le pouvoir absolu), a été écrit par La Boétie autour des années 1546-1548 entre seize et dix-huit ans. Son ami Montaigne l'a défini dans *Les essais* comme « une manière d'essai en l'honneur de la liberté contre les tyrannies ». Il s'inscrit dans une époque d'intense réflexion sur la politique. Pour beaucoup, le *Discours* se pose comme la réponse de la liberté au discours de la tyrannie tenu dans *Le Prince* par Machiavelli.

● **Une histoire de la tyrannie**
Dans cette histoire de la tyrannie, La Boétie montre les moyens (éternels) dont usent les tyrans pour tromper et intimider les consciences : isolement, silence, corruption... Mais en même temps, le *Discours* tente de donner une explication des tendances des peuples à la servitude ; pour La Boétie elle n'existe que parce qu'elle est volontaire. C'est à la nature humaine et à ses tendances à l'abaissement de soi qu'il a recours pour l'expliquer.

● **Une œuvre morale**
Le *Discours* pose la sauvegarde de la liberté comme devoir pour l'homme, comme marque de sa propre vérité. Pour y parvenir, dans une époque où abondent les traités sur l'institution du Prince, La Boétie compte lui aussi sur le savoir, mais cette fois pour le peuple. Visionnaire de l'État moderne, il attribue pour fonction à ce dernier de faire accéder le peuple à la citoyenneté : le savoir, source de vérité, fondement de la liberté sera cet instrument. Servitude ou liberté, les hommes ne connaîtront dès lors que la condition qu'ils se sont choisie.

Ronsard : Les discours

Discours des misères de ce temps (1562), *Réponse aux injures et calomnies* (1563).

● **Un engagement politique**
A l'imitation des Anciens, Ronsard s'engage et choisit le camp catholique, fidèle à l'image qu'il se fait du poète comme conseiller du prince.

● **Un choix idéologique**
Puisant ses références dans l'Antiquité, la mythologie, l'humanisme, Ronsard va défendre, dans ses *Discours,* parfois avec violence, aussi bien l'ordre catholique que l'ordre royal ; il dénonce les protestants comme agents de discorde et appelle contre eux à la guerre sainte.

● **Une œuvre poétique**
Les *Discours,* pleins de bruit et de fureur, nourris d'images violentes et véhémentes, résonnent d'injures, mais s'apitoient et s'émeuvent aussi sur les misères et souffrances du peuple de France.

Montaigne (1533-1592)

• Un auteur difficile à interpréter

Si Montaigne est un auteur agréable à fréquenter, il est en revanche difficile à interpréter : le ton de libre conversation qu'il adopte volontiers séduit dès l'abord son lecteur ; mais les « embrouillures » qui jalonnent ses développements exigent une attention soutenue pour retrouver, au-delà d'une confusion évidente, un ordre plus secret.

Les additions successives qui sont venues enrichir *Les essais* (1580-1588-1595), font parfois coexister en une même page des affirmations apparemment contradictoires ; ainsi, plusieurs moments de la pensée de Montaigne nous sont souvent livrés en même temps.

• Une forme ouverte : l'essai

Toute présentation des *Essais* figera dès lors ce qui est mouvement, reprises, décalages, tout ce qui fait le charme de l'œuvre, à commencer par le choix de la forme elle-même.

L'essai est, par définition, tentative, mais aussi effort et, plus près de son origine étymologique, pesée, on dirait aujourd'hui manière de prendre le poids, la mesure des choses ; l'essai se veut donc **une structure ouverte qui se refuse à conclure, créatrice de la dynamique même de l'œuvre,** témoin de son refus d'un quelconque terrorisme, forme accueillante au lecteur, invitation amicale à faire un bout de chemin ensemble.

• Les Essais : *quels itinéraires ?*

Peu d'œuvres se prêtent à des lectures aussi différentes et variées que les *Essais* : cela tient sans doute à l'esprit de liberté de leur auteur : « J'aime l'allure poétique à sauts et à gambades... à mesure que mes rêveries se présentent, je les entasse, ces gaillardes escapades ».

L'*Avis au Lecteur* qui ouvre les *Essais* pose l'œuvre comme **un acte de liberté :** « Je n'y ai nulle considération de ton service, ni de ma gloire... Adieu, donc » ; en même temps, il définit le projet de son auteur : « C'est moi que je peins (...) je suis moi-même la matière de mon livre ».

L'œuvre nous invite à suivre **un itinéraire** bien particulier, **qui,** en circuit fermé, **va de soi à soi :** mais un itinéraire ô combien dangereux : il fait du « moi », même fragile, la seule certitude, le « noyau dur » sur lequel peut se construire une existence : l'œuvre peut alors se lire comme une remise en cause radicale de la Connaissance, de la Morale, de l'Action, de Dieu.

Si les *Essais*, sont ce « fagotage de tant de diverses pièces », ce désordre si savamment organisé, c'est qu'ils sont **cette œuvre du désordre, de l'insécurité, du vertige, qui pose sans filets le problème fondamental de la Vérité.**

• *Une méthode pour s'essayer : affirmer-douter-écouter*

« S'essayer », c'est-à-dire apprendre à mieux se connaître, a amené Montaigne à envisager des solutions différentes ; on distingue souvent trois types de réponse à l'approche de soi :

— **la réponse stoïcienne** : elle correspond à la catégorie de l'idéal par lequel Montaigne nous livre son « Homme esthétique », celui qui est sorti de ses lectures ; elle constitue une tentative « d'apprivoiser la mort », de « s'en avoisiner », afin de « roidir » son âme et son corps, et de pratiquer la vertu, ce fondement de la morale stoïcienne dont « l'un des principaux bienfaicts est le mépris de la mort » ;

— **la réponse sceptique** : constituée, pour l'essentiel, par la très longue « Apologie de Raymond Sebond » *(Essais,* II, XII), elle est centrée sur une question fondamentale, véritable cri de lutte : « Que sais-je ? » ; cette question ouvre un procès, d'abord de l'homme et de sa place dans l'univers, ensuite de la connaissance et des savoirs ; elle débouche sur le constat que l'homme n'a rien de solide sur quoi bâtir sa vie : « L'ignorance qui était naturellement en nous, nous l'avons par longue étude confirmée » ;

— **la réponse épicurienne** : une fois conjurés la souffrance, la peur de la mort, le dogmatisme, les passions, il ne reste qu'une accommodation toujours plus grande de l'existence telle qu'elle est, que vient confirmer la conclusion des *Essais* (III, XIII) :
« J'accepte de bon cœur, et reconnaissant ce que nature a fait pour moi ; et m'en agrée et m'en loue ; on fait tort à ce grand et tout-puissant Donneur de refuser son don, l'annuler, et défigurer. Tout bon, il a fait tout bon (...) »

Itinéraires

Montaigne (1533-1592)

Formation
Apprend le latin à la maison, dans un milieu acquis à l'humanisme, la philosophie à Bordeaux, le droit à Toulouse.

Vie publique
Cultive une amitié sublime avec La Boétie (1588) ; magistrat (1557-1570), il exerce à Bordeaux et nourrit des ambitions politiques ; voyageur (1580-1581), il circule à travers l'Europe, en France, en l'Allemagne et en Italie d'où il rapporte un *Journal de voyage*. Maire de Bordeaux (1581-1585), il essaie de jouer un rôle de conciliateur entre le parti catholique et la Réforme.

Activité d'écrivain
Les *Essais,* son œuvre unique, commencée en 1571, sera publiée en 1580 (1re édition) et enrichie en 1588. L'édition définitive est posthume ; Montaigne meurt en 1592.

Pour aller plus loin...

Que suis-je ?

Montaigne a remplacé la question de savoir ce qu'est l'homme par cette autre plus précise : que sont les hommes ? Mais il n'en reste pas là, se fait plus précis encore : que suis-je ? Le chemin le plus sûr pour aller à la réalité humaine, d'autant plus authentique qu'elle est plus individuelle, passe par la personne telle qu'elle est. C'est l'observation de soi qui renseigne le mieux sur la contexture de l'être humain. Information limitée, sans doute, puisqu'elle ne s'étend qu'au Moi. Mais cette limitation même approfondit la vue qu'elle prend de la nature humaine, directement saisie sur le cas particulier, donc réel. Cette vue découvre plus de choses en l'homme que n'en croient savoir philosophes, théoriciens de la morale et métaphysiciens. Montaigne parfait définitivement dans l'observation de soi sa conviction que le singulier est plus riche que l'universel et que l'on ne vient jamais à bout du labyrinthe humain. Il est à lui-même le labyrinthe le plus surprenant, mais aussi le plus accessible et le plus précieux pour la connaissance.

H. Friedrich, *Montaigne*, Gallimard.

● *Comment entendre les* Essais *aujourd'hui ?*

L'histoire littéraire, en donnant aux *Essais* un commencement et une fin, force l'œuvre à passer par des points fixes. Pourtant, on peut lire *Les essais* comme **un voyage,** une dérive, et surtout comme la tentative d'un changement par lequel l'homme tente d'apporter une réponse à son statut d'être humain, à sa place dans le cosmos, à son destin.

On peut lire aussi les *Essais*, aujourd'hui comme **une œuvre de langage,** née d'une conscience aiguë que le langage vrai dérange l'ordre du monde, qu'il est donc urgent de dénoncer le mode présent de production de la parole.

Le monde parle, il se trompe de mots, et son activité est stérile : d'où l'urgence de démasquer toutes les impostures de la condition humaine : – l'action, – la connaissance, – la quête de l'Absolu, tout ce qui mutile l'esprit, tout ce qui détourne l'être humain de sa vraie voie, l'empêche de se voir tel qu'il est.

Ne subsiste alors qu'un Moi faible, limité, seule réalité stable et sûre, un Moi qui peut alors de nouveau regarder le monde, du regard de celui qui a découvert que « le chemin le plus sûr pour aller à la réalité humaine, d'autant plus authentique qu'elle est plus individuelle, passe par la personne telle qu'elle est. » (Hugo Friedrich)

En définitive, Montaigne nous propose, non pas un modèle, mais plutôt une méthode qui permet à tout lecteur de substituer sa propre expérience à celle de l'auteur, pour y réfléchir utilement, car « chaque homme porte en lui la forme entière de l'humaine condition ».

Lire Montaigne aujourd'hui, c'est :

○ s'affronter à une forme, l'essai, qui est devenu le mode d'écriture privilégié des écrivains de la fin du XXe siècle et qu'on désigne par « écriture fragmentaire » ;

○ participer à l'une des plus fascinantes aventures de la liberté, qui prend l'individu et son Moi pour unique mesure de toute chose ;

○ se choisir un compagnon qui ne propose pas des recettes de voyage, mais seulement des invitations à déterminer, chacun, l'itinéraire qui lui convient.

L'Âge baroque

• *Avatars du mot baroque*

« Baroque » : le mot, souvent galvaudé, a beaucoup servi pour désigner l'inclassable. Historiquement, comme « gothique » ou « rococo », il a d'abord été employé dans un sens péjoratif.

Ce mot vient du portugais et signifie « perle irrégulière ». Introduit en France au cours du XVIe siècle, il prit immédiatement le sens de « bizarre ». Pour l'esprit de la fin du XVIIIe siècle, le « goût baroque » a transformé la clarté des formes de la Renaissance et de l'Antiquité en un style étrange et ampoulé. Goethe, et plus tard les romantiques, ont repris encore avec mépris ce vocable pour désigner le ridicule et le « singulier ». On parlera aussi, en ce XIXe siècle, de bigarrure, de grotesque, et les artistes qu'on rattachera à cette période un peu floue seront qualifiés d'indépendants, d'attardés ou d'originaux. Il faudra finalement attendre Wölfflin (1888, puis 1915) pour que le mot « baroque » désigne un concept d'esthétique générale.

• *Baroque et histoire*

Le baroque est lié à la Contre-Réforme
Le Concile de Trente (1545-1563), réponse du catholicisme à la Réforme, valorise tout ce que la Réforme refusait. Pour ce faire, et afin de mieux toucher et convaincre les masses, il va donner à voir, et à voir grand, dans une recherche continue de l'effet, du spectaculaire, de l'ostentation*.

Le pouvoir central encourage l'esthétique baroque
Le pouvoir des princes favorise, dans l'esthétique baroque, l'étalage de la richesse et de la puissance, en même temps qu'il cherche, au travers de l'exaltation des valeurs religieuses, à conforter son pouvoir, lui aussi d'essence religieuse.

Le baroque est, en France, une période de conflits majeurs : conflit entre catholiques et protestants, entre partisans du libéralisme régional et du centralisme, entre tenants d'un pouvoir monarchique fort et d'un pouvoir entre les mains des grands féodaux ; conflit entre esprits libertins et esprits intégristes ; conflit enfin entre une noblesse gaspilleuse de richesses et une bourgeoisie soucieuse de profits et d'accumulation.

• *Baroque et beaux-arts*

Wölfflin définit le baroque à partir de cinq critères qui le distinguent du classicisme :

— **le baroque est pictural :** il dissout les lignes, préfère les masses mouvantes, privilégie un monde d'apparences ;

Baroque aujourd'hui : Ricardo Bofil, Le théâtre, à Marne-la-Vallée.

— dans la vision baroque, **le spectacle est toujours en profondeur** et l'œil est toujours attiré, aspiré plus loin ;

— **la composition baroque est ouverte :** elle prolifère dans tous les sens ;

— **les formes de l'œuvre baroque sont imbriquées,** elles participent d'un mouvement général ;

— **le baroque valorise le clair-obscur :** il s'oppose à l'art classique de la désignation en pleine lumière.

● *Baroque et littérature*

— **Des mythes :**
Narcisse*, autre et même tout à la fois ;
Protée*, qui n'existe qu'en se métamorphosant ;
Circé*, qui entraîne tout dans le flux d'une incessante mutation ;

— **des adjectifs :** multiforme, fugace, insaisissable, réversible, instable, inconstant, fluide, incertain, illusoire, disloqué, éparpillé ;

— **des figures :** le trompe-l'œil, la profusion, l'expansion, le déguisement, la métamorphose, le double, le masque, le reflet, l'apparence, la ressemblance, l'écoulement, l'évanouissement ;

— **des attitudes :** la feinte, l'oscillation, le caprice, le doute, la fuite, la confusion, le songe, la rêverie, l'égarement, la folie ;

— **des éléments opposés par couples :** air et terre, terre et eau, eau et feu, froid et chaud, clair et sombre, solide et liquide...

— **des thèmes :**

le monde est en état de bascule, la réalité est instable et illusoire ;

l'homme ne sait plus où est son masque, où est son visage, « déguisement dans un monde qui est théâtre et décor » ;

l'amour est le lieu de l'inconstance et de l'intermittence où « chacun aime qui ne l'aime pas, fuit qui le poursuit et se porte vers qui le fuit » (Rousset).

la destinée humaine est caprice et oscillation ; le « moi » est une succession d'états instables ;

la vie est un déguisement de la mort, et la mort une figure vivante,

... Pour résumer : « Rien n'est constant que l'inconstance » (...) « tout change et rechange » car « toute chose est muable au monde » et « nous sommes en un branle et incertitude perpétuelle ». (Diane d'Astrée)

— **une rhétorique :** sa figure privilégiée est la métaphore*, par laquelle se crée la distance entre le réel et l'imaginaire, qui engendre la mobilité par le jeu continu des substitutions, et se traduit dans l'œuvre par la multiplication

Pour aller plus loin...

Complexe de Narcisse

Dans la poétique baroque, le thème de Narcisse n'est pas simple : il constitue au contraire ce que de nos jours Gaston Bachelard nommera un *complexe de culture*, où se marient deux motifs déjà ambigus : celui de la Fuite et celui du Reflet. Cette image de lui-même sur laquelle il se penche, Narcisse ne trouve pas dans sa ressemblance une sécurité suffisante. Ce n'est pas l'ombre stable du miroir d'Hérodiade, fontaine hivernale et stérile,

Eau froide par l'ennui dans ton cadre gelée

c'est une image fuyante, une image *en fuite*, car l'élément qui la porte et la constitue est voué par essence à l'évanouissement. L'eau est le lieu de toutes les traîtrises et de toutes les inconstances : dans le reflet qu'elle lui propose, Narcisse ne peut se reconnaître sans inquiétude, ni s'aimer sans danger.

En lui-même, le reflet est un thème équivoque : le reflet est un *double*, c'est-à-dire à la fois un *autre* et un *même*. Cette ambivalence joue dans la pensée baroque comme un inverseur de significations qui rend l'identité fantastique (*Je est un autre*), et l'altérité rassurante *(il y a un autre monde, mais il est semblable à celui-ci)*. La reconnaissance devient ici motif d'égarement.

GÉRARD GENETTE, *Figures, I.* Seuil.

des points de vue : ainsi, pour la poésie baroque, la vie et le monde deviendront, eau, flamme, bulle, nuages, vent, autant de métaphores d'une vie fugitive prise dans le jeu flottant des apparences.

• *Une poésie de l'instable*

Deux générations d'auteurs : d'abord **Du Bartas** (1544-1590), poète de la luxuriance, des images et de la musicalité ;

Jean de Sponde (1557-1595), poète déchiré de l'amour et de la mort, opposant le corps et l'âme, la chair et l'esprit.

Ensuite : **Théophile de Viau** (1590-1626), poète du désordre et de la vivacité, des impressions de nature dont les *quadri,* brefs comme des dessins japonais, annoncent certains *Paysages belges* de Verlaine ;

Tristan L'Hermite (1601-1655), nourri de modernes italiens et notamment de Marino, aime les métaphores audacieuses, goûte les univers peu communs et fait chatoyer les images, comme dans son poème *La mer ;*

Saint-Amant (1594-1661), esprit curieux et grand amateur d'art, parle de la poésie comme d'une « peinture parlante » choisissant, à la manière des natures mortes flamandes, de décrire un fromage, de composer un poème sur la vigne, ou des tableaux baroques, de peupler ses poèmes de ruines, de squelettes pendus, de bêtes venimeuses, « sous la lumière sombre de la lune », avec toujours pour ambition d'être ce qu'il appelait lui-même un « maître absolu de la langue » qui en connaît « toutes les galanteries, toutes les propriétés, toutes les finesses, toutes les moindres vétilles ».

Des thèmes communs : cette poésie a son univers : un univers du passage, de l'inconstance, de la fuite : les poèmes multiplient les images du feu qui consume les êtres et enflamme le monde, de la neige virevoltante, échevelée, éphémère, des nuages qui se forment et se déforment, de la lumière qui joue avec l'ombre, de l'eau qui devient nuée, de l'eau en cascade, en fontaine, insaisissable et qui fuit, mais aussi reflet, prétexte à renversements, dédoublements, illusions, glissements vers le rêve et la rêverie :

> « ... et ce jour, et ce Temps
> où le monde s'aveugle et prend son passe-temps
> ne me seront jamais qu'un moment et qu'une ombre. »
> (Jean de Sponde, *Sonnets sur la mort.)*

• *Actualité du théâtre baroque : Corneille et* L'illusion

Corneille, bien qu'associé au triomphe du genre classique, participe au bouillonnement des années 1630 qui voient se multiplier une production dramatique dont *L'illusion* (appelée d'abord *comique*), écrite en 1635, est considérée

Reflets, incertitudes, images flottantes, « l'angoissante représentation du théâtre comme moyen de connaissance extrême de l'homme » ; Strehler, L'Illusion.

aujourd'hui comme la pièce-phare, chef-d'œuvre baroque à l'égal du *Songe d'une nuit d'été* de Shakespeare ou de *La vie est un songe* de Calderon.

Le sujet : un **prologue** où Pridamant, père éploré par le départ de son fils Clindor, s'en remet au magicien Alcandre, qui promet de lui faire voir la vie de son fils « sous une illusion », à l'aide de « spectres parlants ».

Une comédie en trois actes, où une illusion au second degré nous offre la représentation des aventures de Clindor à Bordeaux.

Une tragédie, illusion encore redoublée où, sans qu'on le sache, Clindor et ses camarades jouent une pièce de théâtre aux rebondissements tragiques dans le cadre de l'illusion offerte par Alcandre à Pridamant.

Enfin, le dévoilement de *L'illusion* (les acteurs comptent la recette de la pièce qu'ils viennent de jouer) et l'éloge du théâtre comme lieu d'illusions et de surprises.

Pour *L'illusion,* fortement inscrite dans la tradition théâtrale du temps, Corneille n'a pas hésité à emprunter à ses devanciers et à ses contemporains composition, éléments dramatiques et personnages ; il partage avec eux le goût pour le romanesque, la recherche constante de la surprise et de l'intensité des effets, le culte du détail, la préférence pour les personnages d'exception.

Suite de morceaux choisis, découpage et montage de scènes prises dans d'autres pièces, *L'illusion* n'est que théâtre : tout au long de la pièce, les problèmes posés sont **des problèmes de théâtre** : celui de la théâtralité de la vie, du théâtre nommé comme tel (comme le souhaitera Bertold Brecht, héritier en cela du théâtre baroque) et celui de la relation acteur/spectateur au cœur du spectacle.

En mettant en question l'illusion, sous le jeu baroque des apparences et de la confusion entre réalité et fiction, en ne reniant rien du plaisir du théâtre, *L'illusion* prend place dans la perspective qui agite toute l'esthétique théâtrale contemporaine.

Pour aller plus loin...

L'illusion

Pourquoi *L'illusion* et non pas *L'illusion comique* ! Parce que tel est le titre que Corneille choisit au moment de la révision définitive de son œuvre.

Le choix n'est pas de nature littéraire. Il signifie que le poète, en regardant désormais de loin, son « étrange monstre » juvénile, s'était aperçu qu'il s'agissait bien plus d'un poème dramatique sur *L'illusion* des êtres humains, des rapports entre la réalité (ou la vérité) et la fiction (ou le mensonge), et non pas seulement sur *L'illusion théâtrale*, celle des comédiens et des spectacles.

Avec ce titre-programme, l'œuvre de Corneille apparaît comme une métaphore de la vie de l'homme qui emploie le théâtre pour une démonstration poétique et bouleversante de la relativité des liens et des sentiments des protagonistes de la scène du monde où se joue l'aventure humaine.

Dans ce jeu de miroirs perpétuels qui pousse les acteurs de la vie à s'aimer, à se trahir et à mourir comme au théâtre, c'est la glorification de nos contradictions et de nos incertitudes, et tout cela avec l'angoissante représentation du théâtre comme moyen de connaissance extrême de l'homme.

Ainsi dans *L'illusion* (qui est aussi comique) nous voyons se refléter l'inquiétude universelle qui nous entoure et nous fait mieux connaître notre nature fragile aux abords du mystère ! Toutes ces images flottantes de personnages et de situations, le sang et le poignard, le ridicule et la folie, la misère et la richesse, la complexité extrême et pourtant simple des comportements de tous, nous donnent une représentation profonde de l'infinie mobilité de l'événement humain. Et nous ne saurons jamais si à la fin le père retrouvera vraiment son fils et si l'histoire représentée est la véritable ou son reflet. C'est par la glorification du théâtre, de sa fraternité et de son destin qui est de dévoiler la complexité de la vie, que s'achève *L'illusion* de Corneille.

Giorgio Strehler, *Programme du Théâtre de l'Europe, Théâtre de l'Odéon*, 1984.

Le Siècle de Louis XIV

Charles Perrault l'avait désigné *Siècle de Louis le Grand,* et c'est Voltaire qui, le premier, a abusivement désigné le XVIIe siècle comme le *Siècle de Louis XIV.*

Cinquante-cinq années de règne certes, entre 1660 et 1715, mais trente-cinq années de lente décomposition (1680-1715) et cinquante années (1610-1660) qui ont préparé la période rayonnante (1660-1680) qui irradie le siècle ; c'est là l'aboutissement d'un système que les aléas de l'histoire, jusqu'à notre époque, n'arriveront pas à disloquer, et qui voit une nation assurer de manière définitive les fondements de son identité politique, économique, sociale et culturelle auxquels elle ne cessera plus jamais de se référer, que ce soit pour les dénoncer, les réaffirmer ou les redéfinir. Constitution fondée sur un pouvoir fort, régionalisme opposé au centralisme, politique de grands travaux, interventionnisme d'état à la manière colbertienne, le *Siècle de Louis XIV* n'en finit pas de nous occuper.

Conditions générales

Politiquement, la succession des règnes de Richelieu, Louis XIII, Mazarin et Louis XIV aboutit à un renforcement définitif du pouvoir central et de son autorité sur la noblesse : les complots, les Frondes occuperont les esprits et les ambitions de l'aristocratie : ils donneront naissance à une littérature héroïque.

Économiquement, la bourgeoisie devient, avec l'appui du pouvoir royal, l'élément essentiel de la vie économique : désireuse d'ordre, c'est-à-dire de prospérité, elle donne au pouvoir ses meilleurs esprits (Colbert, Louvois) pour conduire les affaires. Cette ascension se traduira, surtout dans la première moitié du siècle, par une littérature romanesque, réaliste ou burlesque.

Socialement, c'est le triomphe d'une société mondaine, raffinée qui décide du goût, se dépense dans des fêtes, et impose ses codes de bonne conduite.

Etabli à Paris, son centre se déplacera avec Louis XIV à Versailles. Cette société se reconnaît dans la littérature précieuse, la peinture romanesque ou théâtrale du sentiment amoureux, les pièces à grande machinerie et l'opéra.

Conditions de la vie intellectuelle

• Statut de l'écrivain

Les écrivains se recrutent essentiellement dans la moyenne bourgeoisie (surtout dans la magistrature), plus rarement dans la noblesse (La Rochefoucauld, le Cardinal de Retz, Mme de La Fayette mis à part).

Économiquement, ils sont encore **dépendants des différents mécénats :** celui des grands seigneurs (pour Molière, le Prince de Condé) et surtout du mécénat royal, que Colbert organise afin de servir la gloire du Roi : « Vous pouvez, Messieurs, juger de l'estime que je fais de vous, puisque je vous confie la chose du monde qui m'est la plus précieuse, qui est ma gloire » ; ce mécénat distinguera aussi les écrivains selon le mérite de leur art et la qualité ou le succès de leurs œuvres (Racine, Molière).

Cependant c'est au XVIIe siècle que **le commerce des œuvres d'art commence à s'établir :** les écrivains prennent de plus en plus l'habitude de vendre leurs manuscrits aux libraires ou aux troupes de théâtre.

Lieux et moyens de diffusion

Salons et cercles

Carrefours de la vie mondaine et intellectuelle, presque toujours animés par des femmes, **les salons** les plus célèbres sont ceux de la **Marquise de Rambouillet** (mondain et aristocratique), de **Mlle de Scudéry** (bourgeois et « psychologique »), de **Mme de la Sablière** (scientifique et philosophe), enfin de **Ninon de Lenclos** (libertin).

Les cercles, exclusivement masculins, sont plutôt scientifiques, comme celui du **Père Mersenne,** réunissant les plus grands mathématiciens de l'époque.

Salons et cercles assurent une large part de **la circulation des idées,** non seulement à l'intérieur de la société intellectuelle française, mais aussi avec les *intelligentsia* étrangères, hollandaise, allemande, italienne en particulier.

Écoles et Collèges

L'éducation (voir les traités de Bossuet et de Fénelon sur l'éducation du Prince) est considérée comme un moyen privilégié et politiquement important (souligné par La Bruyère et Condé) de diffuser le savoir.

Si l'Université est en déclin, les collèges religieux, les établissements jésuites et les Petites Écoles de Port-Royal, en particulier, assurent un enseignement de qualité, continuellement renouvelé dans ses méthodes et dans ses contenus, même s'il reste orienté vers les Humanités (les écoles de commerce souhaitées par Richelieu ne sont pas encore de saison !).

Les gazettes

Moyens de liaison pour la communauté intellectuelle française et européenne, elles sont étroitement surveillées. Trois titres dominent : ***La gazette de France,*** créée par Renaudot en 1631, plutôt politique, ***Le journal des savants*** (1665) plus littéraire, et ***Le mercure galant*** (1672) surtout mondain.

Les livres

Leur diffusion se répand, en même temps que leur commerce devient plus réglementé et soumis à autorisation préalable : le pouvoir prend conscience de **l'importance politique et du risque idéologique de la chose publiée ;** la littérature des esprits libres doit aller chercher droit de cité ailleurs, en Hollande, en Angleterre.

• *Organisation et contrôle de la vie intellectuelle*

Au nom d'un principe d'unité qui, politique et religieux à l'origine, est étendu au savoir, naît avec le XVIIe siècle une véritable culture d'état.

○ *Les Académies*

L'Académie française (fondée en 1635 par Richelieu), dont l'organisation est définitivement établie sous Louis XIV et **l'Académie royale de peinture et de musique** (1648) contribuent à imposer des normes linguistiques (à travers le dictionnaire), littéraires (à travers la codification des genres), picturales ou musicales (à travers les commandes officielles), dans un esprit plutôt conservateur ; **l'Académie des sciences** (1666) est, au contraire, encouragée à promouvoir l'esprit de nouveauté et d'invention dans le domaine des sciences ou de la philosophie.

○ *La censure*

Elle s'exerce sur les libraires dont le métier est soumis à l'obtention du « privilège » d'imprimer : leur nombre se réduit à partir de 1665.

De fait, elle favorise la circulation de toute une littérature clandestine ou anonyme dont elle réprime violemment les auteurs.

L'élaboration du style classique

Les écrivains de la première moitié du XVIIe siècle vont soumettre langue et littérature à une réflexion d'où sortiront les codes et les normes qui constituent la doctrine classique.

Cette doctrine s'est élaborée dans les années 1620-1640, sous l'impulsion de grammairiens (Vaugelas et les grammairiens de Port-Royal) pour la langue et d'écrivains (Chapelain, Guez de Balzac) pour l'esthétique littéraire.

Boileau pour la littérature, Malherbe pour la langue, seront des hommes de synthèse.

● Boileau et la littérature (1636-1711)

L'art poétique de Boileau a eu le grand mérite de fixer en formules bien frappées ce que d'autres, trente ans auparavant, avaient énoncé dans le tâtonnement :

l'art a un but moral, mais il ne peut l'atteindre qu'en donnant du plaisir, plaisir dont les règles donnent le secret ;

les règles se fondent :
– sur **les Anciens,** respectables, parce qu'ils ont respecté la raison,
– sur **la Raison,** réflexion et bon sens, qui discipline le génie,
– sur **la Nature,** que l'art doit imiter, sans cependant tomber dans le réalisme, et sans que le critère de beauté soit absent du style ;

les règles ont pour exigences :
– **la vraisemblance,** qui fait préférer au vrai le vraisemblable,
– **la bienséance,** qui invite à aller dans le sens des règles du temps, des mœurs, du sentiment, de l'expression,
– **la distinction entre les grands genres** (épopée, tragédie, comédie) **et les petits genres** (sonnet, ballade, ode, églogue*...),
– **le respect,** dans le théâtre, **de la règle des trois unités :** lieu, temps, action, inpirée d'Aristote.

● Malherbe et la langue (1555-1627)

– **Langue et grammaire** sont soumises à une double exigence : **pureté** (« dégasconner la langue », bannir les vocables étrangers) et **clarté :** chaque élément doit avoir une valeur précise (d'où l'accord des participes, la différence entre participe et gérondif, etc.).

– **Versification et style** obéissent l'une à des contraintes précises, l'autre au souci de la clarté.

L'influence de Malherbe sur la codification de la langue sera considérable : les buts assignés à l'Académie française (donner des règles certaines à la langue, la rendre pure et élégante) découlent de sa théorie du bon usage.

● La norme comme fondement de l'usage : Vaugelas

Ce siècle a porté Vaugelas : les *Remarques sur la langue française* (1637) s'inscrivent bien dans le projet politique, social et culturel de la Monarchie et d'abord du Cardinal de Richelieu qui l'a faite ; l'œuvre répond au souci d'unité politique que Richelieu voulait imposer par une unification linguistique du royaume ; socialement, cette unification de la langue permet à la noblesse de s'identifier et de se reconnaître à travers un code : celui parlé à la cour ; culturellement cette volonté d'unité rencontre le souci des écrivains de disposer d'un outil adéquat à rendre compte au mieux de leur recherche en matière d'expression, et d'autoriser ainsi un jugement sur la perfection de leurs écrits en fonction d'une norme unique.

○ Les remarques, *œuvre de témoignage*

Les remarques sont d'abord l'écho d'un débat : le génie de Vaugelas aura été, trente années durant, de comptabiliser tous les débats, de mettre en forme les conclusions de ses discussions dans les salons, à l'Académie ou avec les linguistes de son temps.

Un souci unique animera l'auteur des *Remarques* : amener son lecteur à choisir l'expression la plus juste et la plus belle, lui donner les moyens de se livrer au culte de la beauté de l'expression. L'œuvre de Vaugelas, parce qu'elle est œuvre d'un honnête homme avant d'être œuvre d'un grammairien, relève davantage de choix esthétiques que linguistiques : d'où l'abondance sous sa plume des expressions ayant trait au caractère « pur, net, propre, grave, doux, chaste, élégant » de la langue.

○ Les remarques, *œuvre doctrinale*

La longue préface qui ouvre les *Remarques* a permis à Vaugelas de synthétiser ce qui, au cours des ans, au fil de cette œuvre, allait devenir des principes et constituer une véritable doctrine.

L'usage, principe souverain

Toute sa doctrine s'oriente autour de ce principe que Vaugelas reprend d'Horace et de son *Art poétique*. Distinguant entre le bon et le mauvais usage, il s'appuie pour en décider sur la pratique sociale de la langue par la Cour ; si cette caution s'avère insuffisante, il a recours d'abord aux bons auteurs, puis aux doctes et enfin au raisonnement analogique.

Une recherche de la perfection

Pour Vaugelas, il n'y a pas de clarté de l'expression sans une recherche constante de la perfection, perfection qui n'est pas pédanterie, mais juste milieu, bienséance. D'où le goût de Vaugelas pour une variété du style sans excès, pour l'usage d'une langue simple mais sans familiarité.

Une exigence de clarté

En matière de syntaxe comme de lexique, Vaugelas prescrit la clarté : clarté des constructions, refus du mot inhabituel, ou ancien, méfiance à l'égard du néologisme*.

Normatif, Vaugelas a pour longtemps codifié les règles d'une langue correcte. Serviteur de l'usage, il en est tout autant « le sculpteur, le modeleur ».

• *Arnauld et Nicole :* Logique de Port-Royal

« La plupart des erreurs des hommes ne consistent pas à se laisser tromper par de mauvaises conséquences, mais à se laisser aller à de faux jugements dont on tire de mauvais conséquences. »

(Arnauld et Nicole)

A côté des *Provinciales* de Pascal, la *Logique* (1662) d'Arnauld et Nicole est le deuxième monument issu de l'Abbaye janséniste de Port-Royal réformée par la ferveur pieuse de la mère Angélique au début du siècle. L'abbaye laisse avec ce livre, pensé à l'origine comme un manuel destiné aux classes de logique, le témoignage **d'une éthique de la rigueur et de la dévotion à la vérité** qui fut celle (pendant les cent années de sa courte carrière) de cette communauté dispersée à la suite des jalousies des protestants et des jésuites.

On saisit l'intérêt des auteurs pour une réforme de l'enseignement de la logique par un double constat :

une époque déchirée par les querelles entre jésuites et protestants, rivalités d'ambitions qui prennent l'interprétation de formules théologiques pour arène, par la querelle des Anciens et des Modernes autour du sens à donner aux principes de la Poétique d'Aristote, alors que, dans le même temps, la science qui a pour ambition d'authentifier la vérité des discours, la logique, semble, elle, tomber en désuétude.

Une entreprise de vérité

Susciter un regain d'intérêt pour cette science est donc une tâche aux conséquences pratiques qui implique de la reformuler.

Plus qu'à transmettre le savoir, les auteurs s'attachent, en effet, à perfectionner sa présentation en la rendant accessible au plus grand nombre (en l'illustrant d'exemples simples et utiles) et à débarrasser ce savoir pluri-millénaire des incohérences et des raffinements inutiles dont l'ont recouvert des siècles d'enseignement imparfait. Ce rajeunissement, qui élimine les scories de la tradition scolastique, exige aussi de corriger certaines erreurs des autorités traditionnelles (ainsi Aristote) là où elles sont dépassées par le progrès de la connaissance. Cette témérité sera une source de polémiques avec l'université parisienne.

Une entreprise de rénovation

La tâche historique que se propose la logique est d'inciter à la justesse du jugement, préambule nécessaire à la justice envers les autres. Elle formule donc en premier lieu **une théorie du langage** qui emprunte ses termes à la philosophie. Elle clarifie, avec les distinctions rigoureuses de la théorie de la connaissance, l'épaisseur mouvante des mots qui est à l'origine de l'erreur et de l'abus de pouvoir.

L'objet principal de la logique devient le jugement, qui est l'acte de lier de façon juste deux termes dans une proposition vraie. Les auteurs appliquent directement aux problèmes scientifiques et philosophiques de leur époque cette méthode clarificatrice dont les progrès de la science illustrent la force. Ils prolongent l'exigence cartésienne de discerner avec rigueur les concepts, et fournissent une introduction aux problèmes scientifiques et théologiques. La rhétorique, qui est l'art de convaincre par les effets de style, cède le pas à l'art du bien juger qui doit convaincre par la seule puissance du vrai. Le progrès de la science passe par la diffusion de la compétence critique et par l'accès du plus grand nombre aux systèmes scientifiques de leur temps.

Près de nous, les travaux du linguiste américain Noam Chomsky et du philosophe français Michel Foucault ont fait de la *Logique* une des références privilégiées de notre modernité philosophique.

Pour aller plus loin...

Le meilleur moyen pour éviter la confusion des mots qui se rencontrent dans les langues ordinaires, est de faire une nouvelle langue, et de nouveaux mots qui ne soient attachés qu'aux idées que nous voulons qu'ils représentent.[...] Comme si je veux prouver que notre âme est immortelle, le mot d'âme étant équivoque, pour l'éviter (la confusion) je regarderai le mot d'âme comme si c'était un son qui n'eût point encore de sens, et je l'appliquerai uniquement à ce qui est en nous le principe de la pensée, en disant, *j'appelle âme ce qui est en nous le principe de la pensée*.

C'est ce qu'on appelle la définition du nom, *definitio nominis*, dont les Géomètres se servent si utilement, laquelle il faut bien distinguer de la définition de la chose, *definitio rei*.

Car dans la définition de la chose, comme peut-être celle-ci : *L'homme est un animal raisonnable : le temps est la mesure du mouvement*, on laisse au terme qu'on définit comme *homme* ou *temps* son idée ordinaire, dans laquelle on prétend que sont contenues d'autres idées, comme *animal raisonnable*, ou *mesure du mouvement* ; au lieu que dans la définition du nom, comme nous avons déjà dit, on ne regarde que le son, et ensuite on détermine ce son à être signe d'une idée que l'on désigne par d'autres mots.[...]

Et de-là il s'ensuit, 1 Que les définitions de noms sont *arbitraires*, et que celles des choses ne le sont point. Car chaque son étant indifférent de soi-même par sa nature à signifier toutes sortes d'idées, il m'est permis pour mon usage particulier, et pourvu que j'en avertisse les autres, de déterminer un son à signifier précisément une certaine chose, sans mélange d'aucune autre. Mais il en est tout autrement de la définition des choses. Car il ne dépend point de la volonté des hommes, que les idées comprennent ce qu'ils voudraient qu'elles comprissent ; de sorte que si en les voulant définir nous attribuons à ces idées quelque chose qu'elles ne contiennent pas, nous tombons nécessairement dans l'erreur.[...]

Il s'ensuit en second lieu, que les définitions des noms ne peuvent pas être contestées par cela même qu'elles sont arbitraires.

ARNAULD et NICOLE, *Logique de Port-Royal*, Garnier-Flammarion (collection *Champs*).

Les tendances religieuses et philosophiques

Deux courants de pensée vont dominer le siècle :

le courant rationaliste qui, au nom de la raison, va tenter de prouver le bien-fondé de la foi ;

le courant religieux qui va tenter d'imposer un ordre chrétien sur le plan politique et social.

Descartes et l'esprit cartésien (1596-1650)

De Descartes, il nous reste un adjectif, cartésien, par lequel les Français se désignent volontiers... Adjectif qui n'a guère de rapports avec Descartes, considéré par Hegel comme « le premier penseur moderne ».

● Une vie confondue avec une pensée

De l'illumination de 1619, illumination quasi mystique, Descartes retire la conviction de l'unité de l'univers et conclut à la nécessité de construire une science qui en propose une explication cohérente.

Dans le *Discours de la méthode* (1637), il dit son itinéraire et la philosophie qu'il en retire.

● Une méthode

D'abord se fonder sur la raison, « puissance » de « bien juger et distinguer le vrai d'avec le faux (...), égale en tous les hommes », moyen d'accéder à la vérité par la recherche et d'unifier le savoir.

Au nom de la raison, il critique :

l'érudition, qui met sur le même plan les imaginations et les raisonnements ;

la soumission à l'autorité, qui conduit à l'incertitude et à la fausseté des connaissances ;

les méthodes de raisonnement trop mécaniques, qui n'aboutissent pas toujours à la connaissance – comme les syllogismes* – même si elles permettent de mettre un peu d'ordre dans la pensée.

Au nom de la raison, il conclut à **la nécessité de disposer d'une méthode,** qui soit la règle à suivre quand on veut atteindre la vérité. Cette méthode, décrite dans le *Discours,* comprend **quatre règles,** quatre étapes, celles que suit l'esprit quand il raisonne, à savoir :

la règle d'évidence, qui ne tient pour vrai que ce qui est à la fois clair et distinct, c'est-à-dire totalement connu et analysé par la raison ;

la règle d'analyse qui permet de diviser les problèmes ; elle affirme par là le pouvoir de la pensée sur les choses ;

la règle d'ordre : il s'agit d'aller, dans la connaissance, du simple au complexe ;

la règle du dénombrement, qui oblige à rechercher tous les éléments nécessaires et suffisants pour résoudre une question.

● *Une morale*

Elle est un guide pour celui qui emprunte le long chemin de la connaissance, et doit lui permettre de vivre le plus heureusement possible, tout en continuant à chercher la vérité.

Cette morale se ramène à **trois maximes qui indiquent comment se comporter :**

— **envers les autres,** en pratiquant la modération, c'est-à-dire en se conformant à la règle commune tout en restant vigilant ;

— **envers soi-même,** en restant fidèle et constant dans ses opinions, en acceptant le caractère limité des actions humaines ;

— **envers le monde,** en tâchant de parvenir au détachement, long apprentissage au terme duquel il y a l'indifférence à ce qui est extérieur à soi et le renoncement à agir sur le monde.

Cette morale, qui peut apparaître comme une morale du renoncement, est en réalité **une morale de la liberté,** de cette liberté qui, au terme du doute, s'engage sur le chemin de la connaissance.

● *Une métaphysique*

Elle est issue d'une pratique systématique du doute, et s'appuie sur l'hypothèse qu'au terme d'une démarche de doute absolu surgira une vérité non moins absolue : cette vérité n'est pas une vérité constituée, mais l'activité même qui la produit, c'est-à-dire la pensée qui permet de nier, de douter, de refuser ; c'est elle qui assure de l'existence.

D'où la célèbre formule : « Je pense, donc je suis », dont Descartes tire la conclusion que la pensée (*cogito*) est le moteur de la connaissance, et qu'il existe au moins une réalité, le Moi. Cette réalité n'est cependant pas toute la vérité, puisque le *cogito* est confronté à l'idée de Dieu et de sa perfection.

● *Postérité du cartésianisme*

Postérité scientifique

Descartes est l'initiateur de la méthode expérimentale de Claude Bernard, et les théories biologiques qui postulent aujourd'hui la possibilité de produire mécaniquement la vie s'inspirent de sa pensée sur les mouvements mécaniques ou physiques dans la matière inerte.

Postérité philosophique

Hegel, Alain, Sartre ont dit l'importance de la pensée de Descartes. Et Sartre a pu affirmer, dans *L'existentialisme est un humanisme* « qu'il ne peut y avoir de vérité autre au point de départ que celle-ci : Je pense, donc je suis ».

Itinéraires

Descartes (1596-1650)

Né en Touraine, mort à Stockholm

Formation (1596-1619)
Collège jésuite, puis études juridiques à Poitiers ;
vie sportive et mondaine ;
vie militaire ;
illumination de 1619 où son projet philosophique lui apparaît en clair.

Exils (1629-1650)
Descartes ne passera pas six années en France pendant toute cette période, s'y sentant menacé ;
voyages en Europe et installation en Hollande ;
séjour en Suède chez la reine Christine (1649-1650).

Oeuvres
Discours de la méthode (1637) ; *Méditations métaphysiques* (1641) ; *Traité des passions de l'âme* (1649).

Pascal, écrivain engagé (1623-1662)

Scientifique reconnu, écrivain admiré, penseur contesté, Pascal a déployé son génie en tout sens, laissant une œuvre considérable, témoignage d'un esprit cherchant méthodiquement à circonscrire le savoir de son temps, à le faire progresser, et à inscrire cette progression dans une perspective.

● Engagement scientifique

L'œuvre scientifique de Pascal est considérable. **En physique,** il établit définitivement l'existence de la pesanteur et du vide ; **en géométrie,** il jette, avec son *Essai sur les côniques,* les bases de la géométrie projective et occupe une place centrale dans l'histoire de la géométrie infinitésimale ; **en arithmétique,** il introduit la méthode de la démonstration par récurrence ou induction mathématique, qui jouera un grand rôle dans la mathématique moderne ; il fonde le calcul des probabilités, établit les principes du calcul mécanique et crée la machine arithmétique qui est à l'origine des calculatrices modernes.

De cette activité scientifique intense, Pascal tire un certain nombre de leçons : pour lui, le raisonnement scientifique repose sur des postulats indémontrables (l'espace, le temps) ; et, même si le progrès de la science est illimité, notre savoir ne sera jamais total ; rien n'est valable que ce qui est vérifié par l'expérience, fondement de la méthode expérimentale.

Mais il en tire également certaines conclusions sur la place de l'homme dans l'univers ; c'est par son engagement religieux qu'il apportera explications et réponses.

● Engagement religieux

L'illumination du 23 novembre 1654, à la suite de laquelle Pascal s'en remet à Dieu et au Christ, va avoir une influence décisive sur ses choix : il se retire du monde, vit de façon austère ; sa foi le conduira aux œuvres charitables, mais aussi aux combats intellectuels (contre les jésuites, dans les *Provinciales,* contre les libertins dans les *Pensées).*

○ Les Provinciales *(1656-1657)*

Une œuvre de circonstance
Oeuvre collective publiée sous l'anonymat et destinée à mobiliser l'opinion pour la défense de Port-Royal, ces dix-huit lettres ont connu un prodigieux succès.

Une œuvre sur la liberté
Quelle liberté ? Par la grâce de Dieu ou par la grâce de l'homme ? Centrées sur le problème de la grâce, *Les provinciales* opposent à l'anthropocentrisme* des jésuites (la grâce ne donne que la puissance de faire le bien − grâce suffi-

sante – et seul l'homme peut être l'auteur du bien) le théocentrisme* des jansénistes, défendu par Pascal (c'est Dieu qui opère le bien en l'homme).
A travers la grâce, se trouve posé **le problème de la liberté,** donc celui **de la personnalité :** pour les jésuites, l'homme est responsable de ses actes conscients et délibérés ; pour Pascal, et pour les jansénistes, la grâce est donnée à l'homme : la liberté est ainsi le produit d'un déterminisme divin.

Une œuvre de persuasion
Les *Provinciales* sont d'abord destinées à convaincre, et toute leur écriture a été soumise à cet objectif : par le choix du genre, d'abord : la lettre est très en faveur et se prête bien à la polémique ; par la composition ensuite : Pascal sait utiliser le dialogue et la peinture démonstrative d'un personnage, il pratique avec art la progression dramatique et dialectique, joignant la citation à l'anecdote ; enfin il sait garder ce ton de comédie mordante et d'ironie vengeresse qui font des *Provinciales* un modèle pour qui veut aujourd'hui pratiquer le genre de la lettre ouverte.

○ Les Pensées *(1670)*

Une œuvre de combat
Oeuvre de combat dirigée contre le sceptique, le libertin et le mondain indifférents à l'égard de la religion, l'œuvre de Pascal vise :

– à **créer l'inquiétude,** en faisant de la condition humaine une énigme ;

– à **montrer que la religion chrétienne apporte une solution satisfaisante** à cette énigme.
L'homme se trouve devant un choix qui l'oblige à parier : à prendre le pari de tout perdre ou de conquérir un bonheur infini ;

– à **prouver la vérité de cette religion divine et révélée.**

Une œuvre inachevée
Les *Pensées* nous sont parvenues sous forme de fragments classés en vingt-sept liasses qui constituent la *Copie.*

On ne peut évidemment que formuler des hypothèses sur la forme et l'organisation que leur aurait données Pascal. On s'autorise aujourd'hui à les considérer telles quelles, avec ce caractère inachevé et fragmentaire qui les apparente aux *Essais* de Montaigne, et qui en fait **une œuvre ouverte aux parcours multiples.** On peut également constater que Pascal, hésitant entre le traité à la manière classique, le dialogue antique, et la manière épistolaire éprouvée dans Les *Provinciales,* a parfois opté pour une forme ouverte : « Je ferais trop d'honneur à mon sujet, si je le traitais avec ordre, puisque je veux montrer qu'il en est incapable. » (Lafuma 373).

Une œuvre de moraliste
L'effort de lucidité pour révéler l'homme à lui-même aboutit à une mise à nu de la condition humaine, qu'il traduit en quelques images fortes :

Itinéraires

Pascal (1623-1662)

Né à Clermont-Ferrand, mort à Paris.

Génie scientifique (1631-1648)
Dès l'âge de douze ans, initié aux sciences ;
invente une machine à calculer pour son père ;
poursuit ses expériences sur le vide, au Puy-de-Dôme, puis à Paris.

Homme du monde (1652-1654)
Vie de Cour et amitiés de grands seigneurs (Roannez-Sablé) ;
liens avec les libertins.

Homme de Dieu (1654-1662)
Attentif à l'itinéraire religieux de sa sœur, Jacqueline ;
révélation du jansénisme et de Port-Royal (1652) ;
crise mystique et illumination (1654) ;
retraite à Port-Royal (1655-1656) ;
combat pour Port-Royal : Les *Provinciales* (1656-1657) ;
vie d'anéantissement et d'ascétisme jusqu'à sa mort (1659-1662) ;
publication posthume des *Pensées* (1670).

Pascal/Willink : une morale du dépouillement.

— **Le roseau pensant :** l'homme est « un roseau pensant » ; roseau, parce que ballotté ; pensant, parce que, se sachant écrasé, il domine l'univers ; c'est le meilleur usage qu'il puisse faire de sa raison.

— **Les deux infinis :** ici Pascal situe la place de l'homme dans l'univers : néant par rapport à l'infiniment grand, immense par rapport à l'infiniment petit, en fait impossible à situer, comme il le dit par cette métaphore géométrique : « sphère dont le centre est partout et la circonférence nulle part ».

— **Le divertissement :** privé de tout repère dans un univers qui l'écrase, l'homme découvre le tragique de sa condition et cherche par tout moyen à la fuir ; le divertissement, c'est-à-dire cette disposition à se détourner de soi-même, nous y aide : que ce détournement s'exerce dans l'ordre de l'action, de la connaissance ou de l'esthétique, il nous dit notre « incapacité à demeurer en repos » ; mieux, il nous porte « à tendre au repos par l'agitation ».

— **Un cœur creux et plein d'ordures :** plein de la vanité illusoire du divertissement, creux du vide infini dont il résonne une fois le divertissement démasqué, mais creux aussi, comme un récipient prêt à être rempli.

Chez Pascal, il y a un double projet : étudier l'homme et défendre la religion. Mais c'est cette étude de l'homme que notre siècle ne cesse d'interroger ; il n'hésite pas à voir dans Pascal un précurseur de l'existentialisme tant l'ennui pascalien, lié aux images de la claustration, de la fuite et de l'anéantissement, ressemble à *La nausée* selon Sartre, tant aussi sa vision d'un homme fini, contingent, solitaire, et engagé dans un pari qui fonde sa liberté, peut se prêter à une description de type existentialiste.

Lire Pascal aujourd'hui, c'est :

○ découvrir les apports fondamentaux d'un esprit moderne à la physique, la géométrie, l'arithmétique ;

○ participer au cheminement d'une pensée qui a fait cohabiter réflexion sur la science et réflexion sur la destinée humaine ;

○ s'approprier quelques-unes des images les plus fortes dessinées par un écrivain sur l'homme et sa place dans l'univers ;

○ pénétrer un art d'écrire soumis à un impératif unique : persuader.

Bossuet :
une vocation de pédagogue (1627-1704)

De Bossuet, homme de son siècle et religieux intégriste, on retiendra surtout cette vocation à éduquer les princes et les hommes, et l'énergie qu'il y mit. Énergie que reflète une écriture qui a contribué à former l'idée de ce que l'on nomme le « style français », c'est-à-dire une certaine amplitude de la prose organisée en périodes* à la manière latine.

● *Éduquer le Prince*

En histoire, *Le discours de l'histoire universelle* (1681), en philosophie, *Le traité de la connaissance de Dieu et de soi-même,* en politique, *La politique tirée de l'Écriture sainte,* constitueront la matière sur laquelle s'appuiera Bossuet :

— pour assurer le Dauphin, futur Louis XV, contre l'imprévisibilité des choses humaines, qui peuvent anéantir les prévisions des politiques les plus sages ;

— pour l'inviter, à travers le *Traité de la connaissance,* à compter sur sa liberté de pensée à la lumière d'une raison inspirée par Dieu ;

— pour le persuader du caractère divin et absolu du pouvoir monarchique.

● *Éduquer les hommes*

Les *Sermons,* les *Oraisons funèbres* rempliront cette fonction. Le pédagogue se montre ici soucieux de la forme ; elle conditionne l'écoute de son auditoire et la qualité de réception de son discours. Aussi a-t-on vanté cette composition aérée et bien articulée des *Sermons,* enchaînant arguments et visions et utilisant la citation ; aussi a-t-on admiré les amples développements de sa prose, son goût pour les périodes dans les *Oraisons* (*Oraison funèbre d'Henriette de France,* 1669 ; *Oraison funèbre d'Henriette d'Angleterre,* 1670 ; *Oraison funèbre du Prince de Condé,* 1687) qui lui permettent, dans le style baroque, d'imposer des images frappantes, d'orchestrer développements saisissants et envolées lyriques.

Les grands exemples qui ont donné naissance aux *Oraisons* sont l'occasion, pour Bossuet, de dire aux hommes le néant de l'homme face à la mort, le caractère provisoire et trompeur des honneurs et des actions terrestres (« un château de cartes »), le néant des grandeurs humaines.

Fénelon (1651-1715)

Mêlé aux querelles religieuses du siècle, il s'opposera à Bossuet, préférant l'autorité de Rome à celle du Roi (querelle du gallicanisme) ; contre le rationalisme, il affirmera les droits de la sensibilité, et au jansénisme inquiet, il répondra par une aspiration à la quiétude dans l'amour et la piété (querelle du quiétisme qui l'opposera encore une fois à Bossuet).

● Télémaque, *maître livre*

Écrit à l'intention du Duc de Bourgogne, maître livre d'un siècle en train de naître qui ne cessera de s'y référer, *Télémaque* (1699) est d'abord **ce roman d'aventures** qui connaîtra un succès extraordinaire : roman mythologique, il nous conte les aventures du fils d'Ulysse qui, parti à la recherche de son père, parcourt différents pays de la Méditerranée en compagnie de Mentor.

Un roman d'éducation

Chaque étape est prétexte à des développements sur les institutions des pays traversés : Tyr est le pays du despotisme, l'Égypte celui de la monarchie absolue héréditaire, la Crète celui d'une monarchie qui admet l'autorité de la loi, Salente, enfin, l'état où la valeur est liée à l'usage.

Au terme de ce long périple, se dégagent les choix suivants :

— **sur le plan politique,** respect du droit de l'individu, condamnation de l'absolutisme et du machiavélisme*, limitation du pouvoir monarchique par la loi religieuse, mais aussi par la volonté du peuple et des institutions intermédiaires (assemblées provinciales, États Généraux) ;

— **sur le plan économique et social,** Fénelon préconise le développement démographique, la suppression du luxe, la protection de l'agriculture. A ces choix en matière d'économie et de politique, il faut ajouter les développements que Mentor consacre au droit, à la morale, à l'hygiène, à la mythologie ; ils constituent de véritables leçons pour Télémaque.

Une somme littéraire

Le succès de *Télémaque* a probablement tenu en grande partie à une écriture qui emprunte à tous les genres : fables, prières, tragédies, poèmes, mais aussi à une manière d'évoquer où l'exotisme de l'aventure se lit déjà dans la peinture versaillaise, les décors d'opéra, et les tableaux religieux familiers aux lecteurs de Fénelon.

Le héros est en quelque sorte placé au carrefour de son temps : il s'agit de l'amener, au travers d'allusions, d'évocations multiples, à comprendre le sens d'un monde en train de basculer, déjà prêt à accueillir une autre sensibilité dont Rousseau formulera plus tard la théorie.

La préciosité

Comme l'humanisme, ce n'est pas un mouvement uniquement français ; il a été proposé à la fois comme style de vie, comme art de penser et d'écrire dans les principaux pays européens avant même d'être introduit en France : les œuvres de Lyly en Angleterre, de Marini en Italie, et de Gongora en Espagne en portent témoignage.

● Une société de salons

Trois salons vont dominer la vie précieuse :

le **salon de Madame de Rambouillet**, surtout mondain, où la manière de dire et d'être est aussi importante que ce que l'on a à dire ou à montrer ;

le **salon de Madame d'Auchy,** plutôt érudit ;

enfin le **salon de Mademoiselle de Scudéry,** tout à la fois littéraire, mondain et féministe*, très préoccupé de psychologie amoureuse (voir la carte du Tendre).

● Une tournure d'esprit

La préciosité se manifeste par **un souci de distinction :** distinction **dans la façon de se présenter** (recherche de l'insolite et du rare) ; distinction **dans la conduite d'une conversation,** soucieuse du mot d'esprit, de l'effet brillant ; distinction **dans les sentiments,** où la recherche du raffinement guide la conduite des précieux ; distinction enfin **dans les goûts littéraires,** orientés vers l'admiration d'un art qui sait faire quelque chose avec rien.

● Un comportement social

Affirmation d'une manière de bien se conduire dans les salons, qui joint les raffinements de la politesse et de l'élégance à ceux de la culture, la préciosité engendre un dépassement des barrières sociales et voit se substituer, à une aristocratie du sang, **une aristocratie de l'esprit et des manières ;** enfin, elle accorde aux femmes un rôle plus important : on peut ainsi parler de la préciosité comme d'une affirmation, voire d'**une revendication féministe** et comme d'un droit reconnu aux femmes de se faire entendre et d'apparaître comme socialement majeures.

● Un style en rupture avec la réalité

Soucieux de sa différence, et en même temps prisonnier de celle-ci, le langage précieux se veut en marge de la réalité et privilégie toutes les figures de style qui l'en éloignent : périphrases*, métaphores*, superlatifs, hyperboles* ; de cette manière d'éviter le réel, nous sont restées des expressions heureuses, comme « travestir sa pensée », ou moquées, comme ces « commodités de la conversation », fauteuils rendus célèbres par Molière dans *Les précieuses ridicules.*

● *Un goût pour le romanesque*

Ce goût relève, lui aussi, de cette tendance de la préciosité à préférer au réel **un monde de pure sentimentalité** qui fait peu de cas de la logique des événements et des sentiments, sans durée, où les passions ne se concluent jamais, où chacun poursuit l'autre dans une fuite sans fin.

Les romans précieux (dont le plus célèbre est *L'Astrée,* d'Honoré d'Urfé) inventent ainsi, comme les tableaux de Poussin ou de Claude Gelée (dit le Lorrain), des lieux de pure harmonie et des personnages de pure sentimentalité qui traversent la *carte du Tendre* avec le désir secret de ne jamais arriver au port.

● *Une poésie des petits genres*

Rondeaux*, ballades*, épigrammes*, bouts rimés marquent la préférence des poètes précieux (Voiture) pour les formes courtes où peut au mieux se réaliser ce sens de l'effet, ce goût du paradoxe, cette science du peu qui caractérisent la poésie précieuse.

● *Un antidote à la préciosité : le roman bourgeois*

Ce genre romanesque s'inscrit dans la tradition réaliste et gauloise qui va du Moyen Age jusqu'à Rabelais.

Il se définit surtout comme **un anti-roman,** prenant pour cibles les thèmes, les situations et les procédés du roman précieux et du roman héroïque. Il traduit en outre les aspirations d'une bourgeoisie qui prend de plus en plus de place dans l'État et qui cherche à reconnaître dans la littérature qu'elle lit son propre monde. On retiendra :

– Sorel : *L'histoire comique de Francion* (1623-1626) (26 éditions),
– Scarron : *Le roman comique* (1651-1657),
– Furetière : *Le roman bourgeois* (1666).

Aux origines du roman moderne :
La princesse de Clèves

Madame de La Fayette (1634-1693) reste l'auteur d'une œuvre unique et aujourd'hui mythique, *La princesse de Clèves* (1678), ouvrage qui marque l'origine du roman moderne.

● *Quel récit ?*

Trois personnages : une femme, la princesse de Clèves, éprise de vertu, refuse de se donner à un amant, le duc de Nemours, beau, plein d'esprit, habile et pris de passion pour elle, par souci de son mari, le prince de Clèves, généreux et honnête. Le roman sera **le récit d'un coup de foudre,** révélateur de l'incertitude, et de l'impossible rencontre des amants, sinon dans un rêve éveillé.

● *Un réalisme imaginaire*

Légèrement déplacé dans le temps, *La princesse de Clèves* se passe à la cour d'Henri II. Le roman se distingue par son souci de précision dans le cadre, les événements et la présentation des personnages ; il évoque un monde de faste, de pierreries et de parures, agencé comme **un théâtre, un monde clos** où chacun a le loisir d'observer son voisin ; enfin il ancre les situations et les moments clés du récit dans des lieux qui sont autant de carrefours propices à la rencontre et à l'égarement : salle de bal, forêt, pavillon de chasse.

● *Un discours amoureux*

La princesse de Clèves reflète des jeux de société chers à la préciosité quand elle prend le discours amoureux pour objet ; ainsi peut-on lire *La princesse de Clèves* comme **un roman de cas :** doit-on épouser l'homme qui vous convient ou celui qu'on aime ? Avouer à son époux la peur de succomber à un amour ? Epouser un homme qui a été plus ou moins cause de la mort de votre mari ? Choisir entre débordement amoureux et repos de l'âme ? Comment décider enfin de l'opportunité ou de l'indécence de l'aveu ?

● *Un récit de l'interprétation*

Le problème de l'interprétation est au centre de *La princesse de Clèves* : chaque personnage, enfermé dans sa solitude, est confronté à des signes sur lesquels il ne peut que faire des hypothèses, avoir des commencements de réponses, sans pouvoir atteindre une vérité transparente.

La princesse de Clèves peut ainsi se lire comme **un roman du trouble sémantique*** : attitudes, phrases, et jusqu'aux silences bien sûr, tout est toujours susceptible d'exprimer des vérités opposées, jamais l'amour ne dit son secret ; il laisse les êtres à leur douleur, incapables de prononcer les mots qui décideraient de la connaissance amoureuse.

La représentation théâtrale au XVIIᵉ siècle

Le théâtre est d'abord fait pour être joué. Aussi, les conditions de sa représentation ont-elles été déterminantes dans les choix qu'ont été amenés à faire les auteurs dramatiques au XVIIᵉ siècle.

• Troupes et lieux

« Corrales » en Espagne, Académies en Italie, cours d'hôtellerie à l'enseigne du Globe ou de la Fortune en Angleterre, ces lieux ont été, entre 1587 et 1691, les centres de l'Age d'Or du théâtre européen.

En France, on peut distinguer plusieurs situations :

– Les troupes ambulantes et les tréteaux : les théâtres de foire (foire Saint-Germain, foire Saint-Laurent), les tréteaux du Pont-Neuf à Paris, les troupes qui se déplacent de ville en ville, satisfont un besoin social de théâtre.

Composées au plus d'une douzaine de personnes, ces troupes vivent dans des conditions financières difficiles, travaillent avec des moyens scéniques (décors, costumes) très sommaires et ont souvent une réputation de mauvaise moralité ; elles jouent surtout la comédie (farces, saynètes) et certaines s'illustrent par leurs vedettes, dont la plus célèbre est Tabarin.

– Les troupes résidentes :

La troupe officielle de l'Hôtel de Bourgogne, « Comédie française » de l'époque, est un lieu de conservation et de conformisme où l'on trouve « plus de métier que de flamme » et où « la jeunesse comme la grâce font défaut » (René Bray).

On y joue surtout le drame et la tragédie mêlés à des intermèdes comiques. De grands acteurs, la Du Parc, la Champmeslé, vont contribuer à son renouvellement : c'est ainsi qu'elle jouera Racine.

La troupe du Marais, rivale de la troupe officielle, présente surtout des farces avant de se spécialiser dans les pièces à grand spectacle avec machinerie. Corneille lui confiera la création de certains de ses chefs-d'œuvre : *Le Cid, Horace, Cinna, Polyeucte.* Elle disparaîtra en 1673.

La troupe des Italiens, installée au Palais-Royal, connaît à nouveau au XVIIᵉ siècle un très grand succès grâce à la virtuosité extraordinaire, au sens du rythme, à la grande liberté de jeu de ses acteurs, mais aussi par la qualité du genre qu'elle impose : la *Commedia dell'arte,* improvisations sur un canevas où les sujets sont pris dans l'actualité et traités sur le mode satirique.

Scaramouche ou le personnage d'Arlequin seront les vedettes de cette troupe, qui partagera sa salle avec Molière à partir de 1660.

• L'espace du théâtre

La salle

Souvent anciens jeux de paume, les salles sont plutôt petites. Elles reproduisent la ségrégation sociale existant à la ville : le peuple, debout, occupe le parterre, pendant que les publics aristocratique et bourgeois se partagent les galeries et les loges. Centre de la vie mondaine, le théâtre est un lieu où l'on voit et où l'on se fait voir ; aussi, la salle bénéficie-t-elle de la même lumière que la scène. Les auteurs se montrent donc soucieux d'offrir à leur public un théâtre tout à la fois divertissant et raffiné. C'est pourquoi la programmation fait intervenir de courtes farces entre les actes des drames ou des tragédies.

La scène

Le XVIIe siècle va connaître une révolution fondamentale avec l'implantation de la scène dite **« à l'italienne »** qui, venue des recherches des architectes illusionnistes italiens, s'impose, à travers la France, à l'Europe entière, comme **« seul cadre imaginaire dramatique possible »**.

On peut la définir comme « un cadre vide dominé par une perspective illusionniste en profondeur », qui rendra l'image construite dans cette boîte claire, capable de rivaliser avec le monde, et qui habituera l'œil du spectateur à **une image scénique unique,** vécue comme « double du monde » (Jean Duvignaud).

Costumes-Décors-Accessoires

Costumes, décors, accessoires renvoient à l'univers du XVIIe siècle, sans tenir compte du temps et de l'espace historiques de la pièce. Les costumes, souvent somptueux, très à la mode, évoquent le monde des seigneurs qui occupent la salle ; les décors, faits de toiles peintes, rappellent aussi un univers familier du public, où voisinent la place Royale, le Pont-Neuf et la galerie du Palais. Quant aux accessoires, ce sont souvent, pour les mêmes raisons esthétiques, des objets réels : on n'hésite pas à reproduire sur la scène une véritable forêt, à y montrer un cheval vivant, à faire couler l'eau des fontaines.

Toutes ces contraintes vont donner naissance à un théâtre centré sur les passions, épris de profondeur psychologique, où le jeu de l'acteur, oubliant le corps et le geste, se concentrera sur le visage et la voix : les conditions de la représentation théâtrale au XVIIe siècle ont ainsi donné naissance à un **théâtre de la concentration,** imposant un modèle d'écriture et un modèle de jeu qui resteront et restent encore des références absolues, par lesquelles le discours critique mesurera longtemps encore toute création théâtrale.

Pour aller plus loin...

L'espace du théâtre et la scène à l'italienne

[...]Le spectacle s'enferme dans une boîte close, un « huis clos » dont une paroi semble artificiellement et clandestinement ouverte, par hasard, aux yeux des assistants. Toutes les autres formes d'expression dramatique sont peu à peu absorbées et conquises par cette nouvelle technique créatrice de rêve et d'illusion, mais d'un rêve et d'une illusion abrités, cachés, retirés dans un lieu fermé, embusqués dans une caverne qui rend vraisemblables tous les miracles.

En moins de cent ans, de 1548 à 1650, la « scène à l'italienne » avec ses techniques, son illusionnisme et ses perspectives artificielles s'est imposée : elle est devenue le seul instrument de représentation de la personne humaine, la seule visualisation artistique capable d'unir des spectateurs et de les ravir.[...]

Ce type de scène va devenir non seulement le seul cadre imaginaire dramatique possible, la condition *a priori* de toute création théâtrale, mais aussi le symbole du théâtre européen : le rôle de l'illustration, nouvelle technique de diffusion du spectacle et de l'événement, le vide dramatique presque complet dans les pays où il s'implante victorieusement d'abord, la complicité qui s'établit entre ce type de scène et les intentions sociales des souverains monarchiques dans une Europe qui construit une organisation sociale nouvelle sur les débris des sociétés traditionnelles, définissent les formes originelles de cet instrument de fascination spectaculaire.

DUVIGNAUD, *Sociologie du théâtre*, P.U.F.

« Unir les spectateurs et les ravir. »

Corneille (1606-1684)

L'institution scolaire avait hier choisi dans l'œuvre *Le Cid* (1636), *Horace* (1640), *Cinna* (1640), *Polyeucte* (1643) ; le Baroque et l'Université découvrirent *L'Illusion* (1636) ; le théâtre, aujourd'hui, s'intéresse à *Nicomède* (1651), *Rodogune* (1644), *Sertorius* (1662), *Othon* (1164), *Suréna* (1674).

● Un théâtre multiple

Auteur dramatique, donc soumis aux lois du succès et de l'échec et aux caprices des modes, Corneille a d'abord été un **écrivain passionné de théâtre,** soucieux d'expérimenter toutes les possibilités dramatiques ; il nous lègue ainsi une œuvre sans cesse marquée par l'innovation : comédie, *Mélite* (1629), pièce noire, *Médée* (1635), tragi-comédie, *Le Cid* (1636), pièce sur le théâtre, *L'illusion* (1636), tragédie classique, *Cinna* (1640), drame romantique, *Don Sanche d'Aragon* (1649) ; pièce à machine, *Andromède* (1650), féerie, *La conquête de la toison d'or* (1661), ballet, *Psyché* (avec Molière) (1671), il a été le premier en tout.

Il est pourtant un genre, la tragédie, qui l'a plus spécialement préoccupé (il reviendra vingt et une fois) et dans lequel il produira des œuvres majeures qui, du *Cid* (1636) à *Suréna* (1674), étonnent par la diversité des solutions dramatiques mises en œuvre.

● Un théâtre en mouvement

Corneille est le contemporain de la règle des trois unités : unité de temps, de lieu, d'action : c'est lui qui a contribué à montrer leur **nécessité** et finalement à les établir ; mais il ne s'est jamais agi pour lui de la mise en place d'un **carcan,** trop soucieux qu'il était d'**expérimentation.**

Son premier souci est de plaire : c'est d'ailleurs la condition du succès qui autorise le créateur à transgresser ces règles trop contraignantes. Il en va ainsi du vraisemblable : pour Corneille, « les grands sujets doivent aller au-delà du vraisemblable », à condition que l'autorité de l'histoire et la préoccupation de l'opinion y trouvent leur compte ; par là, il indique que **le sujet est, aux dépens des caractères, sa préoccupation majeure,** que le débat qu'il instaure dans la pièce doit trouver quelque résonance dans l'opinion : de fait, **le théâtre de Corneille est un théâtre idéologique.**

● Un théâtre en actes

De ce théâtre de cas, de ce théâtre d'idées, va naître un théâtre en actes qui tente, dramatiquement, de résoudre un problème posé : l'architecture du drame pose une situation où s'opposent des volontés, et la résout par le triomphe d'une, voire de La Volonté : c'est là, la nature même de l'héroïsme cornélien, qui s'inscrit « au début et au sommet d'une longue lignée qui, de

Points de repère

Le Cid

Rodrigue et Chimène (à peine trente ans à tous les deux) vont se trouver empêtrés dans une histoire d'adultes têtus, enfermés dans une dignité d'un autre âge et sommés de prouver dans les faits la validité de leur sentiment (Rodrigue se comportant en héros triomphant mais généreux, Chimène ne renonçant pas à poursuivre son amant de son courroux) pour pouvoir être enfin réunis.

Aux valeurs de la jeunesse, de l'héroïsme, de l'amour – témoins d'un monde qui vient – s'opposent les codes d'honneur dépassés des adultes ressassant une histoire déjà achevée ; *Le Cid* aura toujours ses partisans.

Cinna

Emilie, fille adoptive de l'empereur Auguste, prépare dans l'ombre un complot : son amant, Cinna, doit assassiner l'empereur. Mais il sera dénoncé... Pièce centrée sur le personnage d'Auguste, elle dit la solitude du pouvoir prisonnier de l'impossible dilemme entre répression et conciliation, afin d'assurer sa survie et son autorité.

Nicomède

Un vieux roi, attaché à ne pas déplaire à Rome ; un de ses fils, Nicomède, qui tient à l'indépendance de son pays ; l'autre, Attale, élevé à Rome, est convaincu des bienfaits de la « pax romana ». Ils s'affrontent malgré eux pour le pouvoir. Flaminius, ambassadeur romain, provoque les conflits et les attise pour mieux conserver à Rome son pouvoir... *Nicomède* décrit les mécanismes de l'impérialisme, l'inféodation à laquelle il soumet les pays colonisés, la recherche de gouvernements locaux sans pouvoir réel, mais également la naïveté des héros libérateurs souvent incapables de traduire, en termes politiques, l'idéalisme de leurs actions.

Suréna

Euridyce aime Suréna, général parthe, vainqueur des romains ; mais cette gloire de Suréna porte ombrage à Orode, roi des Parthes... Suréna et Euridyce iront jusqu'au bout de leur fidélité...

Amour contrarié, solitude du pouvoir, fidélité aux engagements pris, sentimentaux ou politiques, *Suréna* est une œuvre élégiaque de tristesse, de lucidité : histoire d'une solitude qui fait le vide, elle ne laisse au héros comme suprême liberté que la mort.

Suréna : tradition théâtrale et imagerie scolaire.

79

Descartes à Marx, de Hegel à Nietzsche va tenter de faire de l'Homme un Dieu pour l'Homme. » (Serge Doubrovski)

D'où ce héros qui use de son intelligence pour analyser, de sa raison pour choisir, de sa volonté pour réaliser.

• *Un théâtre politique*

La prédominance des sujets sur les caractères, la place faite à l'histoire, la mise en scène de conflits entre intérêt public et intérêt privé, entre partisans de l'unité de l'État et partisans de sa dislocation, un héroïsme où un ordre se construit ou se détruit par des hommes, conduisent à entendre et à voir le théâtre de Corneille comme **un grand théâtre politique, qui place la question de l'État et le problème du pouvoir au centre de ses préoccupations.** Toutes les pièces, en effet, en parlent : que ce soit

— pour dire la nostalgie d'un ordre soumis aux grand féodaux *(Le Cid, Horace),*

— pour exalter, dans *Cinna,* le pouvoir rassembleur d'Auguste qui fortifie l'État,

— pour décrire, dans *Rodogune,* comment un pouvoir exalté peut ruiner l'autorité de l'État, ou comment cette autorité peut aussi être ruinée par un pouvoir mal conseillé *(Othon),*

— pour mettre en valeur le rôle libérateur des héros qui s'identifient à la cause de l'État (Rodrigue dans *Le Cid,* Nicomède dans *Nicomède),*

— pour analyser, de façon prémonitoire, les dangers d'un pouvoir porté à son paroxysme, et qui, s'exaltant lui-même, entraîne et son chef et l'État dans une chute irrémédiable *(Attila),*

— pour montrer la solitude du pouvoir face au désordre du monde *(Sertorius),*

— pour chanter enfin, dans *Suréna,* cette solitude qui fait le vide autour de soi, ne supporte pas l'ombrage et ne laisse au héros, comme suprême liberté, que la mort.

Théâtre politique, le théâtre de Corneille n'est pas un théâtre didactique ; **il ne donne pas de leçon,** il ne vise pas à l'éducation des individus. Il n'est pas non plus un théâtre répétitif ; **il construit** au contraire, **pour chaque pièce, une dramaturgie propre,** fondée sur le suspens dans *Rodogune,* l'ambiguïté dans *Nicomède,* le monologue dans *Attila,* l'élégie dans *Suréna.*

Ce théâtre suit cependant la pente de l'histoire des cinquante années qui l'ont façonné et qui ont vu l'État devenir propriété et expression d'un seul : le théâtre de Corneille peut aussi se lire comme **l'histoire d'un discours perdant le centre qui l'ordonne** (l'État) et, de fait, son sens : dépourvue de point d'ancrage *(Le Cid, Cinna),* la parole divague *(Othon),* ne renvoie plus qu'à elle-même, s'estompe dans l'essoufflement *(Suréna),* comme si sa disparition était programmée par un compte à rebours déjà commencé.

Itinéraires

Corneille (1606-1684)

Une formation de juriste
Vient d'une famille de petite bourgeoisie de robe, étudie le droit (1622-1624) et se passionne pour Sénèque et Lucain.
Devient avocat ; il conserve sa charge jusqu'en 1650.

Une carrière en dents de scie
Jusqu'au *Cid*, elle est placée sous le signe de la comédie : *Mélite*, (1629), *L'illusion* (1636) ;
éclatement de son génie tragique avec *Le Cid* (1636), puis *Horace*, *Cinna* (1640) et *Polyeucte* (1643) ;
subit la concurrence de Racine, et ses pièces, reconnues aujourd'hui, n'ont pas toujours rencontré le succès mérité : *Rodogune* (1644), *Nicomède* (1651), *Sertorius* (1662), *Attila* (1667), *Tite et Bérénice* (1670), *Suréna* (1674) ;
retrouve un certain succès à la fin de sa vie, qui lui assure une reconnaissance européenne.

Lire Corneille aujourd'hui, c'est :

○ lire *L'illusion*, *Suréna*, *Nicomède* autant que *Le Cid*, *Horace* ou *Cinna* ;

○ se départir d'une image toute faite de l'œuvre, l'appréhender dans sa diversité ;

○ savoir que le non-conformisme a été son unique règle, celle qui a assuré à son œuvre sa fécondité ;

○ lire enfin ce qui est peut-être le seul théâtre politique vraiment réussi de la littérature dramatique française.

Molière (1622-1673)

• *Molière et l'aventure de* L'illustre théâtre

L'aventure de *L'illustre théâtre* et des années d'apprentissage qui lui font suite, constitue **un véritable mythe** auquel puiseront bien des rêves de vocation théâtrale : elle compte pour beaucoup dans la fascination qu'exerce le personnage de Molière. On pourrait détailler ainsi les étapes de cette aventure : un jeune bourgeois qui tourne le dos à une carrière rassurante pour embrasser celle du théâtre ; la fondation en 1643, avec les Béjart, d'une troupe, *L'illustre théâtre,* et l'échec artistique et financier qui s'ensuit ; douze années d'apprentissage en province, pendant lesquelles Jean-Baptiste Poquelin choisit son nom, il sera Molière, apprend le métier d'acteur, de metteur en scène, de directeur de troupe et s'essaie à l'écriture. De ces douze années sortira un **homme de théâtre complet** qui a pris son temps pour réfléchir sur son art, l'approfondir, le révolutionner.

• *Molière comédien et metteur en scène*

Chez Molière la renommée de l'auteur a laissé dans l'ombre les apports du comédien et du metteur en scène, qui ont influencé son écriture dramatique.

De **Molière comédien,** ses contemporains disent qu'il est la survivance de Scaramouche ; la légende veut même qu'il ait pris dans sa jeunesse des leçons de ce dernier. Ils insistent aussi sur la mobilité de son visage, la souplesse de son corps qui fait écrire au *Mercure de France,* en 1673, que « tout parle en lui, et d'un pas, d'un sourire, d'un clin d'œil, d'un remuement de tête, fait concevoir plus de choses que le grand parleur n'aurait pu dire en une heure » ; ils soulignent enfin la volubilité de sa déclamation, la manière qu'il a de recourir à des sons très aigus et d'entrecouper son texte d'un hoquet resté célèbre.

Dans les pièces qu'il écrit, il choisira souvent le rôle le plus nuancé, celui qui exige les gestes ou les jeux de scène les plus expressifs : Arnolphe, Orgon, Alceste, Harpagon, Dandin, Pourceaugnac, Monsieur Jourdain, Chrysale et Argan.

Pour la mise en scène, Molière, de l'avis unanime, **est sans rival :** il lui accorde d'ailleurs une attention tout à fait particulière dans un temps où l'on ne s'en soucie guère : très attentif au rythme, au mouvement et à la vie des spectacles, il s'intéresse à toutes les formes qui ont les faveurs du public de son époque, visant déjà **à créer** ce qu'on appelle aujourd'hui **un spectacle total.** Il s'est lui-même décrit comme metteur en scène dans *L'impromptu de Versailles,* où il fait répéter à ses acteurs une pièce qui doit être jouée deux heures plus tard devant Louis XIV ; il en profite pour illustrer sa conception du théâtre et présenter sa troupe au travail en se montrant capable « de faire jouer jusqu'à des fagots ».

Molière/Mnouchkine : le mythe redoublé.

Points de repère

L'école des femmes

Un homme déjà vieux, Arnolphe, s'entête à vouloir épouser une jeune fille, Agnès, qu'il séquestre par peur de la perdre : une description sans complaisance du pouvoir du monde adulte sur l'adolescence, où rien ne nous est épargné de l'égoïsme, de la cruauté et de la violence que peut engendrer le droit de décider des désirs de l'autre.

L'impromptu de Versailles

Molière au travail avec ses comédiens : à la manière du théâtre baroque, avant lui, de Pirandello plus près de nous, des personnages à la recherche d'un texte, et le théâtre comme sujet et objet du théâtre.

Tartuffe

Orgon, qui a introduit Tartuffe dans sa famille, s'acharne à le protéger malgré ses abus.
Comédie sur le pouvoir, pouvoir d'une idéologie sur une société, pouvoir d'un homme sur un autre, *Tartuffe* décrit les risques de remise en cause de l'ordre établi, mais aussi du totalitarisme, qu'un tel pouvoir peut engendrer.

Le bourgeois gentilhomme

Comédie-ballet : portrait d'un parvenu persuadé que tout s'achète : culture, savoir-vivre, que l'argent donne le pouvoir de décider de tout, y compris du bonheur des autres.
Ici, la comédie musicale à ses débuts : le registre léger n'exclut pas la gravité ; il aide à mieux faire passer le message.

Le misanthrope

Alceste, l'intransigeant, le solitaire est épris d'une femme du monde, Célimène, qui s'amuse de l'exigence de vérité de son amant. Oeuvre morale, construite sur l'opposition de la vérité et du mensonge, *Le misanthrope* est aussi une œuvre de théâtre interrogeant les rapports du réel et de l'illusion, en même temps qu'une œuvre sociale disant l'impossibilité de vivre un absolu dans un monde où la compromission est une règle nécessaire au maintien de l'ordre social.

● *Molière auteur dramatique*

Molière est mort en jouant. Pourtant on n'a souvent retenu dans l'expression d'auteur dramatique que le mot auteur, en s'intéressant surtout au contenu moral, politique et social de ses pièces.

De ce fait, on a quelque peu négligé le théâtre même et les formes multiples auxquelles Molière s'est essayé. C'est cette perspective-là qui intéresse aujourd'hui ceux qui ont choisi de monter son théâtre : tenter de suivre la manière dont Molière « interroge les codes, les bouleverse pour essayer de trouver autre chose. » (Bernard Sobel)

Cette ambition est déjà celle de Molière quand il tient, à propos de ses comédies, ce discours d'évidence : « On sait bien que les comédies ne sont faites que pour être jouées et je ne conseille de lire celles-ci qu'aux personnes qui ont des yeux pour découvrir, dans la lecture, tout le jeu du théâtre ».

● *La course au succès*

Toute la production de Molière a été soumise à cet impératif : Molière, à partir du moment où il a choisi l'aventure de *L'illustre théâtre,* va sans cesse se trouver confronté aux problèmes de n'importe quel directeur de théâtre : **plaire, gérer, réussir.**

D'abord **plaire :** plaire au Prince, pour en recevoir les subsides et les protections ; plaire au public dont l'accueil, favorable ou non, décidera pour une part du rythme d'écriture : *Les fourberies de Scapin* voient ainsi le jour pour compenser l'éventuel échec de *Psyché ; La princesse d'Élide,* commencée en vers, s'achève en prose, parce que les circonstances pressaient ; *L'amour médecin* est préparé en cinq jours et *Les fâcheux* écrit en quinze... Mais il faudra deux ans à Molière pour composer *Le misanthrope,* et quatre pour *Les femmes savantes,* qui furent, l'un un succès médiocre, l'autre un échec.

Ensuite **gérer :** Molière est un patron de troupe ; il n'oublie jamais qu'il a cette responsabilité, que ses succès et ses échecs engagent l'existence de ceux qui travaillent avec lui : « Il y a cinquante pauvres ouvriers qui n'ont que leur journée pour vivre... Je me reprocherais d'avoir négligé de leur donner du pain un seul jour, le pouvant faire absolument. »

Enfin **réussir :** remplir sa salle, faire sa saison : *Le médecin volant* sera repris quinze fois ; pour *Les précieuses ridicules,* le succès sera tel qu'on doublera les prix ; et si *L'école des femmes* est la plus grande réussite qu'ait connue Molière, *Tartuffe* fera la recette record ! La nécessité du succès conditionnera en partie l'urgence de l'œuvre à écrire ; qu'on en juge : 1661 : février, *Le prince jaloux,* juin, *L'école des maris,* septembre, *Les fâcheux.* 1668 : janvier, *Amphitryon,* juillet, *Georges Dandin,* septembre, *L'avare.*

Confronté à cette urgence et à cette nécessité, en dépit des échecs, *(Les femmes savantes, Georges Dandin)* et malgré les cabales *(Tartuffe, Dom Juan)*, **Molière va réussir à concilier la nécessité de suivre les goûts du public et l'exigence de lui en imposer de nouveaux.**

● *Le théâtre, art total*

Le va-et-vient de Molière entre toutes les formes dramatiques conduit à **un approfondissement continu de son esthétique ;** il reflète une volonté de considérer le théâtre comme « une suite de tentatives visant la perfection dans les genres les plus divers ».

Son souci donc, quel que soit le genre, sera de **trouver une formule dramatique adéquate ;** pour ce faire, son inspiration et sa réflexion puiseront à plusieurs sources : si les tréteaux de foire inspirent largement sa conception très corporelle de la comédie, la fréquentation des Anciens lui offre une matière indispensable : Plaute pour *Amphitryon, Les Adelphes* de Térence pour *L'école des maris* et *Phormion* pour *Les fourberies de Scapin.* Mais l'écriture dramatique est, chez Molière, inséparable de l'écriture scénique : « Vrai poète du drame, écrit Sainte-Beuve, ses ouvrages sont en scène, en action, il ne les écrit pas, pour ainsi dire, il les joue. » L'écrivain reste toujours au service du metteur en scène.

Son théâtre s'est fait en se jouant : si l'on examine **la comédie-ballet** on découvre comment s'opère chez Molière cet approfondissement continu d'une esthétique : *Les fâcheux,* ballet-comédie, tente de « ne faire qu'une seule chose du ballet et de la comédie » ; *Le mariage forcé,* qui reprend l'idée du ballet, rompt avec les conventions mythologiques et puise dans l'imagerie du Pont-Neuf et des Tréteaux ; et *Le bourgeois gentilhomme* se veut une comédie, mais agencée suivant les besoins du ballet.

Si les **comédies-ballets** nous intéressent aujourd'hui, c'est qu'on y décèle tout ce que la comédie musicale leur doit : Molière sut utiliser toute la souplesse qu'entrées de ballet, intermèdes musicaux donnent à l'action, une fois leur convention admise, le jeu qu'ils permettent avec l'irréel, l'invraisemblable, et la distance qu'ils imposent face au réalisme de la comédie sociale.

De la même manière, mais en sens inverse, et cette fois, **à propos de la farce,** l'art d'un Buster Keaton ou d'un Charlie Chaplin, sont l'occasion d'une relecture des comédies « corporelles », « mécaniques » de Molière.

Molière n'abandonnera jamais cette forme de la farce, à laquelle il est venu tout de suite, d'instinct : des *Précieuses ridicules* à *Georges Dandin,* il y reviendra comme à la tradition toute pure. Elle n'est d'ailleurs absente ni de *L'école des femmes,* ni de *Tartuffe,* ni du *Misanthrope,* ni de *Dom Juan,* à tel point qu'Auerbach pense que si les inspirations les plus géniales de Molière sont celles qui « lui permettent d'accorder ce comique de situation purement mécanique, clownesque, au sens des conflits qu'il met en scène », c'est parce qu'il « n'a jamais renoncé aux effets que lui fournissait sa maîtrise de la technique des farces ».

● *La forme d'abord*

La préoccupation morale n'est pas étrangère à Molière quand il affirme que « l'affaire de la comédie est de représenter en général tous les défauts des hommes et principalement des hommes de notre siècle », et Sganarelle – Leporello* pourrait dresser le « catalogue » de ses prises de position sur l'amour, le mariage, le libertinage, le pédantisme, la science, la religion, la justice ; il en va de même pour la préoccupation sociale : elle lui fait quitter « la pure algèbre des combinaisons amoureuses pour s'engager, se compromettre dans une vie objective, celle de l'argent et des conditions sociales, des objets et du travail humain » (Barthes).

Mais, plus que le moraliste de « l'Homme éternel », plus que l'homme de théâtre soucieux d'exposer sous nos yeux le jeu social, c'est **Molière poète,** cherchant, au travers d'une réflexion continue sur les formes, à **restituer la théâtralité contre la psychologie,** qui intéresse le spectateur d'aujourd'hui.

Si l'on interroge les hommes de théâtre sur leurs rapports à l'œuvre de Molière, ils répondent que ce qui compte pour eux, c'est la manière dont l'auteur « pousse le jeu jusqu'au bout avec tout le faste possible », faisant de la scène ce « lieu des mensonges, des masques, des déguisements, où le jeu scénique renchérissant sur l'artifice dénonce, par là même, masques et mensonges » (Barthes).

● *Mettre en scène Molière : fortunes de* Dom Juan

Philippe Caubère, dans les quelques lignes du texte-programme qu'il a écrit pour présenter sa mise en scène de *Dom Juan* pour le théâtre du Soleil, livre son désarroi devant les intentions qui l'ont conduit à tenter cette mise en scène : « Pourquoi cette pièce, (...) ce personnage mythique, joué archi-joué, adulé, haï ? (...) Trop d'idées contradictoires nous ont traversé l'esprit, se sont affirmées ou bien évanouies. Et puis trop de poncifs, de divagations tournent autour de cette histoire ; on n'ose en rajouter. » Et pourtant, peu de pièces depuis une quarantaine d'années n'ont autant fasciné metteurs en scène et comédiens, peu de pièces ont connu d'aussi nombreuses interprétations, rares sont les pièces sur lesquelles on en a autant « rajouté ! »

Diversité, contradictions, interprétations divergentes, toutes les œuvres majeures de Molière pourraient se prêter à cette étude des fortunes de leur représentation : c'est qu'aujourd'hui ce n'est plus l'histoire littéraire qui féconde leur signification, mais le creusement continu de leur dimension théâtrale.

1. 1947 : Louis Jouvet au théâtre de l'Athénée : *« Demande-lui s'il veut venir souper avec moi. »*
2. 1953 : Jean Vilar en Avignon : *Une aventure de la solitude et de la liberté, et un héros placé littéralement au pied du mur.*
3. 1965 : Marcel Bluwal à la télévision : *Dom Juan prend le large.*
4. 1969 : Patrice Chéreau à Lyon : *Un urbanisme raisonné, une machinerie à créer de l'illusion, des objets réels. Chéreau interroge les rapports du réel et de l'idéologie.*
5. 1977 : *Philippe Caubère au théâtre du Soleil : un héros qui prend les mots au pied de la lettre, un séducteur qui connaît l'art de donner du corps aux mots.*

1

2

3

4

87

5

Itinéraires

Molière (1622-1673)

Les années d'apprentissage

Né en 1622 dans un milieu bourgeois, Jean-Baptiste Poquelin, ayant reçu une solide formation classique, choisit le théâtre.

Il fonde en 1643 *L'Illustre théâtre* et prend le nom de Molière.

Sa faillite l'oblige à partir en province : douze années d'apprentissage vont faire de Molière comédien un directeur de troupe, un metteur en scène et, enfin, un auteur.

Une production théâtrale variée

La production abondante de Molière l'amènera à s'intéresser aux formes les plus diverses :

farces (*Le médecin malgré lui, Les fourberies de Scapin*),

comédies de mœurs (*Les précieuses ridicules*),

comédies de caractère (*L'école des femmes, Le misanthrope, L'avare*),

comédies-ballets (*Le bourgeois gentilhomme, Le malade imaginaire*),

grands divertissements (*Les plaisirs de l'île enchantée*).

Les combats

Bien que protégé du roi, Molière, par deux fois, devra céder aux pressions de ses ennemis dont il avait mis à jour dans *Tartuffe* (1664-1669), puis dans *Dom Juan* (1665), les dissimulations pratiquées sous couvert d'une idéologie religieuse des plus douteuses.

Lire Molière aujourd'hui, c'est :

○ découvrir d'abord chez Molière auteur dramatique, un metteur en scène et un acteur condamnés à réussir ;

○ suivre le parcours d'une œuvre qui se cherche toujours et ne renonce jamais ;

○ s'intéresser non seulement aux grandes comédies mais à ces œuvres qui font de Molière le précurseur de la comédie-musicale et l'ancêtre, au théâtre, de Chaplin ;

○ savoir, en dépit de la tradition, que Molière joue toujours le théâtre contre la psychologie.

Racine (1639-1699)

« Transparent, » « neuf, » « vivant », le théâtre racinien est partout présent : il ne cesse d'occuper les scènes de théâtre ; il a subi les assauts de toutes les lectures critiques, enfin il a donné lieu à une nouvelle querelle des Anciens et des Modernes.

● *Tragédies et tragique*

Sous l'appellation unique de théâtre tragique, on rassemble neuf tragédies écrites entre 1667 *(Andromaque)* et 1691 *(Athalie),* neuf pièces dans lesquelles « les conflits sont essentiellement insolubles » (Lucien Goldmann), **neuf moments d'absolu où la tragédie se joue dans l'instant de la dernière fois,** sans autre solution que la mort, ou la folie ; amour véritablement fou dans *Andromaque ;* désir incestueux qui conduit Phèdre à toutes les audaces, démesure du désir de pouvoir de Néron (dans *Britannicus*) ; démesure du sentiment face aux contraintes sociales (dans *Bérénice*) : le tragique racinien dit et redit la fatalité qui accable, l'exigence d'absolu des héros et la primauté de la nécessité (ce qui doit être) sur la réalité (ce qui est) ; cette exigence d'absolu crée une telle tension qu'elle dévoile les rapports de force, de telle sorte que dans l'affrontement brutal et géométrique qu'instaure chaque tragédie, il n'y a plus de distance entre **pouvoir** et **tuer,** entre **aimer** et **mourir,** ou **être aliéné.**

● *Dramaturgie du tragique racinien*

Pour dire l'impossibilité tragique, la tragédie racinienne explore simultanément plusieurs voies, où l'on peut discerner :

— **une dramaturgie du refus :** refuser est un des actes clés de la tragédie racinienne, et ce refus s'adresse autant à soi-même qu'à autrui : Junie, Andromaque, Britannicus refusent leur situation de victimes ; Phèdre, Néron, Oreste ne veulent rien entendre, rien savoir qui ne soit l'expression de la violence du désir : elle les conduit au-delà de ce que la norme morale ou sociale autorise ;

— **une dramaturgie de l'épuisement :** il y a du vampirisme dans le tragique racinien : il est des héros qui tentent d'affaiblir toujours plus leur victime en la soumettant à la loi de leur désir : Pyrrhus cherche à faire plier Andromaque en utilisant Astyanax, son fils, comme moyen d'un odieux chantage ; Néron menace Britannicus pour contraindre Junie à se donner à lui ; il en est aussi qui mènent un combat désespéré avec eux-mêmes, se dévorant toujours un peu plus : ainsi, dans *Phèdre,* l'héroïne signifie, dès son entrée, combien ses forces l'abandonnent :

« Demeurons.... N'allons point plus avant » ;

— une dramaturgie du sursis : elle vaut pratiquement pour tous les héros ; tout se passe comme si, quand le rideau se lève, ils étaient déjà morts, « se disputant une vie qui déjà ne leur appartient plus », se querellant comme « des condamnés à mort, au petit jour, dans leur cachot, avant l'exécution ».

> *Titus :* « Et je vais lui parler pour la dernière fois » ;
> *Junie :* « Et si je vous parlais pour la dernière fois ? » ;
> *Phèdre :* « Soleil, je viens te voir pour la dernière fois ».

— une dramaturgie des décalages : il y a dans le tragique racinien une tension constante entre le bien et la faute, la réalité et le désir, l'intention et l'action, le corps et la volonté ; Racine joue continuellement avec ces tensions : Phèdre peut avouer douloureusement :

> « Présente, je vous fuis, absente, je vous trouve »,

et Bajazet menacer :

> « Songez-vous que je tiens les portes du palais
> Que je puis vous l'ouvrir ou fermer pour jamais. »

— une dramaturgie du regard :

> *Phèdre :* « Si tes yeux un moment pouvaient me regarder »
> *Bérénice :* « Votre cœur s'est troublé, j'ai vu couler vos larmes »
> *Britannicus :* « .... ses yeux mal assurés
> N'osent lever au ciel leurs regards égarés ».

Le regard du héros racinien a une fonction tragique déterminante : il est la source du désir et, partant, de la souffrance ; il voile et dévoile dans le même mouvement ; il dit la stupeur, le souvenir, il projette le héros hors du présent, et la parole n'est plus là que pour combler le vide entre le premier et le dernier regard.

● *La passion racinienne*

Si le vampirisme sied au tragique racinien, l'enfer, lui, s'apparente chez Racine à la passion : **les amours sont infernales ;** les êtres sont volcaniques : le feu toujours brûle sous la cendre et les éruptions détruisent tout sur leur passage ; les tragédies raciniennes ne s'achèvent que sur des paysages calcinés : des êtres se sont consumés de l'intérieur, jusqu'à la folie comme Oreste, ou ont tout détruit sur leur passage, comme Phèdre, torche vivante.

La passion impose tous les excès : jalousie, avidité, désir de posséder (Phèdre), haine (Roxane), cruauté, désir de persécuter (Néron), elle accompagne le lent et sûr glissement des héros vers leur déchéance, une déchéance lucide, désespérée et sans remède.

La passion racinienne rejette le héros vers le néant, elle **est une négation de la liberté :** le langage racinien donne cependant au héros une possibilité de s'élever au-dessus de cette passion qui l'accable : c'est **la plainte,** moment suspendu hors de toute atteinte.

« ... les grands lieux tragiques sont des terres arides. »

Pour aller plus loin...

L'espace racinien

Il y a trois Méditerranées dans Racine : l'antique, la juive et la byzantine. Mais poétiquement, ces trois espaces ne forment qu'un seul complexe d'eau, de poussière et de feu. Les grands lieux tragiques sont des terres arides, resserrées entre la mer et le désert, l'ombre et le soleil portés à l'état absolu. [...]Le soleil fait un extérieur pur, net, dépeuplé ; la vie est dans l'ombre, qui est à la fois repos, secret, échange et faute. Même hors la maison, il n'y a pas de vrai souffle : c'est le maquis, le désert, un espace inorganisé. L'habitat racinien ne connaît qu'un seul rêve de fuite : la mer, les vaisseaux : dans *Iphigénie*, tout un peuple reste prisonnier de la tragédie parce que le vent ne se lève pas.

Roland Barthes, *Sur Racine*, Seuil.

Le dire de Britannicus

Nous avons perdu la science, alors naturelle, des liens qui unissaient cette langue-là et les corps de ce temps-là. Débarrassée du faux naturel des gestes convenus de la passion, la langue de Racine se voit traitée dans sa souveraineté qu'un long usage théâtral avait depuis longtemps affadie. Plus qu'un mode de dire ou de versifier, l'alexandrin est une **langue dans la langue** où la passion s'expose à vif dans tout l'éclat de la rime, des **e** muets délicatement prolongés, des césures, des accents. Rendu à son autonomie, l'alexandrin affirme en même temps un pouvoir d'évocation qui s'accomplit pleinement, musicalement, sans presque le secours du geste : il n'y faut que la voix.

Antoine Vitez, Danièle Sallenave, *Notes de mise en scène, Journal de Chaillot*.

Pour aller plus loin

Pourquoi Britannicus aujourd'hui

« Britannicus ». Histoire d'un monde ancien qui bascule pour laisser place à un monde nouveau ; des personnages qui sont les agents, ou plutôt les victimes agissantes de transformations auxquelles ils ne comprennent rien. Ils accouchent comme malgré eux d'un nouvel ordre des choses et du monde qui ne les organise pas encore et les laisse hors jeu, hors d'eux, saisis de vertige.

Tragédie de l'adolescence, entendue comme transition, tragédie d'une société qui passe d'un état à un autre, d'un état dans un autre. C'est le moment tendu entre le déjà su et l'inconnu, le moment unique où s'accumulent les forces antagoniques, où l'histoire se condense. Les morales sont un temps abolies, inopérantes, les divinités et les mythologies légitimatrices vident la scène, les hommes sont seuls sur le théâtre du monde.

Quand les temps marchent de ce pas les hommes en appellent à la tragédie. Il y a là l'instant trouble d'une société qui ne peut plus se vivre et rendre raison de soi que dans l'ordre de la représentation, que sous le signe du théâtre, du masque. [...]

Bien plus qu'un bâtiment décoré, Versailles est le décor bâti pour d'inimitables acteurs, que le pouvoir met en scène.

GILDAS BOURDET, ALAIN MILIANTI, *Notes de mise en scène, Journal de Chaillot.*

Britannicus,

Itinéraires

Racine (1639-1699)

Né à La Ferté-Milon, mort à Paris

Une formation influencée par Port-Royal (1655-1658)
Collège janséniste de Port-Royal, rhétorique avec Nicole, puis philosophie et étude du grec qui lui donne une culture grecque importante : il fréquente les textes de Sophocle et d'Euripide.

De Port-Royal, il retiendra une image de la condition humaine qui privilégie la faiblesse de l'homme agité par ses passions. De son séjour à Uzès (1661-1663), il rapporte ses premières tentatives poétiques.

Dix années de succès (1667-1677)
Andromaque (1667), *Britannicus* (1669), *Bérénice* (1670), *Bajazet* (1672), *Mithridate* (1673), *Iphigénie* (1674), et *Phèdre* (1677), qui est un échec.

Courtisan et historiographe
Protégé des grands, il célèbre le roi et son siècle, et flatte la Cour ;
revient au théâtre avec deux drames bibliques : *Esther* (1689) et *Athalie* (1691) ;
Meurt en 1699, après une fin d'existence édifiante.

Points de repère

Andromaque

Pyrrhus aime Andromaque qui entend rester fidèle à son époux mort ; Oreste aime Hermione qui désire Pyrrhus.

L'amour ici rend fou et pousse chacun du côté du désespoir, de l'irréparable : au bout du chemin de chacun des héros il n'y a que le crime, le suicide ou la folie.

Athalie

Athalie entend bien conserver le pouvoir qu'elle a conquis en éliminant tous les enfants prétendant au trône de David ; mais il y a toujours la peur ou le risque d'en avoir oublié un (ici Joas) : et cette peur et ce risque paralysent, en même temps qu'ils poussent à toujours plus de violence...

Toujours la passion, mais ici la passion du pouvoir et l'opposition entre un pouvoir arraché par la violence illégitime, et un pouvoir, légitime, consenti par Dieu avec, pour finir, le triomphe de ce dernier.

Britannicus

Jusqu'où peut s'exercer le pouvoir sur autrui ?

Les héros de *Britannicus* tentent à leur manière de prendre le corps de l'autre aux mots de leurs désirs : Agrippine refuse que Néron, sa créature, puisse lui échapper, Néron se refuse à renoncer à Junie... au milieu, Britannicus est ce héros consentant pris au piège de la logique d'Agrippine et de Néron qui entendent bien aller jusqu'au bout de la logique de leur désir.

Phèdre

La mort présumée de Thésée arrache à Phèdre les aveux de son amour pour son beau-fils Hippolyte, à Hippolyte, les aveux de son amour interdit pour Aricie... L'engrenage mis en place, le retour de Thésée va précipiter chacun vers sa perte.

Phèdre reste avant tout le portrait d'une femme prise au piège de son âge, l'affirmation d'un droit au désir et l'histoire du risque accepté de tout lui sacrifier.

Lire Racine aujourd'hui, c'est :

○ découvrir que les mots « tragédies » et « tragique » ne sont pas des étiquettes commodes, mais qu'ils recouvrent des enjeux qui n'ont pour issue que la mort ou la folie ;

○ suivre les itinéraires de ces vampires que sont les héros raciniens, dont l'unique souci est de soumettre l'autre à la loi de leur désir ;

○ approcher la dimension proprement infernale de la passion, qui détruit tout et impose tous les excès ;

○ savoir entendre et écouter une langue fascinante d'évidence poétique.

Images de la société

Réalités du voyage imaginaire : Cyrano de Bergerac (1619-1655)

Les voyages imaginaires vont connaître, dès la fin du XVIIᵉ siècle et surtout au XVIIIᵉ siècle, un succès croissant : ils constituent en effet l'artifice retenu par les écrivains soucieux d'introduire une critique de l'état politique et social dans leurs écrits, ou de défendre des attitudes philosophiques que l'église catholique ne partage pas.

Après *L'utopie* de Thomas Morus et *La civitas solis* de Campanella, Cyrano de Bergerac donne, avec *Les états de la lune* (1657), puis *L'histoire comique des états du soleil,* le premier écrit de cette nature à la littérature française, mais aussi son premier roman de science-fiction, où le lecteur s'amuse des inventions de Cyrano sur les mondes imaginaires et découvre un écrivain plein de verve et de fantaisie.

Les mémorialistes : Retz et Saint-Simon

Distinguant entre trois grands styles de la prose au XVIIᵉ siècle, André Suarès écrit : « Pascal est le style de la pensée, Saint-Simon, du peintre, et le Cardinal de Retz celui de l'action. »

● Retz et le style de l'action (1613-1679)

Rédigés à partir de 1671 par un des esprits les plus brillants de son temps, *les Mémoires* de Paul de Gondi, Cardinal de Retz (1613-1679) devraient être, selon Cambon, « la lecture habituelle de tous les hommes d'Etat et leur Bible ».

○ *Une méthode pour la réflexion politique*
Ce qui fait l'originalité du cardinal, c'est sa manière d'appréhender la réalité : pas de système, pas d'enseignement, pas de démonstration ; il part de l'événement et s'intéresse à la manière dont les hommes l'ont vécu, découvrant les mobiles, démêlant les intérêts et les intrigues : pour ce faire, il a recours

principalement à son **sens aigu de la psychologie.** Ainsi, intrigues de palais, luttes politiques, jalousies amoureuses s'éclairent toutes au travers des caractères : il saisit l'homme, s'empare de ses actions, les démonte, les explique.

Son style n'est pas celui d'un peintre, car il n'a que faire de la douleur ; ce qui lui importe, c'est le trait, c'est la ligne. Ce refus de colorer la réalité lui permet de ne pas rester aveugle à la misère du peuple, d'affirmer que ce peuple a des droits et qu'il serait sage de les reconnaître.

○ *Un portraitiste incisif*
Retz, dans ses portraits, est l'homme du trait décisif, celui qui emporte l'adhésion tant par sa concision que par sa profondeur. Ainsi d'Anne d'Autriche, il écrit : « Elle avait plus d'aigreur que de hauteur, plus de hauteur que de grandeur, plus d'opiniâtreté que de fermeté, plus d'incapacité que tout ce que dessus. »

● **Saint-Simon, chasseur de signes (1675-1755)**
Cinquante mille pages, sept mille trois cent cinquante personnages cités, c'est un monstre que Saint-Simon a modelé pendant près de soixante ans, entre 1695 et 1755, accumulant le matériau d'une œuvre dont Stendhal, Balzac et Proust ont dit le choc qu'a été sa lecture.

○ *Une œuvre d'historien ?*
En dépit de l'énorme matière accumulée, des innombrables événements (batailles, décès, mariages, élévation et abaissement des grands, propositions de réformes, etc.) évoqués, en dépit du rôle que son auteur joue par intermittence à la Cour − notamment sous la Régence (1715-1723) − et de son rang de pair du royaume, l'œuvre de Saint-Simon appartient moins à l'histoire qu'à la littérature.

○ *Une transfiguration du réel*
Stendhal a immédiatement perçu, dans les *Mémoires,* l'attention portée aux personnages qui s'agitent dans cette trame, la manière dont Saint-Simon les charge de signes, ces signes dont Proust fera grand profit dans *A la recherche du temps perdu* ; par ces signes, trait saillant du physique ou tic de langage, Saint-Simon donne à son œuvre sa dimension poétique.

Balzac, lui, sera davantage sensible au caractère monumental de l'œuvre (qui, tout comme la sienne, défie l'état civil), à **la mise en scène d'une société grouillante, vouée à une inéluctable décomposition,** hantée par une seule préoccupation : survivre socialement, économiquement et politiquement. Il retiendra également l'unique regard qui orchestre la mise en scène de ces pages, et qui lui donne sa vraie durée, celle de l'autobiographie.

○ *Une littérature de la répétition*

Saint-Simon, précurseur de Beckett comme le suggère François-Régis Bastide ? Pourquoi pas, s'il s'agit de lire cette œuvre comme une œuvre brassant toujours la même matière – utilisant les mêmes procédés et transformant chaque événement en événement de langage. Sainte-Beuve parlait, à propos de Saint-Simon, de commérages. Aujourd'hui, on le citerait comme un écrivain de la sous-conversation, proche du nouveau roman.

La Rochefoucauld et les Maximes *(1613-1680)*

Publiées en 1665, les *Maximes* connaîtront cinq éditions correspondant aux enrichissements successifs de l'œuvre : La Rochefoucauld, au fil des éditions, retranche, ajoute, faisant passer de 318 (1665) à 504 (1678) le nombre des maximes. Elles sont à leur manière une œuvre de synthèse du goût de l'époque, de son goût pour la psychologie et ses raffinements, mais aussi de son goût pour la concision dans l'écriture : ce siècle aime, en effet, la sentence à la manière cornélienne, la pointe à la manière baroque, le « style coupé » cher à Tacite et à Sénèque.

• *L'amour-propre : différentes lectures des* Maximes

« L'amour-propre est l'amour de soi-même et de toutes choses pour soi ; il rend les hommes idolâtres d'eux-mêmes et les rendrait les tyrans des autres, si la fortune leur en donnait les moyens. »
Ce texte premier des *Maximes* n'a cessé d'orienter les lectures de l'œuvre. Ainsi les *Maximes* ont donné lieu tour à tour à des lectures :
– chrétienne parce qu'elle dénonce l'amour de soi, l'orgueil humain ;
– janséniste parce qu'à la manière de Pascal, elle ne découvre derrière cet amour de soi que l'illusion, le désespoir ;
– matérialiste parce qu'elle réduit l'explication du vice et de la vertu à une disposition des organes ;
– psychologique parce qu'elle montre l'amour-propre, jouant entre les différentes passions, se déguisant en vertus toutes mensongères, qu'elles s'appellent désintéressement, constance, vaillance, amour, fidélité, sincérité ou amitié ;
– pré-nietzschéenne enfin parce qu'elle condamne implicitement la faiblesse au nom d'une grandeur toute aristocratique.

• *Les* Maximes : *parcours et méthode d'interprétation*

Pas de système, pas d'ordre non plus, même si un recensement thématique fait apparaître certaines constances (amour, intérêt, habileté, amitié, amour-propre, vices, vertus). La Rochefoucauld, dès la seconde préface, a d'ailleurs insisté sur cette difficulté à mettre de l'ordre.

Plutôt que de chercher une unité, mieux vaut donc laisser se développer **une œuvre qui toujours interroge par ses métamorphoses et ses retournements :** chaque maxime peut dès lors apparaître telle qu'elle est, tout à la fois « transparente et pourtant réfléchissante, dure et pourtant plastique, lapidaire et pourtant fluide » (P. Kuentz).

C'est par là que l'œuvre tient son lecteur : à vouloir sans cesse déplacer le champ de la vérité, à faire du labyrinthe son itinéraire préféré, à égarer son lecteur dans un jeu continu de miroirs, les *Maximes* dévoilent une condition humaine, inconstante et fragile, éphémère et inachevée, inquiète sur son identité, toujours remise en question.

• *Un genre d'écrire*

Pour rendre compte de cette discontinuité propre à la condition humaine, La Rochefoucauld a retenu une forme, la maxime ; et cette forme a elle-même engendré un mode d'écriture. Ce mode d'écriture, qui joue sur la discontinuité, l'éclatement, la suspension, fait de chaque maxime comme une espèce de roman des défaillances et des ruptures.

Si les *Maximes* peuvent être lues comme un texte moderne, c'est qu'il est par excellence une « œuvre ouverte » : le silence qui clôt chaque maxime, l'espace blanc qui le matérialise n'est jamais clôture mais commencement.

On comprend mieux dès lors tout l'intérêt que Nietzsche (avec ses aphorismes) ou plus près de nous Roland Barthes (avec ses fragments) ont porté à ce genre, à sa concision, mais surtout à sa discontinuité, « parce que l'incohérence est préférable à l'ordre qui déforme ».

Madame de Sévigné (1626-1696)

Grignan, en Provence, où vécut sa fille et où elle-même mourut en 1696, l'Hôtel Carnavalet à Paris, aujourd'hui musée, où elle passa vingt ans de sa vie, le château des Rochers en Bretagne où elle fit de fréquents séjours : tels sont les points cardinaux de la célèbre correspondance de Mme de Sévigné, qui compte environ 1200 lettres, presque toutes adressées à sa fille.

● *Un style et une image culturelle*

Mme de Sévigné impose la formule d'un style fait de naïveté, d'une certaine fantaisie et d'une poésie qui ne manque pas de hauteur ; mais elle est surtout à l'origine d'une image culturelle par laquelle on reconnaît le « ton français », ce goût pour une conversation qui privilégie l'éloquence, le raffinement de l'analyse, un certain type de phrase, un goût de l'ellipse*, ce véritable sport national où « la grâce a toujours plus de succès que la vérité, l'esprit plus d'amateurs que la musique, la manière de dire quelque chose plus d'importance que la chose elle-même ».

● *Une espèce de roman*

Sous cette correspondance, constituée à l'insu de son auteur, on peut lire un roman épistolaire fait tout à la fois :

de la chronique d'une époque à la manière de Saint-Simon ;

d'un roman d'éducation dans lequel sa fille trouvera conseils et sentences morales ;

d'un roman passionnel : Proust y a vu la peinture d'une passion (celle que Mme de Sévigné porte à sa fille) telle que « Racine l'a dépeinte dans Andromaque ou dans Phèdre » ;

d'un roman de la nécessité d'écrire : « C'est mon écritoire qu'il me faut », « J'écris tant qu'il plaît à ma plume, c'est elle qui gouverne tout », « Est-ce possible, très chère, que j'écrive bien ? », **mais aussi celui d'une forme, la lettre,** dont Mme de Sévigné ne cessera d'éprouver l'inépuisable créativité : « Quand je commence, je ne sais point où tout cela ira, si ma lettre sera longue ou si elle sera courte » ;

enfin d'un roman du temps, d'un temps qui se dissout, où alternent les moments de vrai bonheur, les instants suspendus et ces temps dits morts qui précipitent toute chose vers sa fin et qui disent l'urgence secrète des œuvres fortes.

La Fontaine (1621-1695)

Mythologie à cent faces, qui le rend tour à tour distrait, promeneur indolent, provincial anarchisant, ami des bêtes, écologiste avant l'heure, mémoire où le sens commun puise quelques-unes des vérités qu'il aime énoncer, La Fontaine reste à jamais, l'auteur de fables qu'on se plaît à réciter « par cœur ».

Trois œuvres occupent cependant sa production : les *Contes* (1665-66-71), les *Amours de Psyché et de Cupidon* (1669) et les *Fables* (1668 : Livres I à VI ; 1678 : Livres VII à XI ; 1694 : Livre XII).

● *Des fables d'inspiration différente*

Dans les Livres I à VI, on reconnaît l'influence d'auteurs de l'Antiquité (Ésope ou Phèdre) autant sur les thèmes (d'inspiration morale) que sur la construction même des fables : un personnage, homme ou animal est, par sa démesure, son orgueil, son égoïsme, victime d'une mésaventure où il est puni par où il a péché.

Les Livres II à XI, où La Fontaine déclare avoir mis « un air et un tour un peu différent », puisant à des sources multiples, notamment orientales (Pilpay), renouvellent et élargissent les thèmes vers des préoccupations philosophiques, politiques et sociales ; en même temps, l'écriture se fait plus souple, accueillant les détails, variant le récit et donnant au Moi une place inattendue.

Le Livre XII, amplifiant le second recueil, s'oriente vers des œuvres plus longues : il est tout entier centré sur le thème de l'esclavage.

● *Une œuvre politique*

Les *Fables* sont en effet pleines de considérations sur l'actualité politique : prise de position sur la guerre avec la Hollande, sur l'hostilité de l'Angleterre, sur la coalition générale contre la France (*Un animal dans la lune*, *Le lion*, *Le renard anglais*, *L'écrevisse et sa fille*) ; elles évoquent également la vie de la Cour, avec ses flatteurs et ses courtisans ; enfin elles contiennent une démystification de l'esprit de conquête et de la gloire du conquérant *(Le paysan du Danube)*.

● *Une œuvre philosophique*

Sur le plan philosophique, La Fontaine dit ses affinités avec Epicure (*La souris et le chat-huant*), part en guerre contre les théories de Descartes sur les animaux machines (*L'animal qu'on appelle homme*), s'indigne contre la crédulité (*Les devineresses*, *L'horoscope*), et s'interroge sur la manière d'interpréter les données fallacieuses des sens.

● *Une œuvre de moraliste*

La Fontaine voit l'homme esclave de ses passions, de l'amour et de l'ambition, esclave aussi de sa nature.

D'où cette morale pratique qui s'apparente au sens commun, manière pour l'homme, selon La Fontaine, de **s'accommoder de la condition humaine,** de se préserver (Livre VII) contre les illusions du succès, la franchise impérieuse, l'injustice, la confiance imprudente. Cette morale, depuis longtemps devenue proverbiale, est passée dans le langage commun au point qu'en disant « nul n'est prophète en son pays » ou « tel est pris qui croyait prendre », on ne reconnaît même plus la plume de La Fontaine.

● *Une œuvre de poète*

Valéry l'a reconnu poète, lui qui ne voyait chez La Fontaine que « recherches volontaires, assouplissement des pensées, consentement de l'âme à des gênes exquises, triomphe perpétuel du sacrifice ».

ÉLLE ALLA CRIER FAMINE CHEZ LA FOURMI SA VOISINE,

Ce qui frappe d'abord, sous l'unité de ce titre, *Fables,* c'est la diversité : « diversité, c'est ma devise » écrivait La Fontaine et, de fait, les livres font voisiner une allégorie poétique, l'éloge d'un prince, une méditation lyrique sur la solitude, une fresque d'histoire, une œuvre de naturaliste, un apologue.

Que retiendrons-nous du poète ?

son art de la dramatisation(*Le pâtre et le lion, La grenouille et le rat),* son goût pour la pièce courte, son sens de l'attaque, que connaissent bien aujourd'hui les monteurs de films (*Le loup et le chien*),

son sens de la transition à la manière orientale : d'un récit concret, il aboutit à une méditation abstraite et lyrique ; du ton du conte, il glisse à celui de la parodie, voire de la farce (*La laitière et le pot au lait*) ; d'un prélude d'épopée ou d'une exposition de tragédie, il dérive vers une tragi-comédie (*Les animaux malades de la peste* s'ouvrent sur un tableau de désolation et s'achèvent sur une critique de la flagornerie des grands et de leur cruauté envers les faibles).

A ce **sens** tout musical de la transition, s'en ajoute un autre, celui **du rapprochement**, qui nous ouvre à une lecture inhabituelle des *Fables* : à nous de lire ces liens secrets d'un univers imaginaire qui font se rencontrer au bord de la mer un singe et un avare (*Du thésaurisateur et du singe*).

Itinéraires

La Fontaine (1621-1695)

Une vie à l'écart en province et un début de carrière tardif (1621-1658)
Des études hésitantes l'amènent au droit ; il reçoit le titre d'avocat ; mais dès 1656, il fréquente un cercle littéraire et lit Rabelais, Marot, Boccace, étudie Homère, Platon, Horace, Virgile, Ovide et surtout Térence.

Une vie protégée par les grands (1658-1695)
Chez Fouquet (1658-1661) : il rencontre Madame de Sévigné, Molière, Racine, publie des œuvres de circonstance ; il reste fidèle à Fouquet malgré sa disgrâce.
Chez Madame (1664-1672) : grâce à elle, les salons de Madame de Sévigné, Madame de La Fayette et Madame de La Sablière lui sont ouverts ; il publie à cette époque-là, les *Contes et nouvelles* (1664-1665) et le premier recueil des *Fables* (1668).

Chez Madame de La Sablière (1672-1692) : il écrit et publie le second recueil des *Fables* (1678-1679) se fait élire à l'Académie française (1684).

Chez les d'Hervart (1692-1695) : termine le troisième Livre des *Fables* (1694), et meurt (1695).

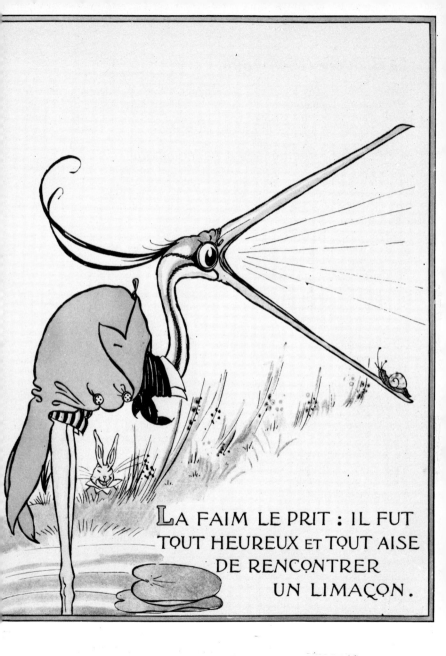

LA FAIM LE PRIT : IL FUT
TOUT HEUREUX ET TOUT AISE
DE RENCONTRER
UN LIMAÇON.

La Bruyère (1645-1696)

Publiés en 1668, *Les caractères ou les mœurs de ce siècle* accompagnent *Les caractères* de Théophraste dont ils étaient à la fois l'imitation et le commentaire, avant de devenir, à partir de la quatrième édition, un texte autonome, palimpseste, c'est-à-dire écrit à la place d'un autre.

● *Instruire : une pensée pré-idéologique*

La Bruyère a placé les problèmes socio-politiques au centre de sa réflexion : les titres des chapitres des *Caractères* témoignent de ces préoccupations ; « Du mérite personnel », « De la société et de la conversation », « Des biens de fortune », « De la ville », « De la cour », « Des grands », « Du souverain ou de la république ».

Analyse, description, réflexion, la démarche de La Bruyère emprunte ces différents chemins sans se fixer sur aucun, non par incapacité, mais par stratégie. Elle permet d'échapper à l'esprit de système, à la démonstration et de satisfaire ainsi à cette nécessité du siècle : instruire et plaire.

Instruire c'est, pour La Bruyère, **instruire une société sur son état de décomposition** à travers la fresque des vieillards condamnés que ses portraits dessinent ; c'est aussi l'instruire sur les bouleversements que l'argent est en train d'accomplir en son sein : on y voit les fortunes changer de mains, de nouvelles classes s'installer, profiter sans ménagement des petits, sommer l'État de satisfaire leurs exigences : « Il y a des âmes sales, pétries de boue et d'ordure, éprises du gain et de l'intérêt, (...) capables d'une seule volupté qui est celle d'acquérir ou de ne point perdre (...). De telles gens ne sont ni parents, ni amis, ni citoyens, ni chrétiens, ni peut-être des hommes : ils ont de l'argent. »

C'est l'instruire également de l'inégalité d'un système qui va s'accroissant aux dépens des pauvres et qui préfère la servilité à la compétence.

Et c'est instruire surtout cette société contre elle-même, contre son enfermement mortel, contre la stérilité des jeux de Cour où la puissance dépend de la maîtrise, plus ou moins bien assurée, des codes : « Un homme qui sait la Cour est maître de son geste, de ses yeux, de son visage. »

● *Plaire : une écriture stratégique*

Si La Bruyère n'a pas de système de pensée, il a une religion : celle de l'effet littéraire ! Voilà son choix stratégique : dire des choses dignes d'intérêt, rapidement, à une société dont le temps, déjà, et dans tous les sens du mot, est compté. D'où cette composition, ces départs frappants, ces paragraphes courts, ces apostrophes brusques et ces variétés de ton.

La Bruyère sait que la forme produit le changement : ainsi mettre dans le discours « ordre et netteté conduit insensiblement à y mettre de l'esprit ».

La crise de la conscience européenne : 1680-1715

« La majorité des Français pensait comme Bossuet, tout d'un coup les Français pensent comme Voltaire : c'est une Révolution. » (Paul Hazard)

Cette révolution sera le fruit d'un long cheminement au cours duquel un système de valeurs va s'écrouler et un autre triompher, après trente-cinq années de bouillonnement intellectuel.

• *Les conditions du changement*

Changements géo-politiques : avec la fin du trop long règne de Louis XIV, qui n'en finit pas de mourir, disparaît la suprématie des puissances latines au profit des puissances de l'Europe du Nord : suprématie de l'Angleterre surtout, mais aussi rôle international de la Hollande, et importance grandissante de la Prusse et de la Russie.

Changements psychologiques : ils s'observent :

— dans une volonté délibérée de soumettre l'ensemble des savoirs à un examen critique, afin d'établir de nouvelles certitudes ;

— dans le goût de ce XVIIIe siècle naissant pour les voyages, avec pour conséquence les déplacements de valeurs qu'ils entraînent : l'idée de relativité s'impose, notamment dans les croyances, les mœurs, les idées qui gouvernent une population donnée ;

Changements esthétiques : ils vont opposer en une querelle, les Anciens et les Modernes : aux Anciens qui revendiquent les idées classiques, célèbrent la valeur de la littérature antique et le caractère irremplaçable de son apport, les Modernes opposent la liberté de choisir librement ce qui leur convient dans l'Antiquité, le refus, au nom de l'esprit critique, du principe d'autorité, la croyance dans le progrès des arts, et dans une élévation et une perfection continues.

• *L'esprit du changement*

○ *Dans la pensée philosophique*

Au centre du changement se situe la raison, dont le privilège est d'établir des principes clairs et vrais : elle se donne comme faculté de jugement, instrument de recherche, de contrôle et de critique.

Moyen privilégié de connaissance, elle va soumettre à son examen toutes les valeurs, tous les domaines du savoir, toutes les pensées morales, politiques et surtout religieuses.

Ainsi, **Malebranche** (1638-1715), en soumettant Dieu à la raison, lui enlève ses privilèges et ses motifs d'exister, subordonnant la foi à la philosophie.

Ainsi, **Spinoza** (1632-1677) fait de la réflexion le moyen et la condition, non seulement de la connaissance vraie, mais également de la libération existentielle, passionnelle et politique ; il établit une identité entre Dieu et la Nature, imposant une vision de l'homme libéré de la transcendance et se réalisant dans le monde par sa liberté.

A côté de la raison, Locke (1632-1704) va introduire un autre moyen d'accéder à la connaissance : la sensation, qui, venant du dehors, « frappe l'esprit, l'éveille et bientôt le remplit » ; elle permet de fonder une morale sur des données psychologiques qui, de proche en proche, découvrent un empirisme niant toute attitude dogmatique.

○ *Dans la pensée religieuse*

Une critique systématique
La religion va être soumise à une critique systématique, touchant ses manifestations (les miracles) autant que ses fondements (les textes).

— **Ses manifestations** : avec **les miracles** sont dénoncées l'irruption de l'irrationnel dans le rationnel, la crédulité, l'autorité de la tradition ; **Fontenelle** (1657-1757) et **Bayle** (1646-1706) s'attaquent l'un et l'autre à cet irrationnel religieux, choisissant de s'en prendre, l'un aux oracles, l'autre aux comètes, pour dire, contre la superstition, le conformisme et la tradition, leur attachement à l'esprit critique ; cet esprit critique, appliqué aux miracles, les autorise à **remettre en cause l'intervention de Dieu dans l'histoire humaine,** donc les bases mêmes de la religion et de l'église qui témoignent de cette intervention.

Ses fondements : les textes
Les exégètes de la Bible, et en particulier **Richard Simon,** entendent se réserver le droit d'aborder le texte biblique comme un texte humain et donc d'en faire apparaître les contradictions, les erreurs, les incohérences afin de tenter d'établir une vérité du texte ; pour rendre compte de ces différentes altérations, ils partent de la langue originale de l'Écriture, l'hébreu, et étudient la civilisation hébraïque dans laquelle elle est née.

Naissance de l'hétérodoxie
Face à l'autoritarisme et au sectarisme des États catholiques latins, on voit émerger une pensée plus libérale, sensible au non-conformisme et respectueuse des différences, qu'incarnent en particulier l'Angleterre et la Hollande.

Triomphe du déisme
L'institution religieuse contestée, reste l'idée d'un Dieu imprécis, mais réel, laissant aux hommes la liberté d'organiser leur bonheur et assurant une cohérence à l'explication du monde ; on identifiera ce Dieu soit à un « horloger », soit à un « machiniste », puisque « tout ouvrage démontre un ouvrier » (Voltaire).

○ *Dans la pensée politique*

Remise en cause du droit divin

Il s'agit dès lors de fonder les régimes politiques qui gouvernent les sociétés sur le droit naturel, c'est-à-dire sur le droit des peuples et sur la loi qui leur est commune.

De là, une remise en cause de la monarchie absolue de droit divin et une préférence affirmée pour une monarchie constitutionnelle assurant à chacun les mêmes droits devant une loi commune et unique.

Établissement du bonheur sur terre

Toute la pensée politique est soumise à l'idée de progrès, qui postule l'idée de bonheur sur terre et la confiance mise dans le progrès scientifique pour l'assurer, grâce aux réformes économiques et à la propagation des techniques nouvelles.

• Apparition d'une nouvelle sensibilité

De ce mouvement, de cet élan vers la nouveauté, de cette conscience européenne en plein bouleversement, émerge une image renouvelée de l'individu : l'homme de ce siècle commençant se veut rationnel, sentimental et cosmopolite :

rationnel, en tirant sa liberté de l'exercice souverain de sa raison, seule mesure des êtres et du monde ;

sentimental, en valorisant la vie sensible, tout ce qu'il y a d'affectif, tout ce qui s'attache aux couleurs, aux sons, à la matière ;

cosmopolite, en se posant comme citoyen du monde, le regard neuf, l'esprit ouvert, goûtant les voyages, reconnaissant la valeur propre de toute civilisation et le droit à la différence de toute population, célébrant tout à la fois, le Bon Sauvage, le Sage Egyptien, l'Arabe Mahométan, et le Philosophe Chinois.

Le dix-huitième siècle

La période qui correspond au XVIIIᵉ siècle en France (1715-1815) se laisse traditionnellement délimiter par la mort de Louis XIV en 1715, et la restauration du pouvoir des Bourbons en 1815. Durant ces cent années, l'évolution dans la littérature touche à la fois la situation des hommes de lettres, les idéologies qu'ils fondent – et dont ils se réclameront tout au long du siècle ; enfin les genres qu'ils s'attachent à promouvoir.

La vie intellectuelle : hommes et lieux

• L'homme de lettres

C'est au cours du XVIIIᵉ siècle que l'écrivain traditionnel acquiert le statut d'**homme de lettres**.

Statut matériel, d'abord : dans son nouvel état, l'auteur se détache des protecteurs – cours ou seigneurs – que lui imposait sa dépendance financière d'antan. Dans les années 1770, lorsque, grâce à l'action de Beaumarchais, l'essentiel du **droit d'auteur** est institutionnalisé, écrire est déjà devenu un métier dont on peut vivre. En même temps, on voit apparaître sur le devant de la scène littéraire de grands bourgeois (Voltaire) dont certains – comme Marivaux après sa ruine –, vivent de leur plume.

Statut social, ensuite : l'indépendance matérielle dont s'enorgueillit l'homme de lettres n'est que le signe de sa nouvelle dignité. L'état général d'analphabétisation, la circulation confidentielle du livre, les mentalités enfin, reléguaient l'écrivain dans un rôle subalterne : son activité ne s'adressait qu'à quelques privilégiés.

Désormais, il a sa place dans la société. « Etre auteur, c'est un état aujourd'hui comme d'être militaire, magistrat, ecclésiastique ou financier. » On lui reconnaît pour fonction d'**agir sur l'ordre social,** en publiant ses jugements éclairés. Débarrassé du souci de plaire, il ne tient sa force que de la rencontre de son talent avec l'« opinion publique » qu'il contribue à façonner. Relation que résumait La Harpe : « Qu'est-ce donc, Messieurs, qu'un homme de lettres ? C'est celui dont la profession est de cultiver sa raison pour ajouter à celle des autres. »

Statut intellectuel enfin. Si grande est son audience, et l'honneur dont l'entourent les milieux « éclairés », qu'il est souvent baptisé « philosophe ». C'est qu'il prend part à l'entreprise encyclopédique, dont ce siècle a fait son ambition ultime. L'important, pour lui, est moins de parachever une œuvre, que de toucher à tout (Voltaire, Diderot ou Rousseau...) et dans tous les domaines (mathématiques, musique, morale, politique...), de **pourchasser les ténèbres de l'obscurantisme,** de **démolir les préjugés** qui leur sont attachés, de répondre aux questions qui se posent. Si l'homme de lettres n'est pas, en général, un scientifique, il subit l'influence des milieux savants et de leurs méthodes de pensée. Certains se consacrent d'ailleurs également à la science et à la philosophie (Buffon, Condillac...).

● Le bourgeois

Le XVIIIᵉ siècle consacre la puissance d'une classe nouvelle : la bourgeoisie. Utilité, activité, mérite, liberté, propriété : tels sont les fondements du nouvel humanisme. Ils définissent **un nouveau type d'homme,** dont l'ascension coïncide avec la naissance de l'Etat moderne : de cet Etat où le pouvoir, même s'il est délégué, appartient de droit à tous, où les hiérarchies sociales sont déterminées par les mérites présents, où l'enjeu principal est la possession du monde. Le bourgeois n'est plus, comme au siècle passé, sujet de dérision pour une aristocratie régnante. Il est devenu l'une des figures du texte littéraire ou pictural. Ses exigences et ses aspirations marquent la littérature et la peinture.

● Le franc-maçon

La Loge est le lieu secret de la franc-maçonnerie, qui prend alors une importance particulière. Organisés en société secrète, les francs-maçons se fixent pour objectif de **changer la société :** ils entendent en finir avec la tyrannie, le despotisme, les privilèges, l'ignorance imposée par la religion chrétienne, et leur substituer un principe impersonnel (loi naturelle, raison, volonté générale, peuple...) auquel tous soient également soumis.

Les francs-maçons, de ce fait, se situent à l'avant-garde du combat philosophique : Voltaire, Helvétius, Franklin, mais aussi Frédéric II seront, en même temps que les notables, les bourgeois aisés, les membres des professions libérales, initiés à l'esprit maçonnique et à son utopie : faire naître un nouvel âge d'or du bonheur sur la terre entière.

● Les lieux de la conversation

Les salons continuent à jouer un rôle essentiel dans le commerce des idées. C'est là que la vie parisienne rejoint le monde des lettres. Essentiellement placés sous le règne des femmes, les salons sont marqués chacun par la personnalité de celle qui l'anime : philosophes, écrivains, savants, artistes fréquenteront tour à tour la Cour de Sceaux (1700-1753) de la duchesse du Maine, le salon de Madame de Lambert (1710-1733), le Bureau d'Esprit de Madame de Tencin (1726-1749), le « Royaume » de Madame Geoffrin (1749-1777), le salon de Mademoiselle de Lespinasse (1764-1776) et surtout le salon de Madame du Deffand (1740-1780), célèbre dans l'Europe entière pour le cosmopolitisme de son assemblée, son caractère d'avant-garde, l'esprit et la verve de celle qui l'animait.

Les clubs, de tradition anglaise, se multiplieront surtout sous la Révolution. Sous la Régence, le plus connu d'entre eux, le club de l'Entresol, accueille hommes politiques, écrivains (Montesquieu, l'Abbé de Saint-Pierre...) tous largement ouverts aux idées nouvelles.

Les cafés : l'homme de lettres règne désormais dans les cafés, invention du dix-huitième siècle. Là — comme au café Procope, où se réunissaient Fontenelle, Voltaire, Marmontel et Diderot —, il rencontre l'opinion ; là il vit la diversité du monde social. Symbole de la sociabilité de l'homme de lettres, le café devient le foyer des nouveaux débats d'idées, tel ce café de la Régence où Diderot situe les dialogues du *Neveu de Rameau*.

Les académies, en province, jouent un rôle important dans la transmission des idées. Lieux de réunions sociales, elles sont ouvertes à toutes les disciplines que touche l'esprit des « lumières ». Le *Discours sur l'origine de l'inégalité*, de Rousseau, est né d'un des sujets de réflexion proposés par l'Académie de Dijon : le choix des académiciens témoigne du degré d'information et de la vitalité intellectuelle de ces élites provinciales.

Qu'appelle-t-on « philosophe » ?

Le philosophe n'est pas, au XVIII⁰ siècle, l'homme attaché à un système de pensée, à une philosophie au sens où nous l'entendons. Moins philosophique que littéraire, sa démarche consiste à faire connaître les grands thèmes de la « Philosophie des lumières ».

La métaphore des « lumières » est révélatrice de l'attitude d'esprit du philosophe : **rechercher,** derrière les phénomènes scientifiques et au-delà des préjugés moraux et politiques, **la vérité** qu'ils cachent, grâce à la raison illuminatrice. Cette attitude finira par dominer le XVIII⁰ siècle. Elle trouvera son aboutissement empirique dans les grands thèmes de la Révolution française : la philosophie guidant le peuple, le culte de la Raison, la chasse aux superstitions et aux préjugés...

« Le philosophe est une machine humaine comme un autre homme ; mais c'est une machine qui, par sa constitution mécanique, réfléchit sur ses mouvements... C'est une horloge qui se monte pour ainsi dire quelquefois elle-même... C'est un honnête homme qui veut plaire et se rendre utile. Il sait se partager entre la retraite qui lui permet de réfléchir et le commerce des hommes qui lui permet de vivre... » (Dumarsais, article « philosophe » de *L'encyclopédie*).

La philosophie des « lumières »

A travers la foule d'idées proliférantes et contradictoires que produit le Siècle des lumières, on peut retrouver les quatre grands thèmes qui s'étaient déjà largement partagé la pensée du siècle précédent : **la nature, Dieu, l'homme, la société.** Bien vite, leur méditation fait apparaître un cinquième enjeu : celui de la réflexion elle-même. Le siècle jette en effet, pour la première fois, les fondements d'une philosophie de **l'esprit.**

• Une philosophie de la nature

La nature garde, au XVIIIe siècle, le sens d'« **univers physique** » qu'elle recouvrait chez Descartes ; le système de la nature qui inspire alors la pensée découle tout entier de la découverte de l'attraction terrestre par Newton, et de ses implications dans l'organisation de l'univers.

Mais face à l'idée de nature, les penseurs du siècle hésitent : renvoie-t-elle à la décision d'un créateur tout-puissant ? Ou est-elle au contraire le fruit des rencontres hasardeuses de la matière ? Ils s'accordent à reconnaître que la nature n'offre d'autre certitude que celle de ses phénomènes. Au-delà commence la métaphysique.

C'est en cela justement que Jean-Jacques Rousseau s'oppose aux philosophes : pour lui, la nature est bonne dans son origine. Sa pensée réfute donc le scepticisme des « lumières » et s'en prend non pas au Créateur, mais à la société humaine.

• Une philosophie morale

La traversée du XVIIIe siècle est marquée par **le passage du règne de la raison au règne de la sensibilité.** La situation de l'homme dans le monde, qui sous-tend toute réflexion morale, s'en trouve donc modifiée. L'homme des « lumières », quittant la position centrale au cœur de l'univers où l'avait placé Descartes, se retrouve finalement nu et faible « comme un singe », selon l'expression de Voltaire. Il investit sa **confiance dans le sensible.**

Seul dans ce monde d'où il exclut le Dieu de la religion, l'homme des « lumières » sent plus étroitement la condition qu'il partage avec ses semblables.

La sociabilité constitue l'une de ses revendications principales. L'esprit ouvert sur le monde, il conçoit une vive curiosité pour les autres nations. **Le cosmopolitisme*** naît des échanges internationaux qui se font plus intenses : les voyageurs rapportent et commentent leurs expériences exotiques ; les correspondances qui se tissent entre les beaux esprits de l'Europe (voir la correspondance de Voltaire) témoignent à la fois de la réalité de l'« Europe des lumières », et d'un souci de comparer les particularismes nationaux. L'Angleterre surtout, dont Montesquieu médite les institutions dans *De l'esprit des lois*, fait l'objet d'une véritable mode.

Mais échanger n'est pas tout : encore faut-il savoir se rendre utile ; la préoccupation d'utilité, essentielle pour les philosophes, découle directement du **sentiment cosmopolite de l'humanité**. L'idée du progrès commence à s'imposer (« L'esprit humain semble s'agrandir, dit Condorcet, et les limites se reculent ») ; en même temps les richesses s'accroissent. Au problème que pose la distribution des bienfaits, les « lumières » répondent par l'utilitarisme, que Bentham résume dans la formule célèbre : « Le plus grand bonheur du plus grand nombre ».

Enfin, le XVIIIe siècle est le premier qui fait entrer **le bonheur** dans l'ordre de ses préoccupations morales. L'homme des « lumières » revendique son bonheur en même temps que le bonheur des autres. *Le mondain* de Voltaire n'est qu'un vibrant éloge de ce luxe et de ce bien-être qui participent à l'éthique du bonheur : « Le paradis terrestre est où je suis » s'écrie le libertin heureux.

● *Philosophie et politique*

Le philosophe s'intéresse à l'inspiration qui vient de l'étranger, surtout des premiers théoriciens du droit (le Hollandais Grotius et l'Italien Beccaria, qui ont inspiré Montesquieu.)

A la suite de *De l'esprit des lois*, les philosophes s'efforceront de découvrir l'essence d'**un droit naturel qui fonde en raison l'ordre social**. Ce droit naturel se situe plutôt du côté de l'individu que des pouvoirs suprêmes. C'est là un coup sévère porté à la monarchie de droit divin.

Les philosophes ne sauraient pour autant admettre l'anarchie. La vie des sociétés s'appuie sur **un consensus collectif ou contrat**, ce *Contrat social* dont Rousseau justifie l'existence et définit l'usage.

● *Philosophie et religion*

On a trop souvent ramené les positions religieuses de l'esprit des « lumières » à un simple athéisme. Voltaire y est pour beaucoup, dont les professions de foi contre l'institution religieuse ont répandu l'image du philosophe sans Dieu. Il n'en est rien, en fait.

L'homme des « lumières » est avant tout soucieux de **tolérance**. « Je vous dis qu'il faut regarder tous les hommes comme nos frères », dit le *Traité de la tolérance* du même Voltaire. Au nom de cette tolérance on condamne le fanatisme, la « superstition », l'« enthousiasme », dont sont atteints les « infâmes ». Le procès s'étend aux aspects le plus humainement arbitraires de la religion, sans que, chez Voltaire du moins, l'existence de Dieu soit vraiment remise en cause. D'autres, Diderot, d'Holbach... iront jusqu'à l'athéisme radical ; mais dans son ensemble, l'esprit du siècle est sensible à **un déisme* conciliant.**

Ce déisme est une façon de retremper les hommes dans le caractère universel de leur condition, d'assurer entre eux la paix inspirée par un sentiment d'appartenance commune, et finalement d'affirmer leur liberté.

• Philosophie de l'esprit

La réflexion sur la connaissance s'ouvre par une large réaction contre toute forme de théologie. Le siècle précédent, en effet, postulait un lien indissoluble entre Dieu, l'esprit humain et le monde. A cette conception, la philosophie des « lumières » oppose **la rencontre immédiate de l'esprit et de l'objet à connaître.** Immédiate, c'est-à-dire sans aucune médiation d'ordre religieux ou métaphysique. Lorsqu'il définit le mot **homme,** Diderot le présente comme **le nouveau centre** : il ne se réfère ni à la Bible ni à Dieu. C'est la présence de l'homme, dit-il, qui rend l'existence des êtres intéressante. L'homme du XVIIIe siècle cherche donc à faire de l'homme le centre de l'univers.

L'homme lui-même devient **un objet d'intérêt scientifique.** Ainsi naissent **les sciences de l'homme,** où l'on rencontre le jeu des causes morales et mentales, la philosophie de l'histoire, ou les réflexions des grammairiens sur le langage.

Seul, l'homme est grandiose. Et si l'on cherche un nouveau lien avec le monde, il doit être trouvé en lui : dans sa raison et dans ses sens.

La raison

« S'élevant enfin à la connaissance de la méthode, certaine de découvrir la vérité, la raison apprenait à se préserver des erreurs où le respect pour l'autorité et l'imagination l'avaient si souvent entraînée. » Erreurs, autorité, imagination d'un côté ; découverte, connaissance, vérité de l'autre : Condorcet trace ainsi la frontière entre l'ancien et le nouveau monde. Ici, la raison pourra se déployer et se livrer en toute confiance à sa rage dominatrice. Conjointement, le modèle de la pensée de Newton entretient l'illusion que l'univers entier peut se réduire à un jeu de causes et de conséquences. Et **connaître, c'est** aussitôt **faire connaître.** Le sens des lumières, c'est aussi d'**éclairer le peuple** : *L'encyclopédie* veut répondre à ce vœu de vulgarisation.

Les sens

Tout le XVIIIe siècle philosophique se penche avec passion sur le problème de la connaissance par les sens : Voltaire lui consacre une partie de ses *Eléments de la philosophie de Newton* en 1738, et Diderot sa *Lettre sur les aveugles* en 1749. Avec Condillac et son *Traité des sensations*, **le sensualisme** est érigé en véritable théorie de la connaissance. Ils admettent, tous trois, que le savoir est fondé sur l'expérience originelle des sens, et se rallient au principe de **l'empirisme.**

Une somme : L'encyclopédie

● *L'esprit encyclopédique*

L'idée d'un savoir encyclopédique n'est pas née avec le Siècle des Lumières. La Renaissance avait déjà placé, parmi les ambitions de son humanisme, la connaissance exhaustive du monde : c'est à ce projet qu'avait répondu, par exemple, Pic de la Mirandole. Mais le monde du XVIᵉ siècle était encore une totalité finie : l'homme qui l'explorait par le savoir s'engageait sur un territoire circulaire et limité, dont il était le centre.

Au contraire, les progrès des sciences, au XVIIIᵉ siècle, ouvrent au savoir un univers sans bornes. Le monde est éclaté, et l'esprit tente de se l'approprier par ses propres moyens. Et puisque la cohérence de cet univers nous échappe *a priori,* la seule commodité nous invite à adopter, pour inventorier les savoirs, l'ordre alphabétique de leur matière. Tel est l'esprit encyclopédique, né d'**une nouvelle situation de l'homme face au monde,** d'**une immense confiance dans le langage,** et somme toute, d'**une ambition de possession.**

● *L'aventure de* L'encyclopédie

Cet esprit inspirera l'un des plus importants monuments intellectuels du siècle : *L'encyclopédie.*

Avant d'être un livre, *L'encyclopédie* est **une aventure** et **un événement.** A l'origine de cette aventure, un libraire parisien, Le Breton, qui cherchait à publier en France la traduction d'une encyclopédie anglaise. Diderot et d'Alembert recueillent bien vite le projet, dont ils élargissent les ambitions : il s'agira d'une fusion de plusieurs dictionnaires, assortie de planches, puis finalement d'une somme sur le savoir, dont les dimensions annoncées dans le *Prospectus* de Diderot (huit volumes de texte et deux de planches) seront vite dépassées. Autour de l'entreprise, qui s'étale sur une vingtaine d'années, gravitent une foule de collaborateurs. L'un de ses intérêts fut d'ailleurs de rassembler les plus brillants esprits de l'époque : ceux qu'on baptisera vite du nom d'encyclopédistes (voir tableau).

Ces quelque cent soixante rédacteurs travaillent d'abord sous l'impulsion des deux codirecteurs, d'Alembert et Diderot. Mais à l'enthousiasme des premières années d'activité succédera vite la méfiance suscitée par les attaques diverses qui visent *L'encyclopédie.* Les dernières livraisons auront lieu dans la clandestinité. L'entreprise se sera pourtant soldée par la publication de dix-sept volumes de texte et onze volumes de planches, acquis par plus de quatre mille souscripteurs.

Tableau des principaux encyclopédistes et de leur spécialité

Histoire de la philosophie (codirection)	Diderot
Mathématiques (codirection jusqu'en 1759)	d'Alembert
Théologie	Abbé Morellet
Goût	Montesquieu
Éloquence, élégance, esprit, histoire	Voltaire
Médecine	Barthez, Boden, Venel, Tronchin
Histoire naturelle	Buffon
Chimie	d'Holbach, Rouelle
Économie	Quesnay, Turgot
Musique, économie politique	Rousseau
Littérature	Marmontel

• *Aspects de* L'encyclopédie

Tout en traçant le champ du savoir de l'« honnête homme » pour l'aider à mieux vivre son siècle, *L'encyclopédie* ébranle l'esprit même de ce siècle. En mêlant les débats philosophiques aux descriptions pratiques, **elle étend la subversion des idées au réel.** Rien d'étonnant à ce que *L'encyclopédie* déclenche une véritable guerre éditoriale où s'affrontent forces conservatrices et forces de progrès.

Parmi les critiques formulées à l'égard de *L'encyclopédie,* il en est qui ne manquent pas de fondement. Ainsi celle qui vise la **disparité** des articles, leur **manque de cohésion,** enfin leur aspect de **compilation.**

Mais *L'encyclopédie* constitue **la première mise en forme systématique du savoir.** Son modèle ne cessera d'être repris jusqu'à nos jours.

Plus particulièrement, **elle ouvre les portes de l'écrit à une quantité de pratiques artisanales** qui n'étaient jamais, jusqu'alors, sorties du cercle des professionnels (jardinage, forge, art du tour voisinent avec les disciplines théologiques et les sciences humaines, par exemple).

Ainsi inaugure-t-elle, dans cette profusion et ce mélange des genres, **une nouvelle ère de la connaissance et une nouvelle fonction du livre.**

Le Procope aujourd'hui, sous le regard de l'histoire.

Montesquieu (1689-1755)

L'œuvre et la personnalité de Montesquieu renvoient l'image d'un des esprits les plus représentatifs du siècle. Ce président du Parlement de Gascogne était aussi vigneron sur ses terres bordelaises ; et ce penseur du droit était aussi un écrivain du plaisir. Inspirée par la raison, sa démarche visait à l'aisance et à la clarté, qu'elle s'appliquât à éclairer le bonheur ou le gouvernement des hommes.

● Une pensée du bonheur

Le bonheur, à quoi tend finalement, chez Montesquieu, toute entreprise du cœur et de l'esprit, est fait d'un mélange de **raffinement** et de **modération**. *Les lettres persanes* de 1721, résonne tout entier des bruissements voluptueux du sérail. Mais l'objet des conseils que le persan Usbek, en voyage loin d'Ispahan, prodigue dans ses lettres, c'est le gouvernement de sa maison à distance.

« J'ai été dans ma jeunesse assez heureux pour m'attacher à des femmes que j'ai cru qui m'aimaient. Dès que j'ai cessé de le croire, je m'en suis détaché soudain. » Dans le bonheur comme ailleurs, tout est d'abord question de bon ordre. Aussi, les passions extrêmes sont-elles également éloignées du bonheur que l'indifférence extrême. La modération selon Montesquieu n'est pourtant pas la médiocrité, tant s'en faut. Elle est seulement le milieu d'où l'esprit peut se tourner de tous les côtés où l'appelle sa curiosité.

● Une réflexion sociologique

Montesquieu appartient en effet à un monde où l'homme, animé d'une confiance inébranlable, croit pouvoir **appréhender par l'esprit la totalité du réel**. Comme tant de ses contemporains, il publiera des traités scientifiques où perce l'ambition du savant philosophe de son siècle. Lorsqu'il aborde la question de la loi, Montesquieu a encore dans l'esprit l'« ordre des choses » dans son ensemble. Par là, sa pensée dit son universalité.

Appréhender par l'esprit le réel, et le comprendre : tel est l'objet des *Lettres persanes*. L'ouvrage, si pittoresque qu'il soit, n'est pas l'une de ces plaisantes histoires mêlées d'amour et d'exotisme qu'aimait le XVIIIe siècle. Ce qui s'y lit, c'est une curiosité nouvelle pour le fait humain dans ses conditions sociales : la naissance d'une réflexion qu'il faut bien appeler sociologique.

● Une réflexion sur la loi

Cette vision universelle permet à Montesquieu de **repenser** en termes nouveaux **la notion de loi**.

Les *Considérations*

L'entreprise de *L'esprit des lois* (1748), menée vingt ans durant, avait été préparée dès 1734 par les *Considérations sur les causes de la grandeur des Romains et de leur décadence*. Cette réflexion, qui devait à l'origine faire partie du grand ouvrage final, en fut détachée en raison de son unité thématique : il s'agissait, pour Montesquieu, de méditer les raisons qui conduisent l'Empire romain à sa chute, et de décrire derrière les causes historiques les rouages de toute décadence, de se rapprocher ainsi des lois qui régissent l'histoire des peuples.

De *l'esprit des lois*

Jusqu'à Montesquieu, « la loi appartenait au monde de la religion, de la morale et de la politique ». Conçue comme loi-commandement, elle était le relais indispensable entre une volonté qui ordonne (Dieu, le roi...) et des volontés obéissantes. C'est à partir de la préface de *L'esprit des lois* que s'installe l'idée nouvelle **d'une loi-rapport**. « Les lois sont des rapports qui se trouvent entre la raison primitive (c'est-à-dire Dieu), et les différents êtres, et le rapport de ces divers êtres entre eux (...). Dans ce sens, tous les êtres ont leurs lois : la divinité a ses lois, le monde matériel a ses lois, les intelligences supérieures à l'homme ont leurs lois, les bêtes ont leurs lois, l'homme a ses lois. »

Distinction indispensable à la compréhension de la pensée politique de ce siècle : les lois supérieures, rapports fixes inscrits dans la nature des choses entre des données variables, s'opposent aux lois positives que les hommes se donnent pour régir leur vie commune. Car les lois même ont leurs lois. Les lois des hommes ont entre elles des constantes que Montesquieu cherche à déchiffrer en examinant les constitutions que se donnent les peuples. Telle est l'entreprise de *L'esprit des lois :* « **Je ne traite point des lois, mais de l'esprit des lois... cet esprit consiste dans les divers rapports que les lois peuvent avoir avec diverses choses.** » La connaissance de l'esprit des lois est une condition nécessaire à l'œuvre du législateur : et *De l'esprit des lois* n'est, en dernière analyse, qu'un livre de sagesse à l'usage des législateurs.

• *Un art du naturel*

Aveugle à la fin de sa vie, Montesquieu dicta en grande partie *De l'esprit des lois*. Le texte y gagna en spontanéité, en naturel. Comme les plus beaux écrits de ce siècle, il garde le sceau de la conversation. Mais le naturel n'exclut pas chez Montesquieu la recherche des effets, de ce qu'il nomme les **saillies** : formules synthétiques et frappantes qui donnent au style tout son relief. « Pour bien écrire, il faut sauter les idées intermédiaires », dit Montesquieu : idéal de concision qui fera de l'écriture de Montesquieu un modèle cher à tous les écrivains français contre le déploiement des machines romantiques. Le Chateaubriand de *La vie de Rancé* n'a pas oublié la leçon de *L'esprit des lois*.

Voltaire (1694-1778)

Le personnage et l'œuvre de Voltaire offrent l'exemple d'une des plus puissantes vitalités du XVIIIᵉ siècle. Ses voyages, ses aventures, son œuvre abondante et variée, l'ampleur des questions qu'elle pose, dessinent l'image d'un philosophe actif et vivant.

• L'homme de tous les plaisirs

Cet enfant de la bourgeoisie était marqué par le luxe. *Le mondain* (1736), long poème en forme d'hommage à la civilisation, est la profession de foi du mondain que fut François-Marie Arouet, fêté dès son plus jeune âge par la société parisienne. Reçu par le Régent, familier des cours d'Europe, ce **libertin* à la conversation éblouissante** conservera jusqu'à la fin de sa vie, dans sa retraite de Ferney, le goût du luxe et du plaisir.

Ce goût orientera quelques-uns des grands axes de sa pensée et de son œuvre. Sa conception du bonheur y puisera son essence. Et si dures que soient ses critiques, elles sont toujours prononcées au nom d'une valeur positive : tolérance, goût, bon sens...

• L'esprit de finesse

Dans ses œuvres comme dans sa vie, Voltaire incarne l'esprit de finesse. Son écriture en témoigne par ce style rapide, brillant et clair, qui dérive de la conversation. Sa copieuse correspondance en fournit d'éloquents exemples.

• La critique

C'est le domaine où s'exprime le mieux cette disposition à la finesse et à la rapidité. Voltaire est, à cet égard, un esprit fort, négatif. Sa critique s'exerce sur toutes sortes de terrains et n'épargne personne. **Elle vise les institutions religieuses, politiques, judiciaires et sociales.** Sans les renverser, elle leur porte plutôt de ces égratignures dont l'effet se fera sentir dans la Révolution française.

• Le domaine religieux

Voltaire ne se dit pas athée*, mais **déiste.** Il croit en Dieu pour des raisons rationnelles (« ... je ne puis songer... que cette horloge existe et n'ait point d'horloger ») et pour des raisons d'ordre social. Ce qu'il dénonce, ce sont les religions, suspectées d'entretenir la superstition et l'obscurantisme, et leurs représentants, auxquels il reproche d'attiser la dissension entre les hommes. Il mène ce combat au cri de « Ecrasons l'infâme ».

• Les institutions politiques

Il se montre hostile à toute forme de despotisme et d'arbitraire. Il dénonce le caprice du souverain, fondement, selon lui, du pouvoir absolu.

Dès les *Lettres philosophiques* ou *Lettres anglaises* (1734), Voltaire mettait en forme l'ensemble de ses critiques.

● *L'histoire*

L'apport positif de la critique voltairienne se situe essentiellement dans ses recherches d'historien. A Voltaire revient le mérite d'avoir renouvelé l'attitude des historiographes.

Il appuie sa méthode sur la comparaison des documents. Ainsi adopte-t-il une position de savant. Pour faire revivre *L'histoire de Charles XII* ou *Le siècle de Louis XIV*, il s'appuie sur des textes d'archives.

Il élargit le champ d'intérêt de l'histoire. Il ne s'intéresse plus seulement à la succession des hauts faits militaires et à la vie des souverains, mais aussi à l'âme des peuples, à leurs mœurs et à leurs conditions d'existence.

En homme de théâtre, il donne à son récit des accents dramatiques qui l'élèvent parfois au sublime de la tragédie, et lui confèrent son unité de style.

En philosophe, **il interprète les événements et les faits** qu'il décrit et raconte. Il y décèle une résonance universelle, à verser au projet d'une histoire générale de l'humanité.

● *Les combats*

L'histoire n'a de sens que si elle nous aide à penser l'homme dans son universalité comme dans sa particularité.

De l'un à l'autre, des lois morales aux événements, Voltaire fait sans cesse le va-et-vient. Il lance chaque année une floraison de **pamphlets*** et de **libelles*** où il prend position au cœur de la mêlée politique, sociale, judiciaire et surtout religieuse. Dans toute une série de procès en réhabilitation, il s'efforce de faire triompher la justice la plus conforme à sa philosophie (affaires Calas, Sirven, La Barre...), préfigurant en cela **la revendication moderne des droits de l'homme.**

Les *Contes* constituent une sorte de reflet littéraire direct de cette activité militante. D'abord distant face à un genre qu'il jugeait mineur, Voltaire saura vite donner au conte une **dimension philosophique.**

La réussite de *Zadig*, en 1747, préfigure déjà tout ce qui fera l'originalité de *Micromégas* ou de *Candide* : l'incarnation romanesque d'une idée, la richesse d'un imaginaire des lieux et des situations, la portée d'une ironie sans cesse en éveil, la qualité, enfin, d'une écriture.

Les *Contes* représentent sans doute la part la plus vivante de cette œuvre immense, à laquelle s'ajoute une correspondance aussi riche que monumentale. Voltaire laisse là l'image d'une satire géniale, d'un esprit ironique, moins inventeur que critique. Les *Contes* font quelque peu oublier l'attachement profond de leur auteur aux valeurs formelles du classicisme. Ses tragédies —

dont *Zaïre* seule est encore jouée — témoignent de cette fidélité, qui tempère la légende façonnée par la Révolution autour de l'« apôtre de Ferney ».

Voltaire connut la plus grande partie du siècle. Son œuvre regarde autant vers le passé que vers l'avenir. Et son intérêt essentiel fut peut-être de poser les seules questions qui devaient relier ce passé à cet avenir.

Il interroge ses contemporains avec une passion lucide. Face à cette interrogation, les réponses qu'il propose n'importent que modérément.

Quand la gloire suscite le Kitsch...

Diderot (1713-1784)

Rien de la complexité et des contradictions de la pensée des lumières n'a été étranger à Denis Diderot. Cette « fureur d'étude », cette « curiosité effrénée » du premier des hommes de lettres (il vit de sa plume sans rien devoir aux complaisances ni aux compromissions) définissent une œuvre portée vers tous les savoirs et toutes les interrogations.

Père de l'encyclopédisme, Diderot reste aujourd'hui l'un des écrivains les plus représentatifs de son siècle ; moins peut-être pour les débats d'idée qui fondèrent alors son autorité (*Lettre sur les aveugles,* 1749, *Le rêve de d'Alembert,* 1769, *Essai sur les règnes de Claude et de Néron,* 1778), qu'en raison de ses ouvrages d'imagination (*Le neveu de Rameau,* 1762, *Jacques le fataliste,* 1773).

Au centre des débats du siècle, la pensée de Diderot constitue, par son audace et les contradictions qu'elle soulève, une avancée extrême, tendue vers le XIXe siècle.

● La philosophie

En désaccord avec le déisme prudent de Voltaire, Diderot adopte, face au problème religieux, la position du nouveau matérialisme. Ni Dieu ni âme, dit-il. Le monde se crée lui-même, en un devenir incessant. En cela, Diderot apparaît comme le véritable représentant de l'athéisme.

● La politique

S'il semble avoir été l'un des tenants du « despotisme éclairé », c'est-à-dire d'une monarchie où les élites intellectuelles contribuent à la prospérité de l'Etat, l'exemple de Frédéric II lui ôte bien vite ses illusions sur la vertu des tyrans, comme en témoignent ses *Pages contre un tyran,* écrites (sans être publiées) en 1770. C'est à partir de cette date que sa pensée politique semble se radicaliser : la méditation sur les misères du peuple d'une part, ses analyses sur les mécanismes économiques d'autre part, laissent pressentir les bouleversements révolutionnaires à venir.

● Le tourment de la morale et la question du bonheur

Qu'il parle de religion, qu'il traite de politique, Diderot en revient toujours en fait à interroger la possibilité **d'une morale** : « Un traité de morale, écrit-il, eût été l'ouvrage à mon gré le plus intéressant et le plus important à faire. » Ce traité, il en a disséminé les articles tout au long de son œuvre.

L'originalité essentielle de la réflexion morale chez Diderot consiste à démontrer la complexité du problème moral. Face à la variété des morales dans les sociétés humaines, il met en avant une valeur universelle unique : le bonheur. « Le chemin du bonheur est le chemin même de la vertu », dit-il. **Sa morale**

est fondée sur la distinction entre bienfaisance et malfaisance. Diderot, à l'inverse de Rousseau, ne considère pas que l'homme est corrompu par la société. Il peut au contraire, selon lui, trouver en elle le bonheur individuellement et collectivement. « Toute l'économie de la Société humaine est appuyée sur ce principe général et simple : je veux être heureux ; mais je vis avec des hommes qui comme moi veulent être heureux également, chacun de leur côté. Cherchons le moyen de procurer notre bonheur en procurant le leur, ou du moins sans jamais y nuire. »

Morale optimiste, si l'on veut, en tout cas marquée par l'**altruisme** et l'**énergie** : les héros romanesques de Diderot n'en oublient pas les principes.

• Une pensée de dialogue

On est frappé par l'abondance des contradictions qui parcourent les œuvres philosophiques de Diderot. Non que la pensée y soit incohérente, mais Diderot énonce plusieurs vérités, pour choisir finalement, s'il le peut : c'est comme si les idées s'ordonnaient en s'affrontant.

D'où sa **prédilection pour le genre du dialogue.** Le *Paradoxe sur le comédien*, 1773, *Entretien entre d'Alembert et Diderot*, 1769, *Entretien sur le fils naturel*, 1757, *Supplément au voyage de Bougainville*, 1772, *Le neveu de Rameau*, 1762, *Jacques le fataliste*, 1773, autant d'œuvres écrites dans cette forme dialoguée, version littéraire du plus raffiné des arts de ce siècle : la conversation.

Libre expression d'une pensée divisée, **le dialogue traduit la vie de la pensée** : des idées, mais aussi des sentiments, des émotions, des passions qui enflamment soudain le discours et qui en infléchissent la lecture.

• L'expérience esthétique

Ce dialogue de l'esprit, du cœur et des sens trouvera son terrain d'élection dans l'esthétique.

○ Le théâtre

Le théâtre de Diderot, qui inaugure le drame domestique bourgeois, est devenu presque illisible et n'est plus joué.

C'est dans le domaine théorique que son expérience est la plus fructueuse, avec le *Paradoxe sur le comédien*, dialogue qui pose la question de l'adhésion du comédien au rôle qu'il joue. Chemin faisant, Diderot aborde quelques-uns des problèmes qui sont encore aujourd'hui ceux du théâtre.

○ La peinture

Les *Salons* témoignent de l'intérêt que lui portait Diderot. Parfois partiaux, ces textes ont le mérite de décrire l'évolution des goûts à la fin du siècle, en faveur du réalisme bourgeois et du lyrisme intime (voir l'*Eloge de Greuze*).

Lire Diderot aujourd'hui, c'est :

○ se replacer au cœur de tous les débats du XVIIIe siècle ;

○ épouser l'appétit encyclopédique d'une pensée portée par l'optimisme, et vouée à embrasser la totalité du réel ;

○ assister à l'invention de nouveaux genres littéraires ;

○ voir naître un soupçon insidieux sur le rôle du roman, qui pèsera jusqu'à notre temps.

Quand Le neveu de Rameau *devient théâtre : intimité et jouissance de la conversation.*

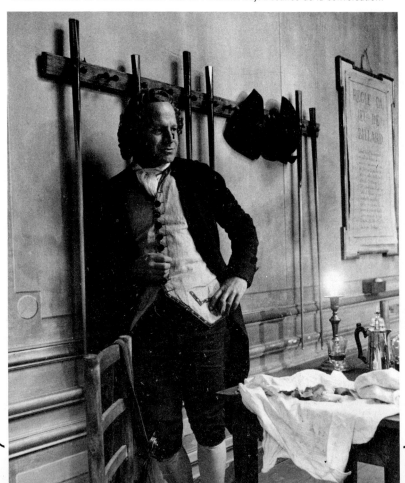

Rousseau (1712-1778)

L'œuvre de Jean-Jacques Rousseau se situe en marge de l'esprit des Lumières. Cette situation lui donne un double privilège :

— échapper aux vues toutes faites et aux lieux communs de l'idéologie ambiante ;

— poser en des termes nouveaux toutes les questions sur lesquelles les Lumières avaient achoppé ;

cette œuvre complète l'esprit du siècle en l'inclinant vers une ère nouvelle de la pensée, dont le XIXe siècle verra l'avènement.

● La solitude

Une solitude recherchée et subie

L'homme Rousseau fut, au long de sa vie, ce « promeneur solitaire », parfois effarouché par la foule de ses admirateurs ou de ses ennemis, plus souvent retiré dans une nature qu'il peuple de ses « chimères ».

La solitude a pour lui deux significations fort différentes :

recherchée comme une originalité, comme une « distinction », elle conduit aux actions spectaculaires, aux « réformes » comme il le dit, ou à la création : celle de l'opéra *Le devin de village* (1752), ou celle du *Discours sur les sciences et les arts* (1750) ;

subie, elle s'accompagne du sentiment de persécution et de la certitude du complot ourdi contre lui.

Une pensée déterminée par la solitude

La pensée de Rousseau sur la situation de l'homme dans l'univers sera largement déterminée par cette double forme de solitude : d'un côté – à l'origine –, l'homme de la nature, matériellement autonome et innocent par ignorance ; de l'autre, le citoyen de la société idéale, dont les relations avec autrui, codifiées, font l'objet d'un contrat initial, qui lui permet d'échapper à la dépendance et à l'exclusion.

D'un côté, la méditation sur l'origine : *Discours sur l'origine de l'inégalité,* 1755, *Emile,* 1762, de l'autre la réflexion sur l'idéal : *Le contrat social,* 1762.

● L'édification du système : l'homme originel

La pensée de Rousseau pourrait se ramener à une seule question : **comment passer** – en fait et en droit – **de l'homme au citoyen ?** On a vu l'importance accordée par la philosophie des Lumières à la question sociale et politique. Rousseau refuse toute évidence à l'idée de « société humaine » et pose en face de l'homme social un homme originel qui le contredit. Non que, comme on l'a trop écrit, il cède à l'illusion du bonheur des premiers âges : l'innocence n'est pas la vertu, elle est simple ignorance du bien et du mal. Mais ce modèle anthropologique permet à Rousseau d'introduire la référence à l'état de nature.

○ *L'esprit de système*

Partant de cette notion, originelle et idéale, Rousseau édifie **un système philosophique,** qui place son auteur hors des débats sur la politique ou l'éducation. Rousseau est homme de système. Toute son œuvre se réfère à un ensemble de principes articulés sur lesquels, depuis le *Discours sur les sciences et les arts* jusqu'aux *Rêveries,* il ne variera à peu près pas. A d'autres reviendra le soin d'imaginer les applications et les implications de cet édifice.

○ *Les axiomes du système*

Premier constat, **tout le bien en l'homme vient de la nature, tout le mal de la société.** L'histoire humaine est donc comparable à une chute. Mais, deuxième constat : **« Jamais on ne remonte vers le temps d'innocence et d'égalité,** quand une fois on s'en est éloigné ».

D'où la justification du **compromis :** « Il faut employer beaucoup d'art pour empêcher l'homme social d'être tout à fait artificiel », et le rapprocher de sa condition naturelle.

○ *Les implications du système*

— **Sur l'ordre social.** Rousseau s'attache à mettre en lumière la distinction de l'ordre social et de l'ordre naturel. Ainsi refait-il l'histoire qui conduit l'homme des premiers âges à l'homme en société, et dont le chemin passe par la lutte contre les obstacles naturels, l'avènement de la réflexion, puis de l'orgueil, qui imposent le despotisme. L'issue ne peut en être qu'une réconciliation ; les philosophes commentateurs de Rousseau proposent plusieurs solutions : soit la voie de la révolution (qu'ont retenue Engels et Marx), soit la voie de l'éducation et de la vertu (mise en lumière par Kant). Face à ces dénouements, le « contrat social », consensus raisonnable sur lequel est fondé le règne de la volonté générale, reste hors du temps (se situe-t-il à l'origine ou à la fin de l'histoire des sociétés ?), mais c'est un idéal auquel aspireront tous les idéalistes de la révolution à venir et leurs descendants.

— **Sur les principes d'éducation.** Lorsqu'il concevait *Emile,* Rousseau faisait suite à d'illustres devanciers, dont le souci n'était plus uniquement, comme pour Fénelon dans *Télémaque,* de parachever l'éducation des princes. Reprenant les prémisses sur lesquelles repose son système de l'ordre social, il en tire des conséquences pédagogiques : si l'homme naît bon, l'éducation doit l'éloigner des influences corruptrices. D'où l'importance de l'« éducation négative », dont l'objectif revient à « fermer l'entrée au vice ».

Émile/Jonas, qui aura 20 ans en l'an 2000.

L'originalité de Rousseau consiste à construire à partir de là non un traité, mais un roman : la part d'imaginaire qu'implique cette pédagogie, conçue par l'exemple et en acte, et peu soumise aux énoncés théoriques, explique le succès et la postérité de l'ouvrage.

● *La conscience de soi*

Si logique et cohérent que soit l'ensemble du système, il s'achève pourtant, face à la question de la religion et de la morale, par un renoncement à la raison. Point de raison, point de philosophie, point de métaphysique qui tiennent face à la flamme de la « lumière intérieure ». Il existe chez l'homme **une voix du sentiment intérieur,** une conscience qui à la fois nous instruit de l'existence de Dieu, et nous indique la voie du bien. Si d'aucuns s'en détournent, c'est « parce qu'ils ne veulent pas la connaître ». « Conscience ! Conscience ! instinct divin, immortelle et céleste voix ; guide assuré d'un être ignorant et borné, mais intelligent et libre ; juge infaillible du bien et du mal, qui rend l'homme semblable à Dieu, c'est toi qui fais l'excellence de sa nature et la moralité de ses actions. »

● *L'anti-philosophe*

Rousseau fut un anti-philosophe dans sa vie d'abord, par les différends qui l'opposèrent à Voltaire, à Diderot, à Hume ; ensuite en repensant la plupart des questions sur lesquelles les beaux esprits du siècle s'accordaient ; il le fut enfin en délimitant le règne du rationnel, et en réintroduisant, à l'intérieur du système de ses idées, la part due à l'imagination.

Rousseau et l'art autobiographique :
Confessions et Rêveries

● Un livre fondateur

On a souvent fait des *Confessions* de Rousseau **le livre fondateur du genre autobiographique*** en France. De fait, réunissant en une même démarche la tradition religieuse des confessions et la revendication d'un Moi qui évolue dans sa durée, les douze livres des *Confessions* constitueront une référence obligée pour tous ceux qui, comme Rousseau, tentèrent de se peindre. Il affiche d'ailleurs, dès les premières lignes, la singularité de son entreprise : « Je forme une entreprise qui n'eut jamais d'exemple et dont l'exécution n'aura point d'imitateur. »

● La tradition autobiographique

Les *Confessions* s'inscrivent dans une tradition autobiographique, dont Rousseau n'ignorait pas les œuvres majeures : des *Pensées* de Marc-Aurèle aux *Essais* de Montaigne, en passant par les *Confessions* de saint Augustin. En outre l'autobiographie a joué, dans le domaine religieux, un rôle particulièrement important, et la confession rousseauiste constitue une sorte de version sécularisée des vies de saints, de fondateurs d'ordres et de sectes, ou de jansénistes.

Ce que les *Confessions* et dans une certaine mesure aussi les *Rêveries du promeneur solitaire* apportent à cette tradition, c'est **un nouveau point de vue sur le Moi.**

● Confession et confidence

Alors que les *Confessions* de saint Augustin se plaçaient sous le regard de Dieu, le texte de Rousseau s'adresse à l'humanité laïque, l'acte de confession se rapproche de la confidence. Les appels au lecteur (« Lecteur sensé, pesez, décidez ; pour moi, je me tais ») entretiennent cette **proximité d'une voix** qui constitue la qualité la plus singulière de l'écriture des *Confessions* et des *Rêveries.*

● L'universalité de la nature

Contrairement à celui de Montaigne dans les *Essais*, le propos de Rousseau n'est jamais de portée philosophique. Son but n'est pas de faire partager une sagesse, mais de **construire l'image d'un sujet** — Jean-Jacques — à la fois singulier et enraciné dans l'universalité de la nature : « Je veux montrer à mes semblables un homme dans toute la vérité de la nature. »

● La hantise du jugement

Comme Marc-Aurèle, comme Montaigne, Rousseau aspire à la vérité. Mais, à la différence de ces modèles philosophiques, les *Confessions* en appellent à une vérité des intentions, qui relève plus de la justice que de la métaphysique.

« Je viendrai, ce livre à la main, me présenter devant le souverain juge », dit Rousseau. L'image du jugement dernier est plus qu'une métaphore. C'est elle qui inspire tout le propos, et transforme la confession en justification. Lorsqu'il rappelle, non sans émotion, les moments les moins honorables de son existence – comme l'épisode du ruban volé au livre second –, **Jean-Jacques est comptable devant son public de la pureté de ses intentions.** Ainsi les *Confessions* ne prennent-elles tout leur sens que si on les situe dans le sentiment de persécution et la hantise du complot qui marquèrent pour Rousseau les quelque cinq années de leur rédaction.

● Une ambition de lucidité

Derrière ce récit d'une vie, c'est aussi la connaissance d'un « cœur » qui est en jeu, autrement dit une ambition de lucidité. Cette alternance de temps forts et de lacunes, inscrits dans une durée, fournit les instruments d'une analyse de

Entre promenade et errance, entre rêverie et cauchemar.

soi. Et l'on ne saurait surestimer l'apport des *Confessions* à la réflexion psychanalytique. Ainsi, la fessée jadis donnée par Mademoiselle Lambercier, dont Rousseau découvre la jouissance qu'elle lui procure, n'a pas manqué d'être analysée comme une pulsion masochiste typique.

• *Actualité des* Confessions

Contrairement aux prévisions de leur auteur, les *Confessions* connurent plus d'un lendemain prestigieux. L'autobiographie en France, qu'elle passât par Proust, par Gide avec *Si le grain ne meurt*, ou par Sartre dans *Les mots*, ne put jamais les oublier tout à fait, même si c'était pour mettre en doute leur portée. Transparente ou pas, fidèle ou mensongère, cette écriture anxieuse devait poser la question des chances de survie du Moi lorsqu'il s'engage dans les mots. Cette question, c'est une de celles auxquelles le XXe siècle n'a pas encore fini de répondre.

Itinéraires

Jean-Jacques Rousseau (1712-1778)

Errance, solitude et fuite
Fuite de Genève (1728) ; aux Charmettes, chez Mme de Warens (1728-1742) ; à Paris (1741-1749), ensuite à l'Hermitage, chez Mme d'Epinay (1756-1757) ; Montmorency (1758-1762), proscrit, réside à Môtiers, en Suisse (1762-1770). Solitude à Paris (1770-1778), meurt à Ermenonville (1778).

Œuvres
La nouvelle Héloïse (1761) ; *Le contrat social* (1762) ; *Émile* (1762) ; *Les confessions* (1765-1770) publié après sa mort. Les *Rêveries du promeneur solitaire* (1770).

Lire Rousseau aujourd'hui, c'est :

○ entrer dans le domaine d'une pensée habitée par une volonté de lucidité ;

○ entrer dans le XVIIIe siècle au moment où il fonde en raison tout ce qu'il n'était jamais parvenu à penser complètement : le social, l'art, la langue, l'éducation, autrui ;

○ entrer dans l'ère de la littérature du moi ;

○ entrer dans le champ d'attraction d'une personnalité complexe.

Le développement d'un genre : le roman

S'il n'était qu'un trait à retenir de la littérature du XVIIIe siècle, ce serait sans doute l'essor du genre romanesque. La production de romans atteint des proportions considérables (près de la moitié des publications). Elle touche des milieux de plus en plus larges, et sa diffusion représente un marché si prospère que les libraires ont du mal à en satisfaire les exigences. La création des « cabinets de lecture », où l'on peut louer des romans à la semaine, au jour, voire à l'heure, facilitent l'accès à l'écrit. On y fera queue pour lire *La nouvelle Héloïse*.

• Un goût pour la vraisemblance

Le XVIIe siècle avait vu fleurir les romans héroïques et leurs univers de fantaisie. Las de tant « d'extravagances », l'honnête homme du Siècle des lumières souhaitera voir satisfaire son goût nouveau pour l'histoire.

La vraisemblance : tel est le mot d'ordre imposé par l'esprit bourgeois naissant, qui aime à se contempler dans les œuvres qu'on lui soumet. Au lieu des aventures « hors du vraisemblable », on aspire à un « tableau de la vie humaine ». Voilà pourquoi les lecteurs de ce siècle se montrent si friands de romans par lettres. Point de technique qui entretienne mieux l'illusion de la vérité historique. Elle avait été perfectionnée par Richardson dans *Pamela*, vite apprécié en France ; et Diderot, Voltaire, Rousseau ne manqueront pas de sacrifier à leur tour au goût du roman épistolaire.

• Un lieu de débat

A la suite des Anglais, les Français sauront faire du genre romanesque un lieu de débat, et parfois même une leçon philosophique. C'est le cas des romans d'éducation, comme *Emile* de Jean-Jacques Rousseau. Et la controverse si brûlante sur l'opposition entre la civilisation et la nature, par exemple, n'aura pas de plus profonde résonance que dans les décors et les intrigues romanesques du *Supplément au voyage de Bougainville* (Diderot) ou de *L'ingénu* de Voltaire.

• Un lieu d'égarement

A la recherche de l'émotion, le genre offre un terrain de choix, où le souci du pittoresque (représenté dans *Jacques le fataliste* de Diderot) le dispute au pathétique des situations et des caractères. Sur ce terrain s'affrontent bons et mauvais sentiments : et c'est tant mieux si la réussite est conciliable avec le grand cœur : les valeurs bourgeoises restent sauves.

Parfois, les « égarements du cœur » conduisent à des émois plus charnels. S'il est souvent moralisant – et c'est même là son but avoué : « l'ouvrage est un traité de morale, réduit agréablement en exercice » dit l'Abbé Prévost à propos de *Manon Lescaut* –, le roman du XVIIIe siècle n'en est pas moins fréquemment porté au **libertinage**. Diderot, dans *Jacques le fataliste*, Voltaire dans *Candide,* Crébillon, Restif de La Bretonne n'échappent pas à la tentation des amours lestement décrites. Qu'elle soit critique ou complaisante, l'allusion aux ébats amoureux est un trait d'époque. Il conduira aux romans du Marquis de Sade, qui constituent une sorte d'avancée maximum, dans le style personnel et tragique, d'une floraison de récits libertins ou même franchement pornographiques, dont les plus représentatifs sont ceux du futur tribun Mirabeau.

A s'aventurer dans ces allées sulfureuses, le roman découvrira bientôt les pouvoirs insoupçonnés de la passion. Il s'appellera « roman noir » et entrera dans l'aire du merveilleux ou du fantastique, préservant ainsi toute une part de l'imaginaire qu'aurait pu anéantir le combat des « lumières » contre la superstition.

Lesage (1668-1747)

Lesage recueille un héritage romanesque varié dont il compose une forme originale. *Le diable boiteux* (1707) et surtout *L'histoire de Gil Blas de Santillane* (1715-1735) se rattachent à la fois à la tradition de Molière et à celle des romans picaresques espagnols. On aime, dans ces interminables récits, le pittoresque et l'aventure qui ballottent des personnages sans consistance, mais sans cesse renouvelés.

Marivaux (1688-1763)

En plein accord avec l'esthétique du premier XVIIIe siècle, *La vie de Marianne* (1731-1741) et *Le paysan parvenu* (1735) allient avec virtuosité l'« esprit de finesse » cher aux précieux de naguère – dont Marivaux est l'un des héritiers – et la vraisemblance si prisée par les nouveaux dévoreurs de romans.

● *L'art de la finesse*

Marivaux romancier utilise le langage comme un instrument privilégié, destiné à révéler la subtilité des cœurs et des esprits. Conçus comme des mémoires, ses deux grands romans donnent **une place primordiale à la vie morale,** c'est-à-dire à la nature subtile des rapports qu'entretient le sujet avec le monde de ses contemporains, et même avec son narrateur. Avant Rousseau et ses *Confessions,* Marivaux explore les profondeurs de la psychologie.

● *L'avènement du roman moderne*

Marivaux invente, dans *La vie de Marianne* comme dans *Le paysan parvenu,* une version moderne du roman d'apprentissage. En effet, tous deux racontent, chacun à sa façon, l'ascension imprévisible d'une personnalité déshéritée : une orpheline, un paysan. Au fil des aventures, des rencontres, des retournements de fortune, apparaît déjà ce qu'on retrouvera dans le roman balzacien ou stendhalien : **la conquête du monde et ses enseignements.**

En centrant l'action sur des personnages peu favorisés socialement, Marivaux se situe dans une lignée qui, de Lesage à Restif de La Bretonne, consacre **l'avènement du tiers-état** en littérature. La sympathie qu'il voue aux êtres dont il décrit la promotion (on lui ferait volontiers dire, comme Flaubert pour Madame Bovary : « Marianne, c'est moi ! ») définit la portée historique du propos ; elle place l'œuvre romanesque de Marivaux dans une perspective pré-révolutionnaire.

Antoine-François (Abbé) Prévost (1697-1763)

L'Abbé Prévost lègue une œuvre romanesque importante, dont *Manon Lescaut* n'est qu'une partie émergée : *Mémoires et aventures d'un homme de qualité,* sept tomes de 1728 à 1731 ; *Cleveland,* de 1731 à 1739 (huit tomes), *Le doyen de Killerine* et surtout *L'histoire d'une Grecque moderne* en 1740 et *Les mémoires d'un honnête homme,* sorte de testament romanesque et philosophique.

● La véritable histoire du chevalier Des Grieux et de Manon Lescaut *(1731)*

L'histoire du chevalier Des Grieux transpose dans le roman l'itinéraire personnel de son auteur. Le destin de Des Grieux, chevalier, abbé, puis simple bourgeois, est en effet marqué, comme celui de l'Abbé Prévost, par la rupture avec ses origines sociales : il fuit également la carrière militaire et la carrière religieuse, seule alternative qui se présentait à tout homme bien né, à tout homme « de qualité ».

Le héros de l'Abbé Prévost est, plus encore que son auteur, un homme sans qualité : il épouse, à travers l'emprise de la passion, la carrière d'un bourgeois ; abandonnant les valeurs de son ordre, il se mesure à celles du monde « réel » : l'argent, le savoir-faire, la duperie.

Son itinéraire prend la signification d'**une ascèse qui met l'homme nu aux prises avec le monde.** Des Grieux brise son épée auprès de Manon défunte pour lui creuser une tombe ; il rejette encore ce dernier intermédiaire symbolique pour creuser la terre à mains nues.

Manon/Deneuve version 70.

● *La Loi du Monde*

En parcourant vers le bas tous les états de la société, Des Grieux en livre un miroir en creux. Descente aux enfers de la comédie sociale, son périple dresse **un tableau des dérèglements de l'époque** (passion du luxe, des maîtresses, du jeu...) ; mais il est en même temps un apprentissage du monde et de la convoitise dont la loi régit toutes les passions et tous les vices.

Le personnage de Manon Lescaut est une figure emblématique du roman : chacun des épisodes met en évidence la noblesse de son apparence et en fait le point de ralliement de multiples désirs. Attachée au luxe, Manon résume, dans un même personnage, l'antagonisme radical entre le vice et la vertu, la noblesse et la vilenie, la vérité et l'apparence.

● *Un pessimisme moral et politique*

Marivaux, dans *La vie de Marianne,* décrivait le parcours d'une héroïne, à la recherche de son origine, qui finit par être récompensée d'une conduite irré-prochable ; *Manon Lescaut* peut se lire comme un contrepoint pessimiste à ce roman. L'enracinement de la vertu dans un au-delà garant de la perfection est renversé par l'histoire de Des Grieux et de Manon : l'aventure des deux héros d'origine noble s'achève par **la perte de toute identité** dans un non-lieu géographique et social, la Nouvelle-Orléans. La forme du récit, écrit à la pre-mière personne, ne fait qu'augmenter la distance entre le sentiment de soi et le spectacle de sa propre histoire : « Par quelle fatalité, disais-je, suis-je devenu si criminel ? L'amour est une passion innocente ; comment s'est-il changé, pour moi, en une source de misères et de désordre ? »

136

Jean-Jacques Rousseau et La nouvelle Héloïse

En s'intéressant au genre romanesque, Rousseau allait en repenser les formes. C'est ce qu'il fit dans cet étonnant chef-d'œuvre à succès que fut *La nouvelle Héloïse* (1756).

● *Les modèles*

Si l'entreprise sut plaire, c'est d'abord qu'elle n'était pas totalement novatrice. Le titre, *Julie ou la nouvelle Héloïse,* annonçait d'emblée que le personnage central et la situation qu'il illustrait, renvoyaient à un modèle connu de l'histoire littéraire : le mythe d'Héloïse et Abélard. Le lecteur Rousseau, en outre, était nourri des grands romans du siècle passé, et en particulier de *L'Astrée.* Enfin, sacrifiant au goût du temps, Rousseau opta pour le genre, familier à tous ses contemporains, du **roman épistolaire.**

● *Une œuvre de la totalité*

En faisant exister des « créatures selon son cœur », Rousseau utilisait la liberté du genre romanesque pour transcrire en faits et en images les articulations de son système moral. Le rôle que jouent dans le livre les personnages chargés d'incarner la vertu, l'importance des débats intérieurs, l'étrangeté de certaines situations, n'ont de sens que par rapport à ce traité absent dont *La nouvelle Héloïse* a pris la place. Ce roman, avec ses développements sur la cité ou sur la religion, constitue **une somme illustrée du système rousseauiste dans son ensemble.** *La nouvelle Héloïse* est **une œuvre de la totalité,** où s'abolit la frontière entre la pensée et l'imaginaire.

Car telle en est la nouveauté : ce flot d'images inusitées, cette prise en compte de la nature, cet univers anti-urbain qui confèrent au monde de *La nouvelle Héloïse* une lumière équivoque, située à mi-chemin entre origine et idéal. Nourrie d'objets, de sensations, d'émotions inconnus de la philosophie des lumières, l'écriture de Rousseau relie, dans l'expérience humaine, le système et sa poésie.

● *Un roman de la durée*

La grande affaire de *La nouvelle Héloïse* est bien d'atteindre à la transparence des âmes et des cœurs. Mais la clarté reste à conquérir. Bien que les personnages n'aient d'autre préoccupation que de **voir clair** au fond d'eux-mêmes, jamais toute l'obscurité n'est dissipée.

Voilà pourquoi les créatures de Rousseau s'inscrivent dans une durée. Leur temps est celui d'un développement. Pour la première fois dans l'histoire du roman, les personnages évoluent au fil d'un texte. Pour la première fois, des êtres épris de lucidité sondent leurs ténèbres, et sont transformés par ce regard. Roman de la totalité, *La nouvelle Héloïse* apparaît donc aussi comme un roman de la durée.

• L'unité d'une personnalité

Totalité d'une pensée, épaisseur d'un temps : ce qui donne à l'ensemble sa cohérence, c'est qu'il renvoie à l'unité d'une personnalité. *La nouvelle Héloïse,* en effet, puise sa substance aux racines de l'autobiographie : Saint-Preux, le héros masculin, n'est qu'un porte-parole de Rousseau lui-même, et les décors de Clarens, où se déroule le roman, ne sont pas différents de ceux des *Rêveries du promeneur solitaire.* C'est ainsi que l'ont compris les lectrices émues du XVIIIe siècle ; c'est ainsi que nous le lisons encore, curieux, non plus comme elles l'étaient, de l'homme qui nourrissait si bien leurs rêveries, mais d'une écriture où, pour la première fois, comme il le dit lui-même, **un homme s'expose** « dans toute la vérité de la nature ».

Diderot le « fataliste »

• Une esthétique de l'excès

L'esthétique romanesque de Diderot se situe du côté de l'excès, de la discontinuité et de **l'exploration des possibles du roman.**
Excès, par exemple, des malheurs qui s'abattent en série sur l'infortunée Suzanne dans *La religieuse ;* excès des aventures amoureuses et guerrières qui traversent le récit de *Jacques le fataliste.* Partout la vraisemblance est oubliée au profit d'une dimension proprement épique (dans *Jacques le fataliste*) ou visionnaire (dans *La religieuse*). Ce qui importe plus que le réel et la vérité, aux yeux de Diderot, c'est l'impression. Et à cet égard, ses romans comptent parmi les plus fortement imagés du XVIIIe siècle.

• Une esthétique de la discontinuité

On a longtemps reproché aux romans de Diderot une trame discontinue, voire décousue. Il manquait au *Neveu de Rameau,* selon la critique, une vision unitaire – le parti de Diderot – qu'on pût attribuer à l'un des deux protagonistes. Mais c'était oublier cette condition de l'écriture chez Diderot, qui veut que la vérité revête plusieurs formes. Sa pensée est fragmentaire, rythmée, déployée. Elle admet **la pluralité des voix.** C'est aussi pourquoi Diderot montre une telle prédilection pour le dialogue.

• Une esthétique « ouverte »

Suivant en cela la leçon des grands romanciers anglais de son siècle (et en particulier de Richardson), il étend **un soupçon généralisé sur le statut du genre romanesque.** Diderot s'ingénie, avec l'esprit de liberté et d'invention qu'on lui reconnaît, à démonter le rapport du lecteur à son texte, à ébranler les fondements de la vraisemblance, à ironiser sur son rôle d'auteur. Il en

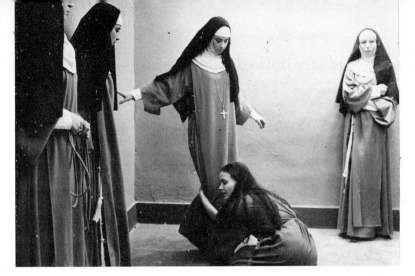

Quand le libertinage devient beauté sévère.

ressort **une œuvre insaisissable et décapante,** une de ces réflexions en sous-main sur le roman qui, par-delà l'épopée balzacienne, relient *Le neveu de Rameau* ou *Jacques le fataliste* à James Joyce, au nouveau roman, à ces jeux de la fiction qu'instaurent Borges, et plus près de nous encore, Milan Kundera ou Italo Calvino.

A partir de Diderot, c'est **le rapport de l'écriture romanesque avec le monde,** qui se trouble : « Dis la chose comme elle est », ordonne le Maître ; et Jacques, pour Diderot lui-même cette fois-ci : « Cela n'est pas aisé »...

Points de repère

Jacques le fataliste

Cette œuvre appartient autant au genre romanesque qu'à celui du dialogue philosophique. Au cours d'un long voyage, dont on ignore le but et la raison, un valet – Jacques – et son maître vivent une suite d'aventures nées du hasard de la route. Ces aventures nourrissent un dialogue ininterrompu entre les deux protagonistes ; elles rappellent à Jacques d'autres événements – en particulier ceux de sa vie amoureuse. Et ainsi, de rencontres en hasards, de récits en controverses, les deux voyageurs tissent une sorte de roman philosophique à la fois vivant et profond, où l'art de Diderot se cache derrière une apparence de laisser-aller. En fait, ce laisser-aller n'est que l'occasion que se donne Diderot de développer quelques-unes des réflexions qui lui sont chères sur l'ordre social, la justice et l'injustice, la corruption de l'aristocratie et la pantomime de la marionnette humaine.

Laclos et Les liaisons dangereuses

Les liaisons dangereuses, de Choderlos de Laclos, paraissent en 1782, vers la fin de ce siècle qui, en quelques années est passé, comme le dit Jean Starobinski, « des menus plaisirs au plaisir noir », « de l'escarpolette à l'échafaud ». L'œuvre − la seule qu'on retienne aujourd'hui parmi la mince production de son auteur − reflète cette lente évolution, et la fixe en son dernier état : sorte de testament spirituel du XVIIIᵉ siècle, elle est le fruit d'une conscience qui a traversé à la fois le rationalisme des lumières et la sensibilité rousseauiste pour parvenir à la morale d'un monde sans illusion et sans espoir, ami des libertins.

● *Un récit de stratégie*

La Marquise de Merteuil et le Vicomte de Valmont forment un couple scélérat où chacun prend l'autre à témoin de son ingéniosité dans le mal. Merteuil tente, pour se venger d'un ancien amant, de pervertir l'innocente Cécile Volanges. Valmont, lui, se met en tête de séduire par fantaisie ce bastion de vertu qu'est la Présidente de Tourvel. Cécile et la Présidente se retrouvent chez la tante de Valmont ; les deux intrigues se nouent ; on voit se dessiner les frontières d'une petite société fermée sur le monde, qui en résume toutes les incertitudes.

● *Un roman né de l'ennui*

L'échange de lettres entre les protagonistes permet d'entretenir à la fois l'illusion de vérité, la distance réflexive et la confidence amoureuse. Chacun a son style et son ton. Ainsi se crée, par la superposition des voix, par la confrontation des points de vue, **une nouvelle épaisseur :** non plus, comme dans *La nouvelle Héloïse*, celle d'un temps positif qui transforme les cœurs, mais plutôt **celle d'un temps opaque, sans issue, immobile et dépourvu de sens.** Univers désabusé, donc, où le seul divertissement se réduit aux jeux d'une volonté capricieuse qui ne se fixe sur rien.

Le dénouement du roman, sorte de naufrage général, achève de donner à cette écriture du plaisir et de l'ennui mêlés, la touche tragique qui restera pour nous l'emblème du dernier XVIIIᵉ siècle.

Laclos adapté par Vailland : d'un libertinage l'autre...

Pour aller plus loin...

La lettre, une arme
à double tranchant

La lettre est l'arme essentielle, mais toujours à double tranchant. Elle doit obliger l'autre à s'« exposer », mais elle « expose » aussi son auteur, qui, menant cette guerre d'alcôve, pourra d'autant moins s'empêcher d'écrire, d'autant moins garder le contrôle de ce qu'il écrit, que cette lettre sera l'occasion par excellence de rêver de cette victoire, de cette gloire à laquelle il sacrifie tant.

Pour le bourgeois Laclos qui rêvait de noblesse, n'ayant pu se faire un nom par les armes, exaspéré d'être cloué à l'île de Ré alors qu'il était volontaire pour aller libérer l'Amérique, la solution alors est d'écrire un roman, d'« exposer » la totalité de cette aristocratie parisienne, par des lettres qu'on pourra attribuer à n'importe lequel de ces arrivistes, de ces fausses prudes..., ce qui le fera apparaître alors comme le seul vrai noble, au milieu de cette parodie démasquée, seul héritier des guerres et des amoureux d'autrefois.

MICHEL BUTOR, *Sur Les liaisons dangereuses, Répertoire II*, Minuit.

Donatien-Alphonse-François de Sade (1740-1814)

On continue d'accorder à Bernardin de Saint-Pierre l'importance qu'on refuse au Marquis de Sade, car souvent ces deux disciples de Rousseau ont été comparés.

Ils représentent deux faces de notre perception du dernier XVIIIᵉ siècle. L'une est claire et morte : celle de l'exotisme selon Bernardin ; l'autre est trouble et plus vivante que jamais : celle de l'érotisme du « divin marquis ».

• Le plaisir et la douleur

Du modèle sadien, le langage a retenu un mot : le sadisme. De fait, Sade est le premier à fixer en concepts et en images — mais dans le souvenir de la célèbre « fessée » de Rousseau — ce qu'on peut appeler **le plaisir de la souffrance**. Justine, l'une de ses héroïnes, est l'exemple même de ces victimes perpétuelles de la vertu — d'où les titres des *Infortunes de la vertu*, ou de *Justine ou les malheurs de la vertu*, (1791) —, dont les souffrances organisées et raffinées sont décrites avec la plus subtile complaisance. Obsédée par cette mise en scène de la perversion, la critique a, jusqu'à une date récente, voué Sade au mépris, de la même façon que ses contemporains l'avaient enfermé à la Bastille. Il fallut attendre les réhabilitations tardives et les lectures lucides des surréalistes d'abord, puis de Georges Bataille, de Pierre Klossowski et de Maurice Blanchot, pour que certaines œuvres, échappées aux flammes des différentes censures, soient enfin livrées au public et considérées comme elles le réclamaient.

• Une vision du monde

Les récits romanesques de Sade ne se distingueraient pas de la masse des ouvrages érotiques du XVIIIᵉ siècle, s'ils ne faisaient l'objet d'**une écriture** aussi fortement **personnelle** que celle de *Don Quichotte*, des *Mémoires* de Casanova ou du *Pantagruel* de Rabelais.

Sade est d'abord **un conteur**, qui sait admirablement conduire une narration. Comme Diderot, comme Restif de la Bretonne, il procède par épisodes. Ainsi, ses romans constituent-ils, comme les aventures de Casanova, une vision du monde fractionnée, miroitante et haletante.

Quelques grands thèmes, pourtant, l'ordonnent :

— **un pessimisme radical** qui porte Sade vers la conscience du tragique de la condition humaine. Reliée, par cette parenté, au roman noir et au roman illuministe, la vision sadienne ne s'éclaire qu'en de rares instants, vite démentis par le retour obsédant du malheur et de ses rites raffinés ;

Mise en scène : Pasolini/Sade, réalités et pouvoirs de l'imaginaire.

— **un athéisme farouche** accompagne ce pessimisme, dont il est la conséquence logique. Le sombre rôle joué par les ecclésiastiques dans cet univers
de donjons n'a rien de très neuf. Mais il a moins ici vocation de satire face au
clergé, que pouvoir d'incarner le désespoir devant le triomphe du mal ;

— **une méditation morale et métaphysique** qui ouvre sur le désespoir.
Dans la bouche des personnages de *La philosophie dans le boudoir* (1795) ou
de *La nouvelle Justine* (1797), Sade place des dissertations où la cruauté du
geste semble accroître l'acuité de l'esprit. Et loin d'ignorer Dieu et la foi, ces
pages d'un puissant mouvement constituent en fait les plus profondes méditations sur le mal qu'ait produites le XVIIIe siècle.

Les tableaux de mœurs d'*Aline et Valcour* (1795) sont d'un sociologue avant la
lettre ; *Les cent vingt journées de Sodome* (1784) fourniraient la matière d'une
psychopathologie de la sexualité. Mais l'un et l'autre sont, comme l'ensemble
de cette œuvre, d'un des romanciers les plus accomplis du Siècle des lumières
obscurcies.

La dispute : sous la comédie, la violence de la lucidité.

Un théâtre toujours présent : Marivaux

Entre la comédie de mœurs, qui reprend, au XVIIIe siècle, l'ancienne comédie de caractère, et la comédie d'intrigue, Marivaux crée un genre théâtral nouveau, qui n'a pour objet ni la caricature d'un travers, ni le déroulement pur et simple d'une intrigue : la comédie de sentiment, ou comédie d'amour.

● Une comédie ambiguë

Avec Marivaux, la comédie n'est plus fondée sur le comique. Si telle ou telle scène fait intervenir les bouffonneries d'un Arlequin, c'est plutôt comme un divertissement entre deux moments tendres ou pathétiques. A cet égard, le jeu des comédiens italiens, rentrés en France en 1715 après leur expulsion en 1697, répondait exactement à la finesse et aux nuances exigées par le texte de Marivaux. Si la comédie peut apparaître comme empreinte de légèreté, de fantaisie et de romanesque, ce n'est que pour mieux dissimuler la violence des rapports humains qu'elle décrit. Ainsi, **déclarer son sentiment devient le plus grave des enjeux ;** et l'apparent retour à l'ordre final n'enlève rien de l'inquiétude et à l'amertume que la comédie a suscitées.

● Le marivaudage

Déclarer, se déclarer : tel est le principal objet du drame. Ainsi, tout le jeu théâtral repose-t-il sur la conversation. À l'acte se substitue la parole qui doit assumer, du coup, toutes les subtilités de la situation.

L'art du marivaudage, sorte de jeu du désir avec les mots, consiste, pour chacun des personnages décidé à répondre au désir de l'autre, à affecter de ne pas deviner ce désir afin de mieux l'aiguiser. Toute l'aventure du marivaudage est **une mise en scène de l'amour.** Il y faut une langue souple et nuancée, au point de devenir transparente aux sentiments.

Les personnages perdent alors en caractère ce qu'ils gagnent en finesse. L'Orgon de Marivaux n'est plus, comme celui de Molière, l'homme entêté voué à un seul discours ; les personnages du drame s'écoutent mutuellement. De ce que dit leur interlocuteur, ils retiennent un mot que reprendra leur réplique. Il s'ensuit un dialogue miroitant où le sentiment, avant de se déclarer au grand jour, circule entre les phrases et ne constitue guère plus, aux yeux du spectateur, que l'objet insaisissable d'un jeu de langage.

Beaumarchais revisité par Mozart : Les noces de Figaro.

Beaumarchais (1732-1799)

Peu de personnalités, dans la littérature française, qui paraissent mieux en accord avec leur œuvre et avec leur époque que celle de Beaumarchais.

• *Un génie affairiste*

Pierre-Auguste Caron, artisan horloger, est dans tous les sens du terme, homme d'intrigue. Outre son occupation principale, on lui connaît vingt métiers. Sa vie est un tissu d'aventures extravagantes, mêlées de procès, de poursuites, d'emprisonnements, de voyages, d'accusations et de revendications. On le trouve en Angleterre, aux Pays-Bas, en Allemagne, en Autriche, menant partout d'obscurs trafics. Son ambition personnelle est liée à la frénésie de l'affairisme. En cela, le vicomte de Beaumarchais, si fier de sa noblesse acquise, est le type même du bourgeois parvenu.

Au milieu de cette activité fébrile et désordonnée, **la littérature constitue aussi une grande affaire.** Dans cet esprit, Beaumarchais affronte le problème des droits d'auteurs (dont il est le fondateur) ; et, homme de théâtre, il crée la Société des auteurs dramatiques.

● *Une œuvre de fusion*

L'écrivain touche aussi aux affaires de par sa condition économique. Beaumarchais écrit, pour des financiers de son temps, de petites pièces divertissantes et souvent grossières, ses « parades », qui laisseront le souvenir de leurs bouffonneries dans *Le barbier de Séville* (1775), et dans *Le mariage de Figaro* (1784). Peu d'auteurs, d'ailleurs, savent mieux que lui adapter leur style aux circonstances : n'est-ce pas là la plus grande qualité d'un homme d'affaires ? Dans *Eugénie* (1767) ou dans *Les deux amis* (1770), il sacrifie à la mode du drame. Et là, il comprend si bien le goût de son public qu'il en rajoute dans le registre pathétique.

C'est finalement de la fusion de ces expériences que naîtra **le genre nouveau de comédie** qu'il invente dans *Le barbier*. Reprenant toute une part du comique populaire, *Le barbier* n'exclut pourtant pas la grandeur morale des personnages. C'est ce qui fit et fait encore son succès.

● *Une revendication de liberté*

Le personnage de Figaro, dans *Le barbier de Séville*, puis dans *Le mariage de Figaro*, incarne une revendication : le droit, pour les domestiques, d'être reconnus et libres.

« Aux vertus qu'on exige d'un domestique, dit Figaro au comte Almaviva, Votre Excellence connaît-elle beaucoup de maîtres qui fussent dignes d'être valets ? »

Cette hardiesse dans **la satire des institutions sociales** rappelle en plus audacieux, mais en moins corrosif, le ton de Marivaux. Elle ne doit pas tromper pourtant. S'il y a critique, il ne s'agit pas d'appel à la révolte. Beaumarchais critique les travers d'un ordre social qu'il entend perfectionner, non bouleverser, et auquel il reste profondément attaché.

Points de repère

Le mariage de Figaro

Née du succès remporté par le personnage du valet Figaro dans *Le barbier de Séville*, l'œuvre est une mise en scène des grands affrontements sociaux de la fin du XVIIIe siècle : le maître qui croit séduire la fiancée de son valet (Suzanne) est finalement confondu publiquement, pour la joie de Figaro qui finit par épouser Suzanne. L'esprit de Figaro, ses réparties, ses mots, la cocasserie des situations qu'il provoque firent autant pour la réussite de la pièce que sa portée sociale. Mozart ne s'y est pas trompé, qui a trouvé là matière à l'un de ses opéras-comiques les plus achevés : *Les noces de Figaro.*

De l'esprit classique au romantisme : 1778-1820

La période de trente années pendant laquelle la littérature française passe de l'âge classique à l'âge romantique est couramment qualifiée de **pré-romantique**. Elle commence dès la fin du XVIIIe siècle ; on a pu la faire débuter, fort arbitrairement sans doute, à la mort de Voltaire et de Jean-Jacques Rousseau ; elle s'achève vers 1820, l'année des *Méditations poétiques* de Lamartine.

La littérature des dernières années de l'Ancien Régime manifeste tous les signes d'un profond déséquilibre intérieur. Elle vit une période complexe où les aspirations et les idées nouvelles ne peuvent s'exprimer qu'à travers les structures anciennes. Le bouleversement de la Révolution française se bornera à accélérer la venue de ce nouveau monde que la société du XVIIIe siècle finissant commençait à préparer.

● L'homme de lettres

« Le XVIIIe siècle fut un des siècles les plus éveillés du monde. La société française d'avant la Révolution versa dans l'abîme les yeux grands ouverts », écrit Julien Green. En effet la Noblesse, en 1784, fait triompher *Le mariage de Figaro* de Beaumarchais, qui pourtant s'attaque à son autorité et à ses privilèges. Mais Beaumarchais, il est vrai, n'a d'autre intention que « d'amuser nos Français ».

En 1788, la lecture et le commentaire du *Contrat social* de Rousseau, donnés par Marat sur une promenade publique, suscitent les applaudissements et l'enthousiasme populaire. **L'homme de lettres prend place dans la cité** : il doit indiquer au peuple la voie de la sagesse.

● Le langage

Le langage, lui aussi, évolue vite. Les polémiques auxquelles se livrent les orateurs révolutionnaires et des journaux comme *L'ami du peuple* ou *Le père Duchesne*, galvaudent le vocabulaire classique. Le Directoire, puis l'Empire, l'enrichissent à leur tour de mots nouveaux ; et le style concis du *Code civil* élaboré par Napoléon 1er servira de modèle à Stendhal.

● Le pré-romantisme, héritier des lumières

Peu après la mort de Jean-Jacques Rousseau, sa figure acquiert une popularité considérable. Sa pensée imprègne une foule de textes, son portrait se répand partout, son tombeau à Ermenonville devient un lieu de pèlerinage. Et la véritable révolution philosophique débute avec la parution de la *Lettre sur*

Jean-Jacques Rousseau (1788) de Madame de Staël, des *Rêveries sur la nature primitive de l'homme* (1799) de Senancour, et des *Essais sur les révolutions* de Chateaubriand. Chacun de ces titres montre assez la référence au Siècle des lumières.

● *L'influence de l'étranger*

La société française cultivée est **cosmopolite***. Elle s'informe des courants de pensée de ses voisins anglais, allemands, polonais et suisses. L'émigration vient renforcer la circulation des idées à l'intérieur de l'Europe.

De même qu'on a adopté les jardins naturels de l'Angleterre, les discussions littéraires tournent autour de la traduction des œuvres de Shakespeare, que Letourneur commence à publier dès 1776, des *Nuits* d'Edward Young, des poèmes de l'écossais Macpherson, alias Ossian. La découverte du roman noir anglais favorise la création des mélodrames, fertiles en crimes et en larmes, qui sont représentés Boulevard du Temple, bientôt surnommé Boulevard du Crime.

Avant que Germaine de Staël ne publie son étude approfondie *De l'Allemagne* (1810), on découvre le *Werther* de Gœthe, *Les brigands* de Schiller ; et les *Idylles* du Suisse Gessner rappellent les *Promenades* de Rousseau.

Mais le dépaysement, c'est aussi l'Antiquité. Déjà modèle de la littérature depuis des siècles, son influence se trouve renforcée par les voyages à Rome et en Grèce, ou par l'expédition de Bonaparte vers l'Egypte. L'Abbé Barthélémy rapporte de la terre des dieux son *Voyage du jeune Anacharsis en Grèce* ; Volney publie un *Voyage en Egypte et en Syrie*.

Le grand poète de la période, André Chénier (1762-1794) tente de ressusciter l'Antiquité par l'évocation des scènes mythologiques et le retour au langage concis des classiques. Ses *Iambes* (1794), ses *Idylles*, et surtout *La jeune captive* (1794), berceront les rêves de la jeunesse romantique.

● *Le retour à la nature*

Cette exaltation de l'Antiquité n'est pas sans rapport avec le retour à la simplicité et à la nature. « Il semble que le XVIIIe siècle aille de l'artificiel au réel. » (A. Monglond). Parti en effet de son amour du jardin à l'anglaise et des fausses ruines dont il l'ornait, **l'homme préromantique finit par aimer la campagne et l'archéologie.** Bernardin de Saint-Pierre dans *Paul et Virginie* (1788), et Senancour avec *Oberman* (1804) traduisent, après Rousseau, l'attitude nouvelle de l'homme face à la nature. Oberman, perdu dans la contemplation des monts et des glaciers, n'y trouve que le pâle miroir de son âme vide et désolée.

● *Ennui et passion*

Voltaire voit dans l'ennui l'un des grands maux de la société de la fin du siècle, plus fort même que le vice. Mme Du Deffand, Melle de Lespinasse

n'usent des passions que comme diversion à leur ennui. Rousseau sait mieux que personne analyser « ce vide inexplicable que rien n'aurait pu remplir, cet élancement du cœur vers une autre sorte de jouissance dont je n'avais pas idée et dont pourtant je sentais le besoin ». Il n'est pas loin du « Je suis né ennuyé », de Chateaubriand.

● *Le retour à la religion*

L'essence du préromantisme est aussi religieuse. L'esprit classique a provoqué une séparation entre le moi humain et le moi religieux. Rousseau réintroduit dans la vie intérieure une dimension divine en affirmant que la nature et l'homme naturel sont purs. Les sauvages que Chateaubriand rencontre en Amérique ont des mœurs idylliques, et les terres vierges sont considérées comme autant de paradis perdus. L'homme est perfectible, et nombre de sectes (illuministes, théosophes, francs-maçons) s'appliquent à remplacer la religion perdue, tant est vivace, dans cette société, **la recherche de l'absolu**.

● *Subjectivité et égotisme*

Puisque le scepticisme entame les anciennes valeurs, **l'homme ne se préoccupe plus que de son Moi. La grande affaire est de sentir** : sentir la nature, éprouver des passions, et se sentir vivre soi-même. Ainsi, dans la suite directe des *Confessions* de Rousseau, Nicolas Restif de la Bretonne écrit *Monsieur Nicolas ou le cœur humain dévoilé*, Mirabeau, avant Chateaubriand, rédige ses *Mémoires* : le roman sentimental dérive vers l'autobiographie.

A l'observateur distrait, l'esprit de ce tournant de siècle peut paraître trop marqué par l'ère qui s'achève, et trop hanté par celle qui s'annonce. Les bouleversements politiques, d'une rapidité inconnue jusque-là dans l'histoire de la France, lui ont pourtant façonné une tournure complexe, tourmentée et chatoyante qui n'appartient qu'à lui.

André Chénier (1762-1794)

Les *Bucoliques* (1785-1787), les *Elégies*, les *Iambes* (1794), résument l'invention poétique d'un siècle qui n'en connut guère et qui se contenta bien souvent de clichés mythologiques, de recettes lexicales et d'une versification aux effets peu variés.

Trois sources d'inspiration vont installer la réputation de Chénier comme poète :

● *La Grèce*

Il y a une couleur grecque propre à Chénier qu'on découvre dans les *Bucoliques* : cette couleur tient à une science des noms (noms de lieux, souvenirs géographiques, historiques ou mythologiques) et des sonorités (Amphyse, Erymanthe, Pénée, Thespis), capables de mettre en branle l'imaginaire ; elle tient aussi à ces courtes évocations qu'on dirait sorties d'une fête, d'une cérémonie, d'un rite ou bien tirées « de marbre, de pierre et de peinture ».

De cette inspiration grecque, *La jeune Tarentine*, écrite à la manière d'une épigramme et destinée à être gravée sur un tombeau, restera le témoignage le plus célèbre :

> « Pleurez, doux alcyons, ô vous, oiseaux sacrés,
> Oiseaux chers à Thétis, doux alcyons pleurez.
> Elle a vécu, Myrto, la jeune Tarentine. »

● *L'esprit du temps*

Les *Elégies* portent en elles la trace de la sentimentalité de l'époque, le goût pour les bergeries et la tendance à la mélancolie. C'est dans ce dernier registre que Chénier fera œuvre originale, annonçant la manière romantique de dire le sentiment, amoureux notamment :

> « Jeune fille, ton cœur, avec nous, veut se taire
> Tu fuis, tu ne ris plus. Rien ne saurait te plaire. (...)
> Tu n'aimes qu'à rêver, muette, seule, errante »

● *La Révolution*

Les *Iambes* (1792) sont le cri de révolte d'un homme qui, séduit par les premières manifestations de l'esprit révolutionnaire, dénoncera, au nom de la justice et de la tolérance, les errements sanguinaires et l'arbitraire de la terreur, de ses « noirs ivrognes de sang », de ses « bourreaux » barbouilleurs de lois, de ses « hideux scélérats » et appellera sur eux le fouet de la vengeance.

Chénier mourra sur l'échafaud, ouvrant la voix au mythe du jeune et génial poète martyrisé.

Germaine de Staël (1766-1817)

Madame de Staël s'inscrit dans la tradition d'une écriture féminine, qui va de Madame de Sévigné à Simone de Beauvoir ou Nathalie Sarraute. Elle prend aussi place dans une lignée d'*écritures féministes*; et là, elle fait figure de pionnier.

• L'héritage du xviiie siècle

Fille du banquier Necker, le ministre de Louis XVI, elle appartient à la bourgeoisie fortunée qui appellera de ses vœux, en 1789, le bouleversement politique. Elle prendra part elle-même à l'activité révolutionnaire, rêvant de rencontrer l'homme capable d'incarner ses idées.

Dans ce mélange d'action et d'idéalisme, elle témoigne de ce qui la relie au xviiie siècle finissant. Imprégnée de la lecture de Rousseau pour qui elle s'est enflammée – et à qui elle consacre son premier ouvrage, *Lettre sur le caractère et les ouvrages de Jean-Jacques Rousseau*, en 1788 –, Germaine de Staël vivra jusqu'au bout la **contradiction**, propre à sa génération, **entre le désordre des passions et l'ordre rationnel.**

Ainsi ses romans (*Delphine* en 1802, ou *Corinne ou l'Italie* en 1807) sont-ils autant des traités de littérature ou de morale que des œuvres de fiction.

• Le féminisme

Toute l'œuvre de Germaine de Staël est animée par le rythme d'une vie : tantôt la conversation du salon de Coppet, en Suisse, dont la société attirait les beaux esprits de l'Europe entière ; et tantôt la parole en acte, équivalent littéraire de l'action politique que l'égérie de Benjamin Constant tente de mener sous le Directoire et sous l'Empire.

Sa revendication est le plus souvent tournée vers la défense des droits de l'amour, et donc des femmes, qui « n'ont d'existence que par l'amour ».

• Le romantisme

L'une des premières, en effet, Germaine de Staël définit le programme romantique dans deux ouvrages qui demeurent comme autant d'étapes marquantes de l'histoire des idées : *De la littérature* (1800), *De l'Allemagne* (1813).

Grâce à Madame de Staël, le romantisme avoue d'emblée son origine germanique. Car *De l'Allemagne* n'est pas seulement une réflexion sur la personnalité d'une nation. C'est aussi une introduction aux grandes figures du romantisme allemand – Gœthe, Schiller – qui avaient fixé les ambitions d'une littérature ouverte à l'imaginaire. C'est surtout l'élaboration d'une doctrine où s'ordonnent les notions clefs du romantisme : inspiration, génie, lyrisme.

Le retentissement de cette œuvre fut immense. *De l'Allemagne*, dit Lamartine, « fit pour la littérature ce que le *Génie du christianisme* avait fait pour le catholicisme » : elle apparut comme une réhabilitation.

154

Le XIXe siècle

Un siècle de révolutions

Le XIXe siècle peut se définir comme l'époque où la littérature française va côtoyer, parfois même assumer, des révolutions dont elle nourrira l'idée ou la réalité.

Les principales données idéologiques du mot « romantique » se trouvaient déjà formulées avant 1789. Né dans la lumière de l'Ancien Régime finissant et de la « fête révolutionnaire », le romantisme devra, longtemps encore, beaucoup aux idées de 1789.

Lamartine, Chateaubriand, Hugo, Vigny ne pourront se dispenser de prendre position face à ces événements dont leurs souvenirs d'enfance et les récits de leurs contemporains, leur livraient le témoignage vivant.

C'est de cette filiation historique – parfois difficile – que le romantisme tirera sa sensibilité aiguë à toutes les formes de révolution auxquelles le siècle le confrontera.

Révolution politique

Comparé à la stabilité politique qui caractérisait la vie de la nation française depuis plusieurs siècles, le XIXe siècle est une période de mutation. En cent ans, la France connut au moins huit formes différentes de gouvernement, chacune marquée par un avènement plus ou moins violent. Un bouillonnement d'idées politiques et sociales accompagne ces bouleversements, dont la littérature se fait le reflet et, parfois (essentiellement avec Fourier, Lamennais et Proudhon), l'instigatrice.

Révolution économique

Le passage de l'ancien au « nouveau régime économique » s'opère sur l'ensemble du siècle. Il se traduit par le remplacement progressif d'une industrie artisanale et d'une agriculture tournée vers l'alimentation locale, par une industrialisation de type capitaliste (développement et concentration des moyens de production, progrès des techniques) et une agriculture marquée par la commercialisation. Cette évolution ne fournira qu'assez tard, avec Zola surtout, ses thèmes nouveaux à la littérature. Mais, très tôt, elle eut ses penseurs et ses théoriciens, dont certaines œuvres servent aujourd'hui encore de référence dans la réflexion sur l'économie et l'économie politique : il s'agit de Sismondi (dont les *Principes d'économie politique* paraissent en 1820), de Saint-Simon et de Louis Blanc (dont l'*Organisation du travail* paraît en 1841).

Révolution scientifique

L'horizon scientifique de cette révolution industrielle est, lui aussi, complètement bouleversé. Dans tous les domaines (mathématique, physique, biologie, chimie, médecine), les progrès sont spectaculaires ; en une seule génération, l'espérance de vie est augmentée de vingt ans. Cette modification sans précédent des pouvoirs de l'homme sur le monde inspire aux écrivains deux sortes d'attitudes. Un enthousiasme contagieux, d'abord, que reflète le *Discours sur l'avenir de la science* de Renan, érige la science en modèle universel, et vient fonder jusque dans la littérature le rêve des lois scientifiques. C'est ce rêve qui conduira au culte de l'observation (Zola) et à la recherche des lois du comportement psychologique et social (Balzac, Stendhal...).

Mais vers la fin du siècle, le scientisme fera à son tour l'objet d'une remise en cause littéraire qu'illustrent admirablement les rêves insensés que Flaubert prêta par dérision à *Bouvard et Pécuchet.*

Révolution sociale

Historiquement, l'aventure sociale du XIXe siècle est marquée par l'**accession** aux leviers du pouvoir de la **classe bourgeoise**, dont les revendications avaient hanté la tribune du siècle précédent, et par l'entrée sur la scène nationale du **peuple**, qui habitera la rêverie des romantiques.

Ces bouleversements sociaux et l'essor de l'économie s'accompagnent d'un déplacement de fortunes. Faillites et enrichissements tapageurs scandent l'histoire quotidienne d'une société de plus en plus soumise aux lois de l'argent.

La **paysannerie**, quant à elle, reste l'élément dominant d'une France où le dépeuplement des campagnes, et les révolutions mentales qu'il entraîne, commencent seulement à se faire sentir.

Enfin, il faut compter au nombre des mutations sociologiques importantes de ce premier XIXe siècle, le statut nouveau auquel accède **l'écrivain**. Depuis 1770, l'auteur garde un droit sur les réimpressions et on lui reconnaît la propriété de son œuvre. Cette innovation marque la fin du mécénat littéraire et, de ce fait, favorise la liberté de l'homme de lettres face aux pouvoirs établis. Reconnu, il peut vivre de sa plume. Du même coup apparaît le personnage de l'écrivain-homme public, dont les textes sont désormais diffusés − grâce aux feuilletons en particulier − auprès d'un très large public (jusqu'à cent mille lecteurs).

La littérature, dans son souci nouveau d'intégrer la vie contemporaine, ne cessera de refléter cette double promotion. Balzac, d'abord, et Flaubert après lui, appliqueront à la bourgeoisie l'œil de l'observateur critique qui fait de leurs œuvres, au-delà de la dimension littéraire, d'irremplaçables témoignages sur la vie d'une société. Hugo, d'autre part, George Sand et Michelet, pour ne citer qu'eux, prêteront aux classes déshéritées, à ce peuple qui, comme dit Hugo dans *Ruy Blas*, « a l'avenir et qui n'a pas de présent », qui est « orphelin, pauvre, intelligent et fort », qui a « sur le dos les marques de la servitude et dans le cœur les préméditations du génie », une attention parfois humble, plus souvent lyrique et visionnaire.

Evolution de la sensibilité

Il serait faux de se représenter, entre le XVIIIe siècle et le XIXe siècle, une rupture brutale dans l'ordre de la sensibilité. Du Rousseau de *La nouvelle Héloïse* à Chateaubriand, Lamartine ou Vigny, point de solution de continuité ; mais des tendances s'affirment, qu'on décrira, dès les années 1800, comme constitutives de l'esthétique romantique :

Le sentiment de la nature est sans doute l'une des plus représentatives. Elle est aussi peut-être la plus ancienne puisqu'elle s'enracine, avec Rousseau, Bernardin de Saint-Pierre et Senancour, dans la littérature du dernier XVIIIe siècle. Encore faut-il souligner que la nature selon Rousseau n'est pas encore, comme elle le deviendra dès Chateaubriand, la projection d'un paysage intérieur, et le support imaginaire d'une aventure personnelle.

L'ennui, à propos duquel personne n'a mieux écrit que Senancour dans *Oberman* ou Chateaubriand dans les *Mémoires d'outre-tombe*, est indissociable d'une certaine aspiration à l'infini, de la valorisation de la solitude, de l'impatience de vivre et de la volupté de la souffrance qui définissent le Moi romantique. D'une certaine façon, l'ennui résume à lui seul les diverses manifestations de ce « mal du siècle », dont l'expression la plus forte appartient plutôt au XVIIIe siècle finissant et au XIXe siècle commençant.

L'ennui recouvre en fait plusieurs attitudes assez différentes :

— tantôt **conscience d'un temps immobile** où le sujet sent les heures « rouler pesamment sur (lui), seules et lentes, sans désirs, sans illusions, sans but », il dessine le paysage solitaire, grandiose et angoissé d'*Oberman* ;

— tantôt **« aversion pour la vie »** (« j'étais presque mort quand je vins au jour »), il place l'écriture des *Mémoires d'outre-tombe* sous le signe de la tristesse d'une existence fascinée par sa propre mort ;

— tantôt enfin, **évidence d'un vide métaphysique**, « sensation d'isolement insupportable », « absence totale de désirs, impossibilité de trouver un amusement quelconque », il prend la forme du spleen défini par Baudelaire.

Le Moi

Toutes ces expériences de l'ennui, de la solitude et de l'angoisse contribuent à faire refluer le centre de la parole vers un seul pôle : le Moi, dont l'exaltation, en un temps où se développe la société industrielle de masse, constitue sans doute l'attente la plus significative pour les lecteurs. **L'attention portée au**

sentiment définit le pouvoir rayonnant du sujet qui écrit : pouvoir de s'imposer comme être sentant, pouvoir d'intéresser autrui à la vie de son âme, pouvoir de dessiner le portrait de soi-même en martyr ou héros voué au déchirement des émotions.

Pour se dire, le sujet romantique ne pouvait recourir aux cadres que lui fournissait l'héritage du classicisme. Il remodèlera donc les genres, ou en inventera de nouveaux.

Les nouveaux genres :

– **La poésie**, en sommeil presque complet depuis le XVIIe siècle, reprend vie.

– **Les mémoires,** eux, découlent d'une longue tradition. Mais alors que ceux de Saint-Simon évoquaient Louis XIV et son siècle, les *Mémoires d'outre-tombe* ne racontent finalement que Chateaubriand et sa destinée.

– **Le journal intime** est peut-être la création la plus originale de ce siècle. Né de la rencontre du courant sentimental, de la vogue des *Confessions* de Rousseau et d'une aspiration à la froide observation psychologique, il produira, sous la plume de Benjamin Constant, de Stendhal, de Vigny ou de Michelet, quelques-uns des chefs-d'œuvre les plus représentatifs de ce temps d'inquiétude personnelle.

– **Le roman personnel** diffère des mémoires dans son intention de présenter les événements comme fictifs. Il rejoint le vieux genre romanesque et y introduit le « culte du Moi » que célèbrera Barrès vers la fin du siècle.

Qu'est-ce que le romantisme ?

Un **mouvement littéraire** qui suppose (ou engendre) une **conception de la vie** et qui envahit toutes les formes de **l'expression artistique**.

Ses traits dominants :

○ Primauté de l'émotion sur la raison :
le sentiment de la nature   l'ennui   la passion   l'angoisse
○ Attention privilégiée au Moi :
la solitude   le héros
○ Recherche du dépaysement
spatial ---> l'exotisme
temporel ---> l'histoire
○ Intérêt pour l'idée de « peuple »
○ Goût du mysticisme religieux
○ Attrait pour les puissances du rêve

Une littérature personnelle

Le roman personnel : Chateaubriand, Benjamin Constant, Fromentin

Le roman personnel tisse un lien intime entre la personnalité de l'auteur et la nature de son œuvre. L'être qui se projette dans la fiction se rêve lui-même : ce faisant, il construit peu à peu son mythe propre et évolue entre les confessions et les fictions : telle est la perspective dans laquelle il faut situer les **moi-héros** (ou **anti-héros**) de trois romans personnels : *René* (1802), *Adolphe* (1816) et *Dominique* (1862).

Chateaubriand : *René* ou la solitude

Le *René* de Chateaubriand, pensé d'abord comme un épisode du *Génie du christianisme*, tient le milieu entre le miroir personnel et le travail du mythe collectif. Dans le récit que ce jeune aristocrate livre à l'Indien Chactas et au Père Souël, on retrouve autant de traits propres au jeune Chateaubriand que de caractères du héros romantique. L'amour incestueux d'une sœur (Amélie dans le roman) contrainte de se retirer au couvent pour fuir son penchant, rappelle le sentiment qui unit Chateaubriand à sa sœur Lucile, et dont les *Mémoires d'outre-tombe* offrent plus d'un témoignage. De même, l'enfance passée dans le sombre château paternel, la tentation mystique, la fuite en Amérique, font écho à maints épisodes des *Mémoires d'outre-tombe*.

L'œuvre miroir d'une génération

Mais *René* n'aurait pas rencontré le succès qu'il connut pendant tout le XIXe siècle (à travers ces fils littéraires que sont l'Emile de Girardin, l'Oberman de Senancour ou le Rastignac de Balzac), s'il n'avait illustré et résumé quelques-uns des traits de mentalité propres à la génération de 1800-1810. La leçon qu'il imposait à ses lecteurs comportait une exigence de **solitude** (à travers le thème du désert américain) et d'**orgueil** face à l'adversité, bien faite pour répondre aux désordres sociaux, politiques, et économiques que traversait la France depuis une décennie. Le héros fier et seul qui se dressait contre le destin accomplissait, par le récit de sa vie, un **acte de refus** que les jeunes romantiques reprirent à leur compte. A cela s'ajoutait la morale finale, énoncée par le Père Souël et qui ramène l'ensemble à un sens religieux, conformément au projet général du *Génie du christianisme*.

Bien vite, on ne retint en *René* que la première et convaincante formulation de ce « **mal du siècle** » qui, à travers Lamartine et Vigny, unit Chateaubriand à Baudelaire et à Lautréamont, et fonde la vraie unité de ce temps.

Benjamin Constant : Adolphe ou l'ennui

Une histoire « vraie »

Adolphe (1816) est si profondément inspiré de l'expérience personnelle de Benjamin Constant (1767-1830), qu'on y a très vite reconnu la transposition romanesque de la liaison agitée qui unit, de 1794 à 1808, Germaine de Staël à son auteur. Cette lecture réduit cependant la portée d'une des créations les plus originales et les plus significatives de l'histoire des personnages de roman : celle du **anti-héros** « distrait, inattentif, ennuyé » (Adolphe), dont l'amour pour Ellénore, sorte d'abandon ou de « sacrifice », échappe à toute décision volontaire. L'intrigue épurée de cette relation, rapidement nouée et se dénouant lentement jusqu'à la mort, rappelle l'art de la tragédie classique. De même, l'écriture de cette confession ennuyée se situe plus près de Rousseau que de Chateaubriand.

Une morale de l'ennui

Adolphe offre l'exemple neuf d'une confrontation de l'amour et de l'absence de volonté. Liaison involontaire, détachement impossible à atteindre, résignation et sacrifice incomplets : Adolphe est le **héros des inachèvements** ; son aventure, une crise représentative des rapports que l'homme du premier XIXe siècle entretient avec le monde. Ce qui se dessine derrière le comportement de ce brillant indifférent, c'est une *morale de l'ennui*, dont le principe essentiel revient à refuser tout attachement au monde.

Un roman du temps

« Je portais au fond de mon cœur, dit Adolphe, un besoin de sensibilité dont je ne m'apercevais pas, mais qui, ne trouvant point à se satisfaire, me détachait successivement de tous les objets qui, tour à tour, attiraient ma curiosité. » Tour à tour : telle est l'image du temps qui découle de cette morale, **une image morcelée** où la conscience « isole chaque événement, chaque heure, chaque minute ». Pour Constant, comme pour Senancour et toute la génération littéraire qui avait vécu en vingt années les plus profonds bouleversements du temps historique, cette impossibilité d'adhérer aux événements de l'histoire figurera comme un thème d'époque.

Eugène Fromentin : *Dominique* ou la nostalgie

A l'autre extrémité du siècle, l'unique roman de Fromentin (1820-1876), *Dominique*, reprend, sur le mode nostalgique, le modèle de la littérature personnelle. Là encore, les souvenirs personnels de Fromentin se mêlent à la fiction. Mais cet amour sans espoir entre un gentilhomme campagnard et une femme plus âgée que lui, se lit surtout comme la confession d'un homme revenu des tumultes de la passion vers un havre de paix. Comme pour René, comme pour Adolphe, le roman est une manière de ressaisir « l'histoire d'une de mes folies » comme dira bientôt Rimbaud, au moment où elle s'est terminée.

Ce retour sur le temps prend, avec *Dominique*, la tonalité brumeuse d'une **confidence** plus que d'une confession. C'est l'adieu à un âge de la vie ; l'adieu aussi, peut-être, à un genre qui, versant dans l'intimisme, se détache peu à peu des valeurs chères à la génération de 1810. Du moins *Dominique* assure-t-il au genre personnel une survie au-delà du Romantisme. Alain-Fournier, quelques décennies plus tard, dans *Le grand Meaulnes*, renouera avec ce genre.

Le Moi autobiographique et poétique : Chateaubriand, Lamartine, Vigny, Musset

Toute la poésie du XIXᵉ siècle, de Lamartine à Rimbaud (en exceptant les poètes parnassiens et Mallarmé), se dit à la première personne. L'élégie* personnelle fut en effet à la mode sous l'Empire, et même à la fin du XVIIIᵉ siècle, avec Chénier. Mais Lamartine, dans ses *Méditations* en 1820, revendiquait délibérément cette appropriation de la poésie par le Moi, qu'après lui, Hugo dans *Les contemplations,* Rimbaud dans *Une saison en enfer* et même Baudelaire dans *Les fleurs du mal* reprendront à leur compte sous la forme d'une **histoire poétique de leur vie.**

Chateaubriand et les mémoires

Les *Mémoires d'outre-tombe*, définitivement publiés en 1850, s'inscrivant dans la tradition des entreprises autobiographiques, y figurent comme l'un des textes majeurs : dans la lignée des *Confessions* de Rousseau, et avant *A la recherche du temps perdu* de Marcel Proust, ce qui prend forme au fil de ces douze livres, c'est le *Je* de la littérature moderne.

Lorsqu'en 1811, Chateaubriand commence la rédaction des *Mémoires de ma vie* qui deviendront plus tard les *Mémoires d'outre-tombe*, il n'inaugure pas un genre littéraire. Depuis le XVIIIᵉ siècle, l'art des mémorialistes a connu une immense faveur. Les événements de la fin du XVIIIᵉ siècle et du début du XIXᵉ siècle ont inspiré à leur tour une foule de mémoires. Mais si, après tant d'autres, Chateaubriand reprend un modèle établi, c'est pour le plier aux exigences d'**un projet qui, lui, reste unique.**

● *Les grandes lignes du projet : histoire et Histoire*

Chateaubriand se démarque, d'emblée, de ses contemporains qui publient les hauts faits de leur carrière. « Le temps où nous vivons a dû nécessairement fournir de nombreux matériaux aux *Mémoires*. Il n'y a personne qui ne soit devenu, au moins pendant vingt-quatre heures, un personnage, et qui ne se croie obligé de rendre compte au monde de l'influence qu'il a exercée sur l'univers. » Son ambition, à lui, est plus personnelle et plus universelle.

● *Une ambition plus personnelle*

Les *Mémoires d'outre-tombe* ne retracent pas seulement la chronologie commentée d'une vie ; ils produisent au grand jour de l'écriture les enchaînements d'une conscience. Proches en cela des confessions, les *Mémoires* ne se contentent pas de dire l'événement. Ils consignent, dans l'ordre propre au souvenir, les moments d'intensité, les grands effondrements, les illuminations ou les mystères d'une histoire personnelle.

● *Une ambition plus universelle*

Les *Mémoires* ambitionnent de **refléter la durée** de l'Histoire. Chateaubriand, pris dans son destin particulier, est en même temps le témoin privilégié des bouleversements qui marquent l'histoire de France entre 1789 et la Monarchie de Juillet. Ainsi les *Mémoires* admettent-ils une lecture historique qui en fait un document précieux sur la période qu'ils couvrent.

Mais son propos n'est pas seulement d'épouser un point de vue d'historien. Il est précisément à la croisée de deux projets : l'un personnel, l'autre universel. L'homme des *Mémoires* n'existe que face à l'histoire nationale. Ainsi, perdu dans le décor de ses idylles américaines, Chateaubriand, dès qu'il apprend l'arrestation de Louis XVI à Varennes, décide-t-il de revenir dans son pays : « Le fracas des armes, le tumulte du monde retentit à mon oreille sous le chaume d'un moulin caché dans des bois inconnus. J'interrompis brusquement ma course et je me dis : « Retourne en France. » Mais inversement, les événements ne prennent de sens qu'à travers le témoignage et le commentaire que nous en donne ce spectateur engagé qu'est Chateaubriand.

● Le « Je » et ses résonances

La musique étonnamment résonnante des *Mémoires d'outre-tombe* est faite d'un croisement de voix où toujours domine, sur le devant de la scène, celle du héros-narrateur.

Non content de se présenter à nous comme un témoin privilégié par les rendez-vous qu'il eut, de fait, avec les acteurs de l'histoire (Louis XVI, Napoléon, Charles X ...), Chateaubriand trace de lui-même, en pointillé, l'image du démiurge qui suscite l'histoire autour de lui.

Napoléon est son rival malheureux ; Charles X attend de lui une leçon de politique : le « Je » qui parle est un instrument de la Providence. « A mesure que je montais, je découvrais la ville au-dessous. Les enchaînements de l'histoire, le sort des hommes, la destruction des empires, les desseins de la Providence, se présentaient à ma mémoire, en s'identifiant aux souvenirs de ma propre destinée. » Ecriture du temps en profondeur : le **« Je »** qui s'y inscrit figure comme **un point fixe** dans une perspective qui va de l'origine des temps jusqu'aujourd'hui, qui mêle les destinées, les lieux et les hommes, dont les acteurs sont l'Humanité, la Providence, la Mort et le Moi.

Tel est le secret de la résonance : **les événements d'aujourd'hui font écho à ceux d'autres temps et d'autres lieux.**

Tantôt c'est un lieu (Rome par exemple) qui livre, en un regard, les différentes couches de son histoire. « Si la Rome moderne montre son Saint-Pierre et ses chefs-d'œuvre, la Rome ancienne lui oppose son Panthéon et ses débris ; si l'une fait descendre du Capitole ses consuls, l'autre amène du Vatican ses pontifes. Le Tibre sépare les deux gloires : assises dans la même poussière, Rome païenne s'enfonce de plus en plus dans ses tombeaux, et Rome chrétienne redescend peu à peu dans ses catacombes. »

Tantôt, ce sont les espaces qui s'enchaînent, animés par l'infatigable déambulation de leur témoin.

Chateaubriand est en effet de la race des Rousseau, des Rimbaud, des Claudel : il marche, il arpente. Plus vite que d'autres, peut-être, tant il montre de curiosité pour les paysages nouveaux : l'Amérique, l'Orient, Rome, il traverse tout, mû par le désir, et vite ennuyé par ce que lui offre la réalité.

A l'image de ces voyages, les *Mémoires d'outre-tombe* rendent le son d'une vie agitée, scandée par l'espoir et la désillusion, le désir et l'ennui.

Civilisation : destin et décadence

Points de repère

Les Mémoires d'outre-tombe

Parti du projet d'écrire les « Mémoires de (sa) vie », Chateaubriand en est venu à élargir son propos aux dimensions d'une « épopée de son temps ». Rédigés entre 1811 et 1848, et publiés après la mort de leur auteur – d'où leur titre –, les *Mémoires d'outre-tombe* constituent autant un témoignage sur la personnalité de Chateaubriand que sur les époques et les lieux qu'il traverse, les hommes qu'il rencontre – ou qu'il ne rencontre pas. Témoignage d'ailleurs partial : l'auteur se complaît à y grandir son rôle et sa personnalité, à déformer les intentions et les actions d'autrui au gré de ses convictions politiques. Mais au fil de ces récits qui évoquent l'enfance bretonne, l'aventure révolutionnaire et napoléonienne, la vie publique de l'ambassadeur et du ministre Chateaubriand et finalement sa vieillesse désabusée, c'est la profondeur des événements et de la Destinée qui résonne.

Pour aller plus loin...

La vie comme texte

Voici donc la vie saisie par le langage tout ensemble dans la cohérence de son relief interne et dans le vertige glissé de sa succession, celui-ci contribuant paradoxalement à mettre en évidence celle-là. L'existence ne trouve ainsi son volume final qu'à travers l'épreuve d'une dimension linéaire, éternellement rompue et continuée : celle d'une écriture. La synchronie – le système des thèmes symboliques d'une vie – affiche son ordre et sa nécessité à partir du mouvement le plus capricieux de la diachronie qui le déroule. Et cela sans doute parce qu'écrire c'est à la fois fixer et effacer, marquer et oublier aussitôt ce que l'on a marqué dans la volubilité même du geste qui va toujours vers d'autres traces, d'autres marques.

JEAN-PIERRE RICHARD, *Paysage de Chateaubriand*, Seuil.

• Une expérience du souvenir

Toute l'entreprise des *Mémoires* peut se ramener à une écriture du souvenir. Chateaubriand imprime sur l'image d'**un présent vide** celle d'**un passé plus réel**, fait des données que lui présentent, ensemble, la mémoire et l'imaginaire. Pourtant, rien qui ressemble à la nostalgie de Rousseau dans ses *Confessions*. En évoquant les événements passés, Chateaubriand ne perd jamais le fil du présent ; il reste comme happé par les exigences de l'avenir.

Dans ces conditions, les lectures qui font état de la valeur documentaire des *Mémoires* restent très limitatives. Comme le dit Jean-Pierre Richard, Chateaubriand est « homme de nulle part, homme sans patrie » ; et les *Mémoires* pratiquent « le *passage* par ces terres vraies du souvenir et de la vision, à la fois reprise et appropriation du passé et projection vers un avenir que dit, comme il peut, le mouvement de l'écriture ».

• Le point de vue de la mort

Mémoires et voyages, confession et histoire, les *Mémoires d'outre-tombe* n'accèdent à l'unité d'un style personnel que grâce à un point de vue spécifique : celui de la mort. L'« Avant-propos » en donne la mesure : « Comme il m'est impossible de prévoir le moment de ma fin, comme à mon âge les jours accordés à l'homme ne sont que des jours de grâce ou plutôt de rigueur, je vais m'expliquer. »

Et le titre lui-même de ces *Mémoires d'outre-tombe* ne résume-t-il pas à lui seul la portée d'un geste symbolique : celui de faire choir sur soi le couvercle de son propre tombeau, en amplifiant la résonance pendant douze livres et quarante-cinq années... Les *Mémoires d'outre-tombe* , c'est proprement **le regard d'un mort sur sa propre vie** ; du coup, les événements, les lieux, les personnages qui la traversent y prennent une dimension tantôt dérisoire tantôt grandiose, le point de vue de la mort permettant confrontations, évaluations et jugements. Le monde qui s'y livre est hanté par l'idée de son propre déclin. Et la promenade de Chateaubriand marque une nette attirance pour les lieux morbides.

• La survie d'un style

L'ennui et la mort sont-ils de bons moyens d'assurer à une œuvre sa survie ? Si l'on est tenté de répondre, à propos de Chateaubriand, par l'affirmative, c'est surtout en raison du modèle qu'a su imposer le style des *Mémoires*. Un style qui, prolongé et porté à son apogée dans *La vie de Rancé* , inspirera la prose de tout le XIXᵉ siècle. La phrase de Proust a là déjà son origine, mais le souvenir est proche aussi des grandes rhétoriques du XVIIᵉ siècle. Quelque chose se passe dans les *Mémoires* , une écriture se construit, un langage se repense et s'invente.

Lamartine (1790-1869)

« Je suis le premier, dit Lamartine, qui ai fait descendre la poésie du Parnasse, et qui ai donné à ce qu'on nommait la muse, au lieu d'une lyre à sept cordes de convention, les fibres mêmes du cœur de l'homme. »

● *Une révolution poétique : les* **Méditations**
La parution des *Méditations* fut ressentie, le 13 mars 1820, comme un événement littéraire de première importance. « Voilà enfin des poèmes qui sont d'un poète, de la poésie qui est de la poésie ! » s'écrie Victor Hugo. Du jour au lendemain, Lamartine est devenu célèbre. Sa carrière de poète, pourtant, sera relativement brève (dix-neuf années en tout) ; elle n'atteindra jamais, avec *Jocelyn* (1836), *La chute d'un ange* (1838) ou *Les recueillements poétiques* (1839), le succès de ces premières *Méditations*.

● *Un Moi qui occupe l'univers entier*
L'écriture de Lamartine consiste en un enchaînement d'idées développées dans le discours versifié (ce qui l'apparente à la poésie des classiques), composant ensemble une sorte de métaphysique* simpliste partagée entre les pouvoirs de l'âme (comprendre, ici, du Moi), de la nature, de l'amour et de la mort. Comme source absolue de toute poésie, l'âme ou le cœur règnent sur le monde, et l'ordonnent selon leurs propres exigences, même si ce sont celles de la souffrance.

A la dissolution du moi −
    « ... dans le grand tout mon âme répandue
    A fondu, faible goutte au sein des mers perdues »,
− répond celle du monde, le « grand tout » lui-même, qui n'a d'existence que comme écho, hostile ou compatissant, à la détresse du héros :
    « Du flanc de ces coteaux pendent des bois épais,
    Qui, courbant sur mon front leur ombre entremêlée,
    Me couvrent tout entier de silence et de paix. »

● *Un Moi répandu dans l'écriture*
Scandée par le rythme régulier de l'alexandrin ou de l'octosyllabe, la poésie de Lamartine invente **une esthétique du vide** où la parole semble se dérouler sous la dictée incessante et intime du Moi. Fuite, écoulement, intarissable flot : telles sont les images qui viennent à l'esprit de qui s'attache à suivre ces lents déploiements d'idées. Quelque chose passe, à travers cette poursuite, qui évoque la présence vibrante d'une sensation, d'un souvenir ou d'un être réel, qui ressemble à de l'existence : celle **d'un Moi impudique et conventionnel** tout à la fois.

Alfred de Vigny (1797-1863)

Dans le concert romantique, la voix et la figure d'Alfred de Vigny apparaissent en marge et quelque peu solitaires. Si l'homme Vigny, dans ses positions et ses amitiés, appartient au mouvement romantique, l'ambition avouée qui porte toute son œuvre, en revanche, s'écarte des orientations du lyrisme personnel, que suivent ses amis Musset et Lamartine.

● L'homme déçu

Dès son plus jeune âge, Vigny baigne dans une atmosphère de **déception face au monde.**

Issu d'une famille de petite noblesse militaire de l'Ancien Régime, il est élevé dans la fierté des armes et dans le respect de ces valeurs que le monde vient précisément, en 1789, de remettre en cause.

Son attachement à la tradition militaire et aristocratique le conduira tout naturellement à la carrière de soldat. La Restauration l'élèvera, à dix-sept ans seulement, au grade de sous-lieutenant. Mais de la vie guerrière il ne connaîtra, malgré ses rêves héroïques, que l'ennui des garnisons. Gagné par l'amertume, il est réformé en 1827.

La monarchie parlementaire à laquelle il se rallie d'abord ne tarde pas, elle aussi, à le décevoir, et à le faire évoluer vers un idéal humanitaire et républicain, où il rejoint un temps les idées de Saint-Simon et de Lamennais.

Dans le domaine personnel, ses six années de liaison orageuse avec l'actrice Marie Dorval s'achèvent dans les affres d'une rupture qui affectera longtemps Vigny, et qui le plongera dans une solitude farouche.

Ses tentatives politiques après 1848 se soldent, elles aussi, par un échec : la poignée de voix qu'il obtient en Charente, où il s'était présenté à la députation, le conduit à se renfermer peu à peu dans l'ermitage du Maine-Giraud, où il se consacre au soin d'une épouse impotente et bientôt aveugle.

Tout l'œuvre de Vigny portera en profondeur la trace de cette amertume, tempérée parfois par les élans d'enthousiasme que lui inspirent ses idéaux, plus souvent transcendée par les efforts d'un stoïcisme qui se veut impersonnel.

● Un romantique marginal

Vigny appartient à son temps : cet attachement nostalgique aux valeurs chevaleresques de la monarchie défunte est bien d'un premier romantisme. Sur ce point, il rejoint au moins le jeune Victor Hugo, et Chateaubriand.

Au Cénacle, en outre, où se retrouve la jeunesse littéraire romantique des années 1820, il passe pour l'un des maîtres de la jeune école. Les *Poèmes antiques et modernes* (1826) sont l'un des témoignages éloquents sur l'art romantique selon Vigny, un art où l'allégorie, le symbole et la vision biblique *(Moïse, Le déluge)* s'affirment comme les traits d'une originalité qui ne sera jamais démentie.

Mais au sein du courant qu'il encourage, sa position est essentiellement marginale. De l'amertume qu'il nourrit face à la société des hommes, il fait une pose peut-être, en tout cas une doctrine : celle de la solitude du poète. Doctrine d'une sagesse pessimiste et stoïcienne, qu'il expose dans son drame *Chatterton,* produit au théâtre en 1835. Tiré du poème *Stello* (1832), *Chatterton* illustre la condition du poète, « paria de la société », et conclut à son essentielle neutralité face à l'ordre social. Au créateur porte-drapeau de Hugo ou de Lamartine, Vigny oppose l'**inadapté social** et son drame personnel : une vision qui préfigure l'ère des « poètes maudits », et qui marquera profondément l'idéologie littéraire du XIXe siècle.

● *L'art sans l'homme*

Il est vrai qu'à se poser ainsi face au monde dans un rapport de neutralité armée, Vigny entendait **dépasser les limites et les contraintes de la personnalité**. Ce n'est plus l'homme qui parle en lui, c'est la **destinée,** comme l'indique le titre de son recueil de poésies posthumes (*Les destinées,* 1864).

Cette vision dépersonnalisée conduit Vigny vers les genres poétiques qui offrent au lyrisme les dimensions d'une large coulée, et où l'humanité n'est admise que sous la forme du mythe. **L'épopée** répond à ces exigences. *Eloa* (1823) déploie le thème de la fin de Satan : comme dans *La mort du loup, Le mont des oliviers* ou *La bouteille à la mer,* fragments des *Destinées,* l'interrogation s'y incarne dans un symbole déployé et varié au fil d'un long récit en vers.

L'ambition de ce poème-symbole, c'est d'atteindre à l'universalité d'une idée. La poésie de Vigny se veut pensée ; une pensée mise en vers, et animée par le souffle du lyrisme. Son mérite, il le reconnaît lui-même, c'est l'originalité de ces compositions « dans lesquelles une pensée philosophique est mise en scène » sous une forme épique ou dramatique.

Sur la portée de cette pensée, on est parfois en droit de s'interroger. Bien des lieux communs se dissimulent derrière les allégories ampoulées et figées. Et ce n'est pas là où il se déclare grand qu'il faut chercher la grandeur du poème.

Mais en s'absentant, l'homme du quotidien, l'homme du réel a laissé un vide tragique, une nuit, **un silence** dont sont empreints les plus beaux moments de cette poésie. Car l'émotion, chez Vigny, est une forme de l'absence, du non-dit, comme l'impassibilité de la bête vaincue, dans *La mort du loup*. Le paysage, alors, s'anime d'une vie propre et ardente, comme dans cette strophe de *La maison du berger* :

> « La Nature t'attend dans un silence austère ;
> L'herbe élève à tes pieds son nuage des soirs,
> Et le soupir d'adieu du soleil à la terre
> Balance les beaux lys comme des encensoirs.
> La forêt a voilé ses colonnes profondes,
> La montagne se cache, et sur les pâles ondes
> Le saule a suspendu ses chastes reposoirs. »

Un « silence austère » : tel pourrait bien être l'impression ultime que laisse la poésie de Vigny. On y reconnaîtra sans peine une nostalgie latente ; mais un pressentiment aussi, celui d'œuvres à venir faites de la même distance et du même silence : celles de Baudelaire, par exemple, ou de Mallarmé.

Alfred de Musset (1810-1857)

Quelques œuvres théâtrales encore jouées de nos jours ont maintenu jusqu'à nous la réputation, incontestée de son vivant, d'un Musset poète. Cette idée est encore répandue au point d'associer même le nom de Musset à un genre esthétique fait de charme léger et d'émotion à fleur de mots.

● *Une poésie personnelle*

La poésie de Musset revendique la référence permanente à un *Je* dont elle met en vers le discours. Le **Moi** sert de trait d'union entre ces vers qui traversent tous les registres de la rhétorique, du plus sublime au plus familier ; il se définit moins encore comme une personnalité vivante que comme un certain ton de voix.

● *La faible résistance des mots*

Ce « charme », cette « légèreté », tiennent à la spontanéité ou à la facilité d'une prose versifiée, bien éloignée de l'idée que la modernité, à partir de Verlaine, Rimbaud et Mallarmé, se fera de la poésie.

> « C'est mon avis qu'en route on s'expose à la pluie »

ou bien :

> « On dit : « Triste comme la porte
> D'une prison »
> Et je crois, le diable m'emporte !
> Qu'on a raison »

La prose est là, à peine cachée derrière le vers, et la rime ni le rythme ne suffisent à masquer complètement la familiarité, voire la trivialité du propos. Par la grâce de ces formules faciles, la poésie de Musset excelle à rendre la badinerie ; et c'est l'un de ses privilèges que d'avoir laissé, telle cette « Andalouse », quelques-unes des *Chansons* les mieux tournées du siècle :

> « Avez-vous vu, dans Barcelone,
> Une Andalouse au sein bruni ?
> Pâle comme un beau soir d'automne !
> C'est ma maîtresse ma lionne !
> La marquesa d'Amaëgui ! »

Verlaine n'oubliera pas, quelques années plus tard, cet aspect de l'inspiration de Musset.

● *La qualification vide*

Lorsque Musset s'essaie à la **poésie de sentiment** ou à l'élégie, on a affaire alors à une langue du vide, où abondent les adjectifs convenus ou franchement dénués de pertinence :

> « Comme avec majesté sur ces roches profondes
> Que l'inconstante mer ronge éternellement,
> Du sein des flots émus sort l'astre tout-puissant »

La poésie, ici, n'est pas faite des mots eux-mêmes, mais des choses, des lieux, des événements, des sentiments, que les mots s'exténuent à décrire.

> ... « Oui, la vie est un bien, la joie est une ivresse ;
> Il est doux d'en user sans crainte et sans soucis »

Cet art poétique, qui considère sans cesse la poésie hors du langage, s'acharne à faire passer sur les mots, et non par eux, la vibration qui les inspire.

Au carrefour du siècle : Victor Hugo (1802-1885)

Un jour qu'on demandait à André Gide quel était pour lui le plus grand poète français, il répondit : « Hugo, hélas ! » Cette boutade illustre à sa façon le poids et le malaise que laisse l'héritage de Victor Hugo dans la littérature du XIXe siècle. Aucun poète ne fut ni ne reste plus populaire ; aucun non plus ne rencontra plus d'hostilité. Certes, la contradiction a en partie son origine dans la stature d'une personnalité inépuisable, et qui sut toujours orchestrer autour d'elle les faveurs du public. Mais pas seulement. Elle s'explique par la richesse, le foisonnement et le gigantisme d'une œuvre où, depuis Baudelaire, on s'accorde à reconnaître que le sublime voisine avec l'éloquence la plus creuse. Pour aborder cet Himalaya verbal, donc, point de meilleure méthode que de suivre les chemins que l'œuvre propose elle-même.

• De la révolution à la scène
○ Naissance du libéralisme en littérature : le Romantisme
C'est d'*Hernani*, porté à la scène de la Comédie-Française en 1830, qu'on date habituellement la reconnaissance publique du mouvement romantique. Préfigurant la révolution des Trois Glorieuses, la « bataille » à laquelle le drame de Victor Hugo donna lieu, illustre l'état d'esprit dans lequel il avait été écrit, et dans lequel il était perçu : celui d'une rupture avec les règles de la tradition, d'une libération de la forme dramatique, tant par le déroulement de son intrigue (dans des temps et des lieux différents) que par son écriture poétique. *Hernani* n'a pas seulement la portée d'un événement littéraire : on y décèle aussi une réaction à l'ambiance politique de la monarchie traditionnaliste qui s'épuise. « Le romantisme n'est, à tout prendre, dit Hugo dans la Préface d'*Hernani*, que le **libéralisme** en littérature. »

○ Les règles du jeu
Avant *Hernani*, Hugo avait déjà, dans son *Cromwell* et surtout dans la *Préface de Cromwell*, posé les termes de la nouvelle esthétique théâtrale. Inspiré par sa lecture et son admiration des comédies de Shakespeare, qu'il redécouvre, Hugo, dans ce texte écrit avec la fougue d'un manifeste, entend bouleverser les cadres de la tragédie classique. Il prône d'abord le **mélange des genres**, qui fait se côtoyer, autour d'une même action, le sublime et le grotesque. Il dénonce comme **invraisemblables** les **unités de temps et de lieu**. Seule l'**action unique** trouve grâce à ses yeux, pour des raisons d'intelligibilité.

Mais ce qui inspire cette nouvelle définition de l'art dramatique, c'est une **dévotion à la nature et au réel**. « Réaliste » ou « naturaliste » avant la lettre, si l'on veut, le drame romantique est conçu comme une réhabilitation de la réalité dans sa totalité. Il mêle ombre et lumière, grotesque et sublime, corps et âme, et pourtant sans les confondre.

○ *Un théâtre de la « surface »*

Nul doute que les « Jeune France » — comme Nerval ou Théophile Gautier — qui, le 25 février 1830, applaudissaient à *Hernani* en huant les « vieilles perruques », étaient déjà pénétrés de ces convictions neuves. Car sinon, ils auraient eu du mal à les discerner dans le drame que leur proposait Hugo. L'action y est en effet soumise au hasard, menée par des personnages incohérents, organisée sans souci des progressions, affectée d'une sorte d'inconséquence ou de légèreté. Théâtre-manifeste, *Hernani* et plus tard *Ruy Blas* constituent un théâtre de la pure surface, une mise en scène du clinquant.

Pour peu que l'on s'attache à la profondeur tragique ou psychologique, on n'y reconnaît plus l'essence du drame. Ces tranches de vie peuvent paraître invraisemblables. Mais peut-être n'est-il pas vain de considérer cette futilité comme **l'une des premières manifestations de la modernité** marquée, comme le veut Baudelaire, au sceau du **transitoire**, du **fugitif** et du **contingent**.

● *Poésie : la lumière et le chaos*

L'œuvre poétique de Victor Hugo constitue le versant le plus volumineux de son œuvre, et en même temps, par son inégalité, le moins facilement lisible. On peut cependant y repérer quelques grands axes thématiques :

La contemplation : dans l'expérience poétique de Hugo, tout semble partir du regard : « Je suis un grand regardeur de toutes choses », écrivait-il. Et en donnant le titre des *Contemplations* à l'un de ses recueils de poèmes, il entendait placer son texte sous le signe double du visible et de l'invisible.

Le visible : c'est d'abord le « spectacle du monde », avec ses merveilles et ses pièges. Or, au moment où paraissent *Les orientales* (1829) et *Les feuilles d'automne* (1831), le piège, c'est précisément l'engagement politique du poète. Mais Hugo, mal à l'aise dans la mêlée, fixe à l'art un objectif d'impassibilité :

« Quel que soit le tumulte de la place publique, que l'art persiste, que l'art s'entête, que l'art se reste fidèle à lui-même. »

Dès lors, le visible se déplace : c'est le spectacle immuable que livre la nature (*Les orientales*) ; celui embué de nostalgie, que ramènent à la mémoire les souvenirs d'une enfance bucolique : celui, enfin, qu'offre la simple quotidienneté (*Les feuilles d'automne*) ;

L'invisible ne réside pas seulement aux marges du visible. Il l'habite dans certaines expériences esthétiques privilégiées : la rencontre avec les dessins de Dürer ou de Piranèse. S'adressant au premier (« A Albert Dürer »), Hugo définit cette rencontre de l'invisible et du visible :

« Une forêt pour toi, c'est un monstre hideux.
Le songe et le réel s'y mêlent tous les deux. »

Le songe et le réel, le visible et l'invisible : la poésie hugolienne hante ces territoires où **le mystère** envahit l'existence. Prédilection nourrie d'ailleurs par la pratique du spiritisme* qui, dans l'exil de Jersey en particulier, mit Hugo, autour des tables tournantes, en contact avec ce qu'il appelait « la bouche d'ombre ».

La cosmologie : autour de ce lyrisme de l'au-delà, se construit une cosmologie. Dieu et Satan, le gouffre sur lequel se penche le poète, la double profondeur de l'abîme et de l'« océan d'en haut », la nuit traversée d'un rayon de lumière : telles sont quelques-unes des images obsédantes de cet univers marqué par la dualité et l'antithèse. Car

« Ténèbres et rayons / Affirment à la fois ».

Et toute l'aventure du poète est déchirée entre ces deux extrêmes simultanés.

Les Surréalistes devaient reconnaître l'un des leurs chez le Hugo le plus visionnaire. Celui du *Reliquat*, par exemple, lorsqu'il évoque l'expérience de l'anéantissement personnel :

« Dans l'obscurité sourde, impalpable, inouïe,
Je me retrouvais seul, mais je n'étais plus moi...
Il ne restait de moi qu'une soif de connaître...
Une bouche voulant boire un peu d'eau qui fuit,
Fût-ce au creux de la main fatale de la nuit. »

• *Hugo romancier*

La personnalité de Hugo est trop fortement créatrice pour se plier aux règles d'un genre. S'emparant du roman, Hugo le détourne de ses fonctions traditionnelles. D'une certaine façon, *Notre-Dame de Paris* (1831) ou *Les misérables* (1862) inventent un discours original, entièrement moulé aux impératifs de l'univers hugolien, et qui, pour cette seule raison, restera sans avenir.

○ *Un art des parenthèses*

Victor Hugo confisque le récit au profit de longs développements personnels interrompant la narration − récit de la bataille de Waterloo dans *Les misérables*, description de Paris à vol d'oiseau dans *Notre-Dame de Paris*− ; le narrateur prend la parole, expose ses idées, décrit et rêve. Art des parenthèses, le roman hugolien s'ouvre ainsi à **tous les registres de la narration**, à **tous les niveaux du discours** : descriptions bariolées de la vie du Moyen Age dans *Notre-Dame de Paris*, évocations sociologiques dans *Les misérables*, confidences personnelles dans *Han d'Islande*, Hugo traverse le langage avec la maîtrise la plus infaillible, et la jubilation la plus totale.

○ *Un créateur de mythes*

Renouant avec les traditions antique et médiévale de l'épopée, il dessine des fresques où les personnages se trouvent grandis par leur destinée.

Du mythe, Hugo retient aussi l'aspect populaire. Les modèles romanesques qui se profilent derrière *Les misérables* ou *L'homme qui rit* ne diffèrent pas

Mains du pouvoir, mains du désir, les mains qui parlent.

Points de repère

Hernani

Le drame en cinq actes et en vers qu'Hugo composa en 1830 est resté fameux par la « bataille » qu'il déclencha lors de sa première représentation. Symbole de l'affrontement entre les Anciens et les Modernes (c'est-à-dire les romantiques), la pièce se veut un manifeste de l'esthétique nouvelle : refus des héros et des situations conventionnels, des lieux et des temps sans vie. La scène se déroule en Espagne en 1519.

La fougue des personnages, la violence des passions mises en jeu, le mélange du familier et du sublime, le fatalisme enfin du héros ont valu à *Hernani* un succès largement dû au reflet qu'il présentait, en 1830, aux aspirations de la jeune génération.

Lire Victor Hugo aujourd'hui, c'est :

○ prendre la mesure du **romantisme** en littérature. Chef de file de la génération romantique, Hugo en est aussi le représentant le plus éloquent ;

○ prendre la démesure d'**un imaginaire,** peut-être le plus riche (par la variété de ses thèmes) et le plus grandiloquent (par sa prétention métaphysique) de la poésie du XIXe siècle ;

○ rencontrer **une écriture** qui, de l'emportement à la tendresse, de l'horreur à l'idylle, traverse tous les registres du discours ;

○ saisir le **vers poétique** à un moment où, tendant vers une beauté nouvelle, il approche les formules de la poésie contemporaine ;

○ approcher la dimension épique d'une personnalité chez qui se confondent biographie et histoire du temps.

de ceux auxquels recourent les romans-feuilletons de l'époque. D'où le succès de cette veine romanesque, et la popularité des types humains (la Thénardier, Cosette, Jean Valjean...) qu'elle met en scène.

Ainsi, en prose ou en vers (comme *La légende des siècles*), les grands textes narratifs de Hugo se rattachent à une littérature épique, dont le souffle rappelle immanquablement les plus anciens témoignages de la littérature française, tels que *La chanson de Roland*.

• *Satire et pamphlets*

Personnage admiré, mais suspecté par la bourgeoisie bien-pensante, l'écrivain romantique se persuade du rôle de conducteur qu'il peut jouer dans les luttes politiques et sociales. Ce faisant, il ne fera que mesurer le décalage qui sépare ses rêves de la réalité des faits sociaux.

L'évolution politique de Victor Hugo résume l'attitude de toute une génération. En même temps que Balzac, Hugo accompagnera de ses vœux la Restauration ultraroyaliste nourrie de visions féodalisantes ; il accorde son âme chevaleresque à ce qu'il croit être l'esprit de la vieille monarchie : l'Académie le couronne, et il est pensionné par Louis XVIII. Mais *Cromwell* et *Hernani* rompent l'illusion. Avec Hugo, le romantisme verse tout entier du côté du libéralisme, et l'admission au rang de « Pair de France », en 1845, n'y changera rien. La monarchie des Orléans déçoit les romantiques. Certains, comme Lamartine ou Hugo, prendront une part active à la Révolution de 1848. Indigné par le coup d'État du 2 décembre 1851, ce dernier s'exile volontairement à Jersey, puis à Guernesey. De là, il mènera le seul combat contre l'usurpateur (Napoléon III) qui lui soit permis : la satire. Et de la colère, de l'indignation et du sarcasme naîtront les textes en prose de *Napoléon le petit* (1852) et le recueil de poèmes des *Châtiments* (1853).

Dans sa haine vouée au nouveau « César », la veine pamphlétaire de Hugo déploie le plus puissant discours d'**emportement** qui se puisse imaginer. L'ironie (*La société est sauvée, L'ordre est rétabli...*) se mêle à la pitié (*A un martyr...*), à l'invective (*Napoléon III*), à la condamnation générale de l'homme au pouvoir et de sa conduite politique.

Mais par son succès même, ***Les châtiments*** dresse la statue d'un prince aussi noir que fantastique. Personnage digne de l'épopée jusque dans sa dérision, Napoléon III fournit à Hugo l'occasion de fixer quelques-uns des grands thèmes de **sa propre politique**.

Le peuple y tient une place privilégiée mais ambiguë, sur un ton qui va de l'apitoiement à l'espérance, en passant par la méfiance. **La tyrannie** y est fustigée sous toutes ses formes. Et **la religion** et ses ministres sont impliqués dans la condamnation du crime d'hypocrisie. **La liberté** devient le mot de ralliement. Et **le poète** se pose, tel le saint de la chrétienté, au cœur de la mêlée, comme son plus sûr garant.

« ... tu dois
Dans cette guerre impie, abominable, infâme,
Présenter ta poitrine et répandre ton âme,
Parler, prier, sauver les faibles et les forts,
Sourire à la mitraille et pleurer sur les morts ;
(...)
Ton rôle est d'avertir et de rester pensif. »

Itinéraires

Victor Hugo (1802 - 1885)

Les succès (1815-1849)

– En poésie :
Premiers poèmes (1815), *Odes et ballades* (1822-1826), *Les orientales* (1829), *Les feuilles d'automne* (1831), *Les chants du crépuscule* (1835), *Voix intérieures* (1837), *Les rayons et les ombres* (1840).

– Au théâtre :
Cromwell et sa *Préface* (1827), où se trouve défini le drame romantique ; *Marion Delorme* (1829), *Hernani* et sa fameuse bataille (1830), *Lucrèce Borgia* à la Comédie-Française, *Ruy Blas* (1838), *Les Burgraves* (1843).

– Dans le roman :
Han d'Islande, Notre-Dame de Paris (1831).

– Dans la vie publique :
pensionné du roi Louis XVIII, président de la Société des gens de lettres, élu à l'Académie française (1841), élu à l'Assemblée constituante (1848), puis à la Législative (1849).

L'exil (1851-1870) :
à Bruxelles (1851-1852) : *Histoire d'un crime, Napoléon le petit ;*
à Jersey (1852-1855) ;
à Guernesey (1855-1870), *Les contemplations* (1856), *La légende des siècles* (1859), *Les misérables, Les travailleurs de la mer* (1866), *L'homme qui rit* (1869).

Le triomphe (1870-1885) :
1870 : 5 septembre : retour de Hugo en France après dix-neuf ans d'exil. Mise en vente de la première édition française des *Châtiments* (1853) ;
1871 : Hugo élu député à l'Assemblée constituante, puis sénateur (1876) ; *Quatre-vingt-treize* (1874), *L'art d'être grand-père* (1877), *Choses vues.*
1885 : 22 mai mort de Victor Hugo.
1er juin : funérailles nationales. Inhumation au Panthéon.

L'espace du roman au XIXᵉ siècle

• L'héritage du XVIIIᵉ siècle

Le roman de cette première moitié du siècle est d'abord marqué par une tendance, héritée de Rousseau et de Bernardin de Saint-Pierre, aux thèmes bucoliques. En cela, George Sand et sa *Mare au diable*, ou le *Jocelyn* de Lamartine recueillent l'héritage du XVIIIᵉ siècle.

Mais si beaucoup de romanciers se reconnaissent dans le « sentiment de la nature », chacun a son territoire de prédilection : le Berry pour George Sand, le Valois des *Filles du feu* pour Nerval, le Val de Loire pour Balzac et son *Lys dans la vallée*. Le roman n'est pas seulement bucolique, mais aussi régionaliste.

• L'apport romantique

De la **sensibilité romantique**, le roman tire les thèmes qu'il partage avec la poésie de l'époque : solitude du héros, sentiment aigu du Moi, primauté de la passion amoureuse, complaisance au malheur et à l'ennui...

Mais plus que la poésie, le roman se prête à l'exploration de la vie sociale, de l'ambition et de ses obstacles. Deux des plus grandes œuvres de la période – *Le père Goriot* et *Le rouge et le noir*– décrivent les aléas d'une ascension rendue précaire par l'origine modeste du héros.

Une **sociologie du roman** se dessine, reflet des préoccupations de la classe nouvelle qui détient désormais le pouvoir dans les Lettres.

• La naissance du héros

Le roman personnel tend à ériger son personnage narrateur en type humain.

« Il faut que de son aventure, où il est rentré homme, l'auteur sorte type. » Ainsi se constituera et s'imposera, dans la littérature romanesque, la fonction du héros de roman. Sorti de l'emprise du Moi de l'autobiographie, le héros régnera sur tout le roman du XIXᵉ siècle.

En outre, l'évolution du roman au XIXᵉ siècle nous rappelle que la séparation des genres, en particulier entre romanesque et poétique, est un fait récent. C'est le roman du XIXᵉ siècle qui a tracé la délimitation de la catégorie romanesque à laquelle nous sommes aujourd'hui habitués. Stendhal, Balzac, George Sand, Mérimée constituent les maillons d'une chaîne qui conduit au roman moderne.

Romanesque et expérience de soi : Stendhal (1783-1842)

Peinture des mœurs, description de la société, analyse du cœur humain, aucune de ces notions ne parviendrait à rendre compte vraiment de tout ce qu'implique spécifiquement, dans l'histoire du roman, l'adjectif « stendhalien ». C'est sans doute que, pour la première fois, le roman n'est rien d'autre qu'une **écriture** narrative qui prend conscience d'elle-même, de son épaisseur, de son plaisir. « Je trouve quelquefois beaucoup de plaisir à écrire », disait Henry Beyle, c'est-à-dire Stendhal.

Hors de toute intention illustrative, loin des contraintes de l'autobiographie, voilà ce qu'invente Stendhal : **le pur plaisir romanesque.** Un plaisir qui sait habilement balancer **l'acceptation et le refus d'une époque** ; un plaisir nourri à l'essence même d'une **subjectivité** ; un plaisir, enfin, fondé sur l'exigence d'un **style romanesque.**

• Stendhal dans son temps

Lorsque, âgé de quarante-quatre ans, Stendhal aborde, en 1827, son premier roman, *Armance*, il est le témoin de toute une génération de **désillusions**. Comme Vigny, comme Balzac, il a grandi dans l'euphorie du rêve napoléonien. Or comme eux, il a vécu le difficile retour à l'ordre de la monarchie, les ambitions détournées de leur chemin exaltant, les carrières confisquées par l'arrivisme. Amère désillusion dont les héros de Stendhal se feront l'écho, à commencer par Julien Sorel dans *Le rouge et le noir* (les deux couleurs qui symbolisent respectivement l'ambition militaire et religieuse).

Au lieu des champs de bataille où l'ascension se mesure en galons vite conquis, que trouve Julien Sorel, le héros du *Rouge et le noir* ? L'étroitesse de la vie de province, d'une part, l'hypocrisie et l'intrigue de la haute société d'autre part. Armé de son ambition et placé face à cette insatisfaisante disposition du monde, il aura le choix entre l'acceptation et la révolte. Le **conflit entre le héros et la société**, sujet même du roman, se résoudra d'une façon ou d'une autre.

Du côté de la révolte, l'époque offrait à Stendhal des **modèles** tout trouvés : ceux **du romantisme**. Et Stendhal est bien, de ce point de vue, de son époque. En ces romans où le devenir de l'individu est confronté aux exigences de la société, où l'amour rivalise avec l'ambition, où les actes n'ont de signification que symboliquement, comment ne pas reconnaître le **défi** lancé à l'homme, caractéristique du drame romantique ?

Pourtant, **Stendhal ne fut pas entendu de son époque.** *Armance* passa inaperçu ; *Le rouge et le noir* ne fut pas plus compris que *La chartreuse de Parme*. « Je mets un billet à une loterie dont le gros lot se réduit à ceci : être lu en 1935 », écrit-il dans *La vie d'Henri Brulard*. Cette incompréhension n'est pas le fait du hasard. Si l'on se réfère à la critique de l'époque, l'art romanesque de Stendhal s'attire régulièrement deux types de reproches : le **manque de simplicité** et la **pauvreté stylistique**. En somme, ce qui, dans l'œuvre de Stendhal, reste inassimilable au romantisme, c'est la nature d'une vision personnelle et la qualité d'une écriture.

• L'essence d'une subjectivité

Avant d'aborder le roman, Stendhal s'était consacré à l'art de la biographie. *Vie de Haydn, Mozart, Métastase, Vie de Napoléon, Vie de Rossini,* disent la prééminence, dans cette conscience romanesque, de l'élément personnel, du personnage. Les romans de Stendhal sont des **romans de personnages.** Face aux aléas, aux fantaisies, à l'imprévu qui semblent présider au déroulement des intrigues, le personnage, et en particulier le héros, offre la résistance d'une subjectivité complexe irréductible à une seule idée – comme les héros-symboles de Balzac – mais constante.

Les héros de Stendhal sont plus que des acteurs. Ils ont force d'**expérimentations** dans lesquelles s'investit tout entier le héros-démiurge qui porte le nom – emprunté – de Stendhal. On a souvent relevé cette tendance de la personnalité de Stendhal à se dissimuler derrière ses masques. Le goût des pseudonymes (on lui en connaît plus de cent !) découle de cette tendance, qu'un texte intime, *Les privilèges du 10 avril 1840,* illustre de façon troublante :

« ... le privilégié pourra quatre fois par an, et pour un temps illimité chaque fois, occuper deux corps à la fois. »

En fait, le projet romanesque de Stendhal est lié profondément à un projet personnel : le rêve de constituer sa propre personnalité. « Quel homme suis-je ? Ai-je du bon sens, ai-je du bon sens avec profondeur ? Ai-je un esprit remarquable ?... » A toutes ces questions répondent, chaque fois différemment, les héros de roman. Mais chez Stendhal, cette interrogation et les réponses qui y sont données portent un nom : c'est l'**égotisme***. La passion de l'égotisme, qui dépasse de beaucoup le cadre des *Souvenirs d'égotisme* pour rayonner sur l'ensemble de l'œuvre romanesque, revient à tenter de se façonner soi-même en s'investissant successivement dans diverses figures inventées, et en les quittant l'instant d'après.

• Une écriture romanesque

Stendhal, paralysé par la seule idée d'un plan préconçu, écrivait au fil de la plume, abandonnant à son imaginaire en acte le soin de conduire l'action. Cette écriture rapide (*La chartreuse de Parme* fut écrite en cinquante-deux jours), impulsive et spontanée, définit d'emblée les données d'un style : un style où rien de la préméditation et de l'emphase romantiques ne trouvait place. C'est peut-être là l'explication du peu d'audience que rencontra Stendhal : son art renvoyait plus à la rapidité, à l'ellipse* et à la concision de

Voltaire, de Montesquieu, voire du *Code civil* (qu'il lisait chaque jour) qu'à l'esthétique de Rousseau, de Chateaubriand ou de Victor Hugo. On a parlé à son sujet de l'élégance du naturel. C'était faire bien peu de cas du **travail** qu'implique cette écriture, d'où sont soigneusement exclues redondance*, hyperbole*, et en général tout effet d'amplification. En réalité, cet effort pour **parvenir à la transparence** n'a qu'un but : la claire connaissance de soi. Écrire, pour Stendhal, consiste à essayer des masques différents afin de mieux se comprendre soi-même. Y parvenir, c'est atteindre aux moments rares d'un « bonheur parfait ».

En héritière fidèle du XVIIIᵉ siècle, la morale profonde de Stendhal est tout entière orientée vers **la recherche du bonheur**. Ce bonheur, dont *La chartreuse de Parme* nous livre le tableau le plus complet, a sa source dans quelques expériences privilégiées, comme l'Italie, la beauté des femmes, la musique, l'art en général... Territoires favoris, que tente de rejoindre, à travers tous les détours imposés par l'ambition et la volonté de puissance, le héros stendhalien. Lorsqu'il y parvient, ce qu'il éprouve, c'est une dépossession de soi-même et un abandon : « Les instants de bonheur jettent l'âme tellement hors d'elle-même qu'ils lui échappent. » Fuite heureuse et désespérante : à peine atteinte, elle relance le rythme de la quête, qui scande l'écriture de Stendhal.

Ce rythme, jamais figé dans la grandiloquence et jamais creux, définit l'ultime qualité de ce style. Étonnamment insensible au passage des modes, l'écriture de Stendhal puise là une sorte de jouvence perpétuelle qui garantit sa modernité.

Itinéraires

Stendhal (1783-1842)

La formation (1783-1827)
Naissance à Grenoble d'Henri Beyle ;
1799 : Paris ; Armée d'Italie. Vie à Paris : quelques voyages ; esquisses de comédie ; rédaction d'un journal intime.

En Allemagne, puis en Autriche (1806) ; Auditeur au Conseil d'Etat à Paris (1811) ; A Milan : théâtre, musique, amour (1815).

Premiers écrits :
Vie de Haydn, de Mozart ; *De l'amour* (1822) ; *Vie de Rossini* (1823).

Le romancier (1827-1842)
Armance (1827) ; *Promenades dans Rome ; Le rouge et le noir* (1830) ; *Vie de Henry Brulard*.
Nombreux séjours à Rome, *Souvenirs d'égotisme* ; *Lucien Leuwen* ; *Chroniques italiennes* ; *Lamiel* (1831) ; *La chartreuse de Parme* (1839) ;
Retour à Paris : crise d'apoplexie (1842).

La chartreuse de Parme

Le plus nerveux, le plus subtil, le plus éblouissant des romans de Stendhal.

Écrit en cinquante-deux jours, il est inspiré par un récit du XVe siècle, que l'auteur transpose dans le contexte historique et émotif des dernières années du XVIIIe siècle.

La principauté imaginaire de Parme est le tableau d'intrigues qui mêlent l'amour et le pouvoir, et à travers lesquelles le jeune héros, Fabrice del Dongo, dessine les traits d'une quête effrénée du bonheur en poussant l'existence aux limites de ses ressources humaines.

L'égotisme littéraire

L'égotisme littéraire consiste finalement à jouer le rôle de *soi* ; à se faire un peu plus *nature* que nature ; un peu plus soi qu'on ne l'était quelques instants avant d'en avoir eu l'idée. Donnant à ses impulsions ou impressions un *suppôt* conscient qui, à force de différer, de s'attendre à soi-même, et surtout de *prendre des notes*, se dessine de plus en plus, et se *perfectionne* d'œuvre en œuvre *selon le progrès même de l'art de l'écrivain*, on se substitue un personnage d'invention que l'on arrive insensiblement à prendre pour modèle.

PAUL VALÉRY, *Stendhal, Variété II*, Gallimard.

Lire Stendhal aujourd'hui, c'est :

○ rejoindre, par-delà le romantisme, les éléments épars, modernes et classiques, d'une **morale du bonheur ;**

○ voir se transformer, dans le roman comme dans l'histoire du roman, le **statut du personnage romanesque** ;

○ suivre la démarche d'une **écriture de la transparence**.

Stendhal/Bertolucci : Parme 1839-1968 : rêveries romanesques et rêveries révolutionnaires.

Le roman au féminin :
George Sand (1804-1876)

Renouvelant, au cœur du romantisme, la figure de la femme de lettres héritée de Germaine de Staël, George Sand nous apparaît, aujourd'hui, comme un personnage : l'incarnation vivante du féminisme, de la liberté des mœurs, de la revendication provinciale... Le personnage Sand est au moins aussi vivant, dans la mythologie littéraire du XIXè siècle, que son œuvre.

● *Une œuvre foisonnante*

L'œuvre — romanesque sans interruption — prit ses orientations dans l'expérience d'une personnalité étonnamment accordée aux préoccupations de son temps : **le féminisme** d'abord, vécu comme une revendication passionnée dans *Lélia* (1833) ; les thèmes du romantisme **socialiste et humanitaire**, dans *Le compagnon du tour de France* (1840) ; **l'inspiration rustique**, enfin, tout droit héritée de Rousseau, dans *Les maîtres sonneurs* (1853). Cette plume (dont Musset dit qu'elle ne rayait jamais une ligne) produit avec une étonnante facilité des romans où la pureté des sentiments et la tonalité agreste dissimulent mal les abondants lieux communs moraux, politiques ou sentimentaux. Faut-il lire Sand seulement comme un témoin privilégié ? Ce serait trop vite oublier certaines œuvres touffues mais d'une inépuisable richesse romanesque, comme *Consuelo*.

● *Une personnalité recherchée*

Cette berrichonne était aussi parisienne. Sa personnalité, ses partis pris, ses singularités lui assurèrent la plus belle palette de relations qui se puisse imaginer : Musset, Chopin, Flaubert, Delacroix, entre autres, se rencontrèrent dans la maison de Sand à Nohant. Ils sont à l'origine de son énorme *Correspondance*, la part la plus édifiante de cette œuvre. L'échange épistolaire avec Flaubert, en particulier, offre un des plus beaux exemples du genre à l'époque romantique, et confirme, en même temps, par la nature de son ton, les liens secrets qu'entretient George Sand avec le XVIIIè siècle dont elle était issue.

Romanesque et exotisme littéraire

En marge des grands courants qui animent le siècle, on a longtemps traité comme secondaire, et ce en dépit de son succès populaire, toute une littérature d'imagination. Cette littérature, que nous appellerons exotique, s'est servie de l'histoire, de la science, des coutumes régionales pour exalter l'art du récit, où l'écrivain comme le lecteur trouvent chacun leur plaisir : plaisir d'écrire, plaisir de lire.

Alphonse Daudet (1840-1897)

On dira de la littérature de Daudet qu'elle sent bon le terroir. Ce méditerranéen, attaché à sa Provence d'origine, reste pour nous la figure symbolique du **régionalisme en littérature, du Midi comme art de vivre et de sentir.**

Tout pour Daudet est d'abord **matière de conte.** Il le dit lui-même en parlant des méridionaux : « Nous ne sommes que des gens d'imaginations et de paroles débordantes, des brodeurs, des improvisateurs féconds. » En observateur exercé à tout voir sous l'angle de l'humour et de la pitié, Daudet fait un récit de la moindre aventure. Le merveilleux y voisine avec la tendresse, renouvelant le conte dans la littérature française, ce genre nourri de la tradition orientale par la Méditerranée. Les *Lettres de mon moulin* (1869) présente, à cet égard, un florilège d'histoires à rire ou à pleurer, dont le paysage ensoleillé et la langue colorée ont fait l'un des ouvrages les plus populaires de la littérature française.

La morale du conte est presque toujours la même : qu'il existe en tout homme une faiblesse pardonnable, comme celle du *Sous-préfet aux champs* et que rien d'humain ne mérite d'être pris au tragique. Cette faiblesse n'est-elle pas au fond le degré même de sympathie que nous inspirent les personnages ? Morale bon enfant si l'on veut, qui peut paraître un peu étriquée dans ses implications, mais morale rassurante pour une opinion publique de lecteurs bourgeois qui ont horreur du sérieux.

Ce **refus du sérieux** n'exclut pourtant pas le goût du drame au sens méditerranéen du terme. Chez Daudet la Méditerranée solaire, lumineuse, avenante présente une face nocturne imprévisible, mortifère, qui inspire la pitié. Pas la terreur, ni la révolte ; la pitié seulement, voire l'apitoiement larmoyant. Quand les histoires finissent mal – comme *La chèvre de Monsieur Seguin* – elles ne sont pas encore assez terribles pour qu'on hésite à les raconter aux enfants.

Prosper Mérimée (1803-1870)

• Une œuvre mythique : Carmen

Carmen (1845), plus vivante que jamais, survit à l'oubli qui frappe tout l'œuvre de Mérimée : on dira que c'est en grande partie grâce à l'opéra qu'en tira le compositeur Georges Bizet. C'est pourtant réduire exagérément la force d'une nouvelle qui, aujourd'hui encore, s'impose comme un modèle du genre.

L'originalité de *Carmen* réside dans l'invention d'un **mythe rapide** : d'une histoire resserrée dont la portée symbolique rejoint celle du personnage de Dom Juan. Rencontre de la brièveté et de la grandeur que confirment nombre de nouvelles de Mérimée.

• Des récits très condensés

Les récits — *Colomba* (1840), *Mateo Falcone* (1829) —, au contraire, restent comme repliés sur eux-mêmes, réservant une large place à l'ellipse et à la litote*. Leur allure fortement dramatique les destine naturellement aux transpositions théâtrales ou cinématographiques.

• Exotisme et fantastique

Mérimée, Inspecteur général des Monuments historiques, était aussi homme de voyages : *Colomba* fut écrit au retour d'une visite de la Corse ; *Lokis* (1869) mêle au fantastique de son récit, les obscurités du paysage lithuanien ; et la plupart des textes de Mérimée ont un caractère exotique.

C'est son double attrait pour la **condensation dramatique** et pour la **couleur exotique** qui conduit Mérimée aux rives du **fantastique**, cette « intrusion du mystère dans la vie réelle ». Avec *Lokis* et *La Vénus d'Ille* (1837), il marque une étape dans l'abandon du merveilleux mythologique ou chrétien, vers l'art d'Edgar Poe dont Baudelaire traduit les *Histoires extraordinaires* en 1856.

Alexandre Dumas (1801-1870)

Les trois mousquetaires (1841-1844), *Le comte de Monte-Cristo* (1844-1845), *La reine Margot* (1845), *Le chevalier de Maison Rouge* (1845-1846), font d'Alexandre Dumas l'un des auteurs les plus lus de la littérature mondiale, popularisé par ailleurs par le cinéma et la télévision. Cette reconnaissance universelle s'explique par l'allégresse et la passion d'une œuvre qui joue constamment tant avec l'Histoire qu'avec le récit.

○ Une œuvre collective

Dumas n'aime pas travailler seul. Son énorme production, le succès qu'elle entraîne vont l'amener à recréer dans son travail les conditions de l'atelier du peintre. C'est ainsi qu'on a pu parler, à propos de cette considérable machine à produire, « d'entreprise Dumas », et que certains lui ont reproché sa manière industrielle. Entouré de collaborateurs, il donne l'idée de départ d'un roman, il remodèle des ouvrages mal conçus, et se réserve la touche finale, multipliant, ici et là, les emprunts et plagiats.

○ Des récits qui avancent

On dirait presque que Dumas écrit pour les moyens modernes et visuels de présentation du récit. Une fois la situation historique sommairement posée, c'est l'action, les personnages au milieu de l'action qui l'intéressent, et la manière dont progresse le récit. Cette progression, il l'obtient en **jouant sur la variété :** changements incessants de lieux, variations des tons et des genres, mélange entre comédie et drame, action et sentiment, violence et tendresse.

Il sait en particulier que les périodes troublées offrent le meilleur terrain pour enraciner ses récits, pour confronter ses héros exceptionnels et imaginaires à un moment de l'Histoire en train de se faire, pour organiser cette confrontation entre aventure individuelle et destin collectif.

○ Un art de l'excès

Le récit de Dumas est constamment jubilatoire. Il dit le plaisir du récit, justifie toutes les invraisemblances, joue même avec elles et par là fait appel à la complicité du lecteur.

L'une des marques de ce goût pour l'excès réside dans l'inépuisable appétit qui traverse ses romans : « fringale » toujours à satisfaire, de femmes, de gloire, d'argent, de conquête de pouvoir. Elle se traduit en particulier dans **le goût de Dumas pour les grands nombres** (voir *Le trésor de Monte-Cristo*). Mais aussi par la générosité de ses héros, toujours prompts à l'effort, toujours prêts à tout sacrifier pour l'aventure qui les occupe, à tout risquer, jusqu'à leur vie.

Jules Verne (1828-1905)

Il aura fallu à Jules Verne une quarantaine d'années pour rédiger les quelque cent volumes de son *Voyage extraordinaire dans les mondes connus et inconnus*. Il s'agissait là d'une rêverie qui se fixait pour ambition de « résumer toutes les connaissances géographiques, géologiques, physiques, astronomiques, amassées par la science moderne, et de refaire sous une forme attrayante l'histoire de l'univers ».

○ *Un parcours cosmique*
L'œuvre de Jules Verne occupe tout l'espace, circule à la surface du monde, s'élance vers le haut, s'enfonce vers le bas, confrontant ses héros à tous les éléments, air, eau, terre et feu, au cours de ces aventures fantastiques que sont le *Voyage au centre de la terre*, *Le tour du monde en quatre-vingts jours*, ou le *Voyage dans la lune*.

○ *Un parcours métaphorique et pédagogique*
Chacun de ces déplacements est en fait le récit d'**une quête** au cours de laquelle le héros se trouve initié aux mystères du monde. L'œuvre dévoile ainsi son ambition de totaliser, au bout du compte, l'expérience du monde.

Récits d'une quête, les romans de Jules Verne accordent une place privilégiée à la relation pédagogique de l'adulte à l'enfant. Si l'œuvre de Jules Verne figure, dans nos bibliothèques, sur les rayons de la littérature pour la jeunesse, elle doit à coup sûr cette réputation aux parcours « pédagogiques » qu'elle propose. Chaque fois, en effet, le jeu consiste à poser une énigme et à la résoudre en termes d'action.

○ *Un parcours idéologique*
Au bout du voyage, qu'il soit dans la lune ou au centre de la terre, l'œuvre délivre son message : elle nous montre Jules Verne passant de l'optimisme positiviste, civilisateur et universaliste des grands romans, à un pessimisme agressif et anarchisant (dans *L'île à hélice* ou *Les naufragés du Jonathan)*, qui stigmatise une société fondée sur le profit. Le message central de l'œuvre reste cependant celui que délivre le Capitaine Némo dans *L'île mystérieuse* : que c'est à l'intérieur de la nature et par elle, que l'homme peut se dépasser et fonder son royaume.

Réalismes et naturalismes

● Le scientisme, source du réalisme et du naturalisme

La première réaction contre le romantisme prend le nom de **réalisme.** Elle se manifeste essentiellement dans le domaine romanesque (avec Flaubert, les frères Goncourt, Zola, Maupassant), mais aussi dans la poésie de Théophile Gautier et dans la peinture de Gustave Courbet, par exemple.

Le réalisme, et son prolongement, le « naturalisme », sont nés d'une attirance nouvelle – et en parfaite contradiction avec l'éthique romantique – pour la science et ses méthodes. Ce goût scientifique, étendu par des amateurs à des domaines étrangers à la science, c'est le **scientisme,** qui marquera de son empreinte toute la deuxième moitié du XIXe siècle.

● Le scientisme, une méthode pour le roman réaliste

Le scientisme préconise, en art, le respect du réel, l'attachement à la vérité objective du monde, et la méfiance à l'égard de tout idéalisme. Nouveau « retour à la nature », si l'on veut, qui entraîne le roman – considéré comme le laboratoire par excellence du réalisme – vers des horizons jusque-là inconnus.

Il instaure **la religion du document** . Fondé sur une anecdote tirée de la presse (comme *Madame Bovary)* ou document lui-même (le *Salammbô* de Flaubert constitue un précieux témoignage sur Carthage), le roman réaliste a son essence dans le fait brut.

● Le roman réaliste, dépassement de la méthode scientiste

A refléter le monde, le roman réaliste pourrait bien perdre jusqu'à la justification de son statut romanesque. Pourtant, à la manière de *Madame Bovary,* qui ne saurait être ramené à un fait divers, il l'enrichit :

● **par la technique des tableaux successifs** : « La littérature (...), dit Flaubert, sera surtout **exposante,** ce qui ne veut pas dire didactique ; il faut faire des tableaux, montrer la nature telle qu'elle est, mais des tableaux complets, peindre le dessous et le dessus. »

Ainsi, la technique de la description (celle qui dévoile par exemple la locomotive dans *La bête humaine* de Zola) aura-t-elle dans cette littérature une place privilégiée.

● **par la recherche d'une écriture** qui se démarque de la stricte observation. Là encore, l'exemple de Flaubert est éclairant. « Pour Flaubert, dit

Roland Barthes, la phrase est à la fois une unité de style, une unité de travail et une unité de vie. » Il ne s'agit pas, pour les réalistes, de faire coller les mots à la réalité. Au contraire, à la passivité devant le réel répond une attention accrue portée à l'écriture. Gautier, les Goncourt, Maupassant trouveront là, comme Flaubert, leur principale préoccupation.

● **par l'ambition**, héritée du scientisme, d'un **compte rendu exhaustif du monde.** Elle se manifeste par la vision totale − et « classable » − dont s'inspirent certaines œuvres : la « déchéance fatale d'une famille ouvrière » dans *L'assommoir* de Zola, par exemple. Le classement même de *La comédie humaine* de Balzac, par catégories sociologiques (province et Paris, bourgeois et paysans) préfigure cette préoccupation du naturalisme.

Certes, de Balzac à Maupassant et aux Goncourt, le naturalisme est soumis à une transformation rapide. Chez Alphonse Daudet (1840-1897), il épousera la verve d'un conteur bavard et sentimental. Chez Maupassant (1850-1893), le plus fidèle des disciples de Flaubert, il prend la forme d'une obsession cruelle et hallucinée pour le détail.

Ses modèles régneront pourtant, de façon plus ou moins avouée, jusqu'à la première moitié du XXe siècle, et se survivront dans les œuvres de Roger Martin du Gard, de Jules Romains ou de Georges Duhamel.

Honoré de Balzac

Par ses **dimensions**, par sa **nouveauté**, enfin par l'**écho** qu'elle recueillit en son temps, et qu'elle continue de recueillir, l'œuvre de Balzac constitue l'un des événements fondateurs de la littérature française du XIXᵉ siècle.

Cet événement n'est pas seulement le fait d'une personnalité exceptionnelle. Il a été favorisé par un ensemble de **circonstances historiques** qu'il est bon d'évoquer pour mieux en situer l'originalité.

• Circonstances historiques

Couvrant exactement la première moitié du XIXᵉ siècle (de 1799 à 1850), l'existence de Balzac traverse les mutations politiques qui mènent la France du Premier au Second Empire, en passant par la Restauration, la Révolution bourgeoise de 1830, la Monarchie de Juillet et la Révolution de 1848.

Comme son contemporain Stendhal, Balzac appartient à cette génération fascinée par l'effondrement de l'aventure napoléonienne *(Le colonel Chabert)*, qui aura à choisir entre le monarchisme et le libéralisme. L'œuvre de Balzac se situe dans l'une des époques les plus riches en événements et en idées politiques, donc les plus favorables aux remises en cause et aux incertitudes, qu'ait connues la France.

Pourtant, les dimensions et l'originalité de l'œuvre de Balzac renvoient avant tout à la force d'un caractère dont on s'est plu à répéter et à souligner les traits ; force de la nature, appétit insatiable, ambition forcenée, acharnement au travail, goût frénétique pour les femmes, autant d'idées reçues qui exigeraient sans doute d'être révisées. Le plus important, c'est d'examiner ce qui conduit cette « puissance de désir » vers le genre du roman, et comment le roman, sous son impulsion, prend la forme d'une **encyclopédie de la société**.

• Le choix du roman

Les années 1830-1850 voient grandir en France l'intérêt pour le roman (voir p. 197). L'influence venait en partie d'Angleterre, avec Charles Dickens. Mais il y a des raisons proprement idéologiques au choix du genre romanesque. Tout comme le XVIIIᵉ siècle avait tenté une revue complète du savoir et des idées, le XIXᵉ siècle se fixera implicitement pour ambition la **description encyclopédique du réel**.

L'importance accrue des forces matérielles dans la société (liée au machinisme autant qu'aux fluctuations de la monnaie) ouvre à l'écriture le champ neuf de la description du social. La condition nouvelle qui lui est faite porte en outre l'écrivain vers le genre le plus largement diffusé, et donc le plus rentable, le roman, qui prend le relais de toute une littérature populaire en voie de disparition, à cause des bouleversements sociaux issus de la Révolution.

Après un rapide essai de tragédie en vers (*Cromwell*), Balzac s'est très tôt tourné vers le roman. Cédant au goût du jour, il publie d'abord des romans d'aventure en feuilletons, marchepieds vers une gloire qui tarde pourtant à venir... La grande période créatrice de Balzac s'étendra de 1829 à sa mort : plus de quatre-vingt-dix romans, trente contes, cinq pièces de théâtre jalonnent ces vingt années. Ainsi, le roman balzacien puise-t-il dans l'aventure du siècle les racines de son originalité.

● *L'invention du roman moderne : réalisme et vision*

Balzac domine le roman du XIXᵉ siècle. Il inspire aussi celui du XXᵉ siècle.

Ses contemporains et ses successeurs immédiats – tel Zola – ont vu en Balzac **le pionnier du roman réaliste**. De fait, l'entreprise balzacienne innovait par son attachement à une certaine objectivité. Son modèle est à chercher en peinture du côté des petits maîtres hollandais et de leur sens du détail. Et Balzac se présentait lui-même comme le secrétaire de la société française qui, elle, aurait été l'historien.

Mais la description, chez lui, doit trop au grandissement épique pour répondre aux critères du réalisme ; la psychologie des personnages est trop imprégnée de passion, voire d'idées fixes (voir Grandet et son goût pour l'argent, dans *Eugénie Grandet*), pour évoquer la froideur. En tout, **Balzac fait éclater les préceptes étroits du réalisme**.

Baudelaire, le premier, a su voir l'écart entre le réalisme et une œuvre si marquée par les pouvoirs de l'imagination : « J'ai maintes fois été étonné que la grande gloire de Balzac fût de passer pour un observateur ; il m'avait toujours semblé que son principal mérite était d'être visionnaire, et visionnaire passionné. » La vision : tel est le sens dominant de la démarche du romancier. C'est-à-dire : l'observation *et* la recréation. Il prétendait « faire concurrence à l'état civil » : il faut l'entendre non comme une servile imitation, mais comme une **ambitieuse réinvention**.

Un personnage parmi tous incarne et illustre l'aspiration du romancier à la puissance recréatrice : c'est Vautrin, dans *Le père Goriot* et dans *Les illusions perdues* ; cet ancien forçat offre à Rastignac et à Lucien du Rubempré le même marché : renoncer à sa propre vie pour faire celle de son protégé. Marché qui rend compte exactement de la relation qu'entretient Balzac avec ses créations et ses créatures : **la démiurgie***. Non que l'auteur soit totalement absent de ses personnages. Il existe plus d'un rapprochement possible entre le Félix de Vandenesse du *Lys dans la vallée*, ou le Raphaël de *La peau de chagrin* et l'histoire personnelle de Balzac. Mais jamais l'écriture balzacienne n'échappe tout à fait au génie de la **transfiguration**.

Points de repère

Le père Goriot

L'histoire d'un père voué à l'amour de ses deux filles, et payé en retour par l'ingratitude de celles-ci.

Avec une sobriété et une intensité réaliste inconnues jusqu'à lui, Balzac décrit la misère du père Goriot. A travers le regard de Rastignac, jeune provincial monté à Paris pour y faire son droit, le lecteur fait l'apprentissage de la vie parisienne, de sa corruption, de ses misères et de ses drames cachés, tels que les résume la « pension Vauquer », où se retrouvent les divers protagonistes du roman.

Lire Balzac aujourd'hui, c'est :

○ entrer dans **l'histoire d'une société** ; histoire d'ailleurs difficile à dater, tant cette image de la Restauration ressemble à une prémonition du Second Empire. Mais l'intérêt que portait Karl Marx à l'œuvre de Balzac prouve assez qu'il y a là matière d'historien ;

○ pénétrer dans un **univers épique**, où les « personnages épiques », comme disait Balzac (Grandet, Birotteau, Goriot...) font figure d'emblèmes universels ;

○ se laisser conduire à travers les détours d'intrigues tortueuses et savantes qui paraissent dirigées par un Destin-démiurge ;

○ adhérer au postulat poétique de la **description**, et par là même entrer dans une vision du monde qui, pour la première fois, s'intéresse à l'humilité des choses et des lieux ;

○ découvrir un **style** qui rompt avec les traditions de l'élégance classique. Par sa rugosité, par sa lourdeur même (qui faisait le désespoir de Balzac), le style balzacien invente une esthétique de l'écriture en conformité avec son objet : une esthétique de **l'épaisseur** des mots, des êtres et des choses (« Entre nous, écrivait-il à Clara Maffei en 1838, je ne suis pas profond, mais très épais. ») ;

○ enfin, c'est s'ouvrir au **roman moderne**, s'engager dans la voie qui conduit tout droit à Proust, aux grands romanciers russes et à l'esthétique romanesque du XXe siècle.

● *Une encyclopédie de la société*

Le gigantisme de l'œuvre de Balzac est aussi une donnée de sa structure interne.

De l'encyclopédie, en effet, les romans de Balzac possèdent le goût de l'**exhaustivité**. Aux objets, aux paysages ou aux êtres humains, la description, d'une minutie extrême, tente d'arracher une vérité cachée. Aussi, ces pages descriptives, si caractéristiques de la manière de Balzac, sont-elles pour certains de longs déserts d'ennui, pour d'autres de précieuses mises en scène poétiques des thèmes qui structurent l'œuvre. On se rappelle, par exemple, la description-fleuve de la boutique du brocanteur qui ouvre *La peau de chagrin*. « L'homme, disait Balzac, tend à représenter ses mœurs, sa pensée et sa vie dans tout ce qu'il approprie à ses besoins. »

Encyclopédique, encore, ce **sens de l'organisation des faits et des idées**, voire de leur classification. C'est à partir de 1842 que Balzac rassemble, sous le titre unique de *La comédie humaine* qui évoque l'entreprise poétique de Dante, l'ensemble de son œuvre. Sous cette bannière se répartissent inégalement *Etudes de mœurs*, *Etudes philosophiques* et *Etudes analytiques* : autant de sous-ensembles plus ou moins cohérents, mais que Balzac définit lui-même dans l'avant-propos à *La comédie humaine*. De même, à travers toute son œuvre se manifeste la prédilection pour la **stylisation des personnages**. Ainsi, Horace Bianchon, par exemple, représente-t-il le modèle achevé du médecin selon Balzac : sa figure traverse une grande partie de l'univers balzacien. D'un roman à l'autre, des personnages réapparaissent, comme Rastignac et Vautrin, fondant l'idée d'une **entreprise cyclique**, et sollicitant la familiarité du lecteur.

L'encyclopédie est enfin dans la diversité des champs d'intérêt qui inspirent le romancier. Il met en scène un parfumeur (*César Birotteau*), un alchimiste (*La recherche de l'absolu*), un être androgyne (*Séraphita*), les paysans, les petits bourgeois de province, les courtisanes de Paris ou les barons d'affaires, chacun avec son monde de savoir et d'habitudes, avec sa mentalité, avec ses mœurs. A travers des lieux et des milieux aussi divers, une seule constante s'impose : **la passion humaine**, sous ses formes brûlantes ou froides, désespérées ou illuminées, radieuses ou mortelles. Balzac est un voyageur de l'idée fixe.

Gustave Flaubert (1821-1880)

En avril 1880, quelques jours seulement avant sa mort, Flaubert reçut un exemplaire des *Soirées de Médan,* le manifeste* collectif du naturalisme, dédicacé au « Patron » par ses illustres auteurs. Ainsi, le créateur de *Madame Bovary* allait se trouver engagé dans la voie d'une postérité placée sous le signe du **réalisme** et du **naturalisme,** d'où il n'est pas encore complètement sorti. Ses œuvres, pendant de longues décennies, passeront pour des modèles de fidélité au réel, de vérité psychologique, d'objectivité, dont se réclameront Zola, Maupassant et les frères Goncourt.

C'est pourtant hors des catégories restrictives du naturalisme – comme du romantisme – dans lesquelles Flaubert ne se reconnut jamais lui-même, qu'il faut aujourd'hui resituer son œuvre.

• Le siècle et le mythe

Si l'on parcourt l'ensemble des romans et contes de Flaubert, on y distingue deux directions nettement apparentes : d'un côté les œuvres qui prennent place dans le temps et le cadre sociologique de la France bourgeoise du XIXe siècle – *Madame Bovary* (1856), *L'éducation sentimentale* (1869), *Bouvard et Pécuchet* (1881) – ; de l'autre, des réinterprétations de mythes antiques ou chrétiens qui possèdent en commun la couleur de l'exotisme – *Hérodias* (1877), *Salammbô* (1862), *La tentation de saint Antoine* (1874).

Les premiers se lisent comme des méditations sur un trait de mentalité (l'esprit « romantique » dans *Madame Bovary,* le scientisme dans *Bouvard et Pécuchet...*) : en isolant ce trait sur un personnage, ils élèvent le romanesque à une dimension épique, et tendent à faire de cette créature un vrai mythe contemporain. A beaucoup d'œuvres de Flaubert on est tenté d'appliquer le mot de Théophile Gautier à propos de *Salammbô :*

« Ce n'est pas un livre d'histoire, ce n'est pas un roman, c'est un **poème épique !** »

De leur côté, les fresques antiques ou exotiques sont animées d'une puissante familiarité qui en fait des images presque quotidiennes. En elles, le discours romanesque s'approprie le discours du mythe.

En fait, les deux versants de l'œuvre entretiennent d'étroites relations. En fondant ensemble la grandeur de figures mythiques et la proximité du quotidien, Flaubert invente – ou rejoint – une des dimensions profondes du roman.

Le Paris de Balzac
1 *Culture populaire :*
le cabinet de lecture des chiffonniers.
2 *Le temps des grands magasins.*
3 *Le monde du travail.*
4 *Triomphe de l'architecture métallique*

1

2

LE ROMAN DE 1830 À 1890

1830 - Stendhal *Le rouge et le noir*
1831 - Hugo *Notre-Dame de Paris*
1834 - Balzac *Le père Goriot*

1839 - Stendhal *La Chartreuse de Parme*
1842 - Balzac *La comédie humaine*
1845 - Mérimée *Carmen*

La France de Zola
1 et 2 *Symbole et réalité du pain.*
3 *Industrialisation et mécanisation.*
4 *L'autre France.*

2

3

4

• La précision

Dans *Salammbô*, ou dans le conte *Hérodias*, l'auteur garde un contrôle permanent sur les interventions de l'imaginaire. L'écriture du premier fait suite à un voyage « documentaire » à Carthage ; quant au second, il n'est pas une phrase qui n'y soit appuyée par une connaissance technique ou une observation. C'est ce qui valut à Flaubert la reconnaissance des naturalistes.

En fait, Flaubert est explicite sur ce point : « Je regarde comme très secondaire le détail technique, le renseignement local, enfin le côté historique et exact des choses. Je recherche par-dessus tout **la beauté,** dont mes compagnons sont médiocrement en quête. » La précision est chez lui une condition nécessaire, pas un but en soi. Elle atteint pourtant, dans certaines pages, un degré d'obsession dont l'histoire du roman présente peu d'exemples. Ainsi, le fameux discours des « comices », dans *Madame Bovary,* fut-il recommencé jusqu'à sept fois. C'est que la précision documentaire n'est qu'un des aspects de l'essentielle exactitude du mot. Les brouillons de Flaubert illustrent cette recherche, témoignant d'une véritable trituration de la phrase où les mots, accordés entre eux tant par le sens que par le son, ne prennent leur place que peu à peu.

• L'élan et la couleur

L'admirable *Correspondance* nous éclaire sur les souffrances, les angoisses et les repentirs dont s'accompagne ce travail de la précision. Elle montre aussi que cet effort, ce « pensum » n'aurait pas été possible sans diversion. De l'écriture douloureuse de *Madame Bovary,* Flaubert se distrait en abordant *Salammbô,* « un sujet splendide et loin du monde moderne ».

Dans l'histoire carthaginoise de *Salammbô,* inspiré par les souvenirs de son voyage sur les lieux, Flaubert retrouve **l'élan lyrique** qu'il avait déjà connu avec *La tentation de saint Antoine.* Une **ardeur d'écrire** qui se traduit surtout par la richesse, la précision et la couleur évocatrice des descriptions.

« Les terrasses, les fortifications, les murs disparaissaient sous la foule des Carthaginois, habillée de vêtements noirs. Les tuniques des matelots faisaient comme des taches de sang parmi cette sombre multitude, et des enfants presque nus, dont la peau brillait sous leurs bracelets de cuivre, gesticulaient dans le feuillage des colonnes ou entre les branches d'un palmier. »

• L'échec

A propos de Flaubert, Malraux parle de ses « beaux romans paralysés ». Sans considérer la perfection d'une écriture marquée par la recherche formelle du beau, la matière même des romans de Flaubert est étrangement hantée par l'obsession de l'échec. *Madame Bovary* met en scène la chute progressive d'une femme trop adonnée à la rêverie ; *L'éducation sentimentale,* l'aventure

Points de repère

Madame Bovary

Le roman que Flaubert consacre aux « Mœurs de province » ne doit que fort peu au fait divers qui l'inspire. Flaubert avait été convaincu par un groupe d'amis d'écrire un roman sur le thème de la femme rêveuse déçue par la médiocrité de l'existence. Le portrait qu'il trace d'Emma Bovary, la peinture des déconvenues conjugales et des mesquineries provinciales (incarnées par le pharmacien Homais) font du roman un lent cheminement vers la déchéance. Les sursauts d'espoir, que créent les passagères aventures amoureuses, ne font que retarder le suicide final d'Emma, qui seul parvient à dessiller les yeux de Charles Bovary sur la vraie nature de sa femme.

Dans cette tragédie de l'illusion à la composition admirablement réglée, Flaubert perfectionne sa technique du réalisme, qui inspirera plus tard Zola et Maupassant.

Flaubert-Lautrec et leurs Bovary

Pour aller plus loin...

La phrase comme monde

La phrase devient ainsi, dans notre littérature, un objet nouveau : [...] une phrase de Flaubert est immédiatement identifiable, non point par son « air », sa « couleur » ou tel tour habituel à l'écrivain – ce que l'on pourrait dire de n'importe quel auteur – mais parce qu'elle se donne toujours comme un objet séparé, fini, l'on pourrait presque dire transportable, bien qu'elle ne rejoigne jamais le modèle aphoristique, car son unité ne tient pas à la clôture de son contenu, mais au projet évident qui l'a fondée comme un objet : la phrase de Flaubert est une chose.

Roland Barthes, *Nouveaux essais critiques*, Seuil.

Une sous-écriture

L'artisanat du style a produit une sous-écriture, dérivée de Flaubert, mais adaptée aux desseins de l'école naturaliste.

Cette écriture de Maupassant, de Zola et de Daudet, qu'on pourrait appeler l'écriture réaliste, est un combinat des signes formels de la Littérature (passé simple, style indirect, rythme écrit) et des signes non moins formels du réalisme (pièces rapportées du langage populaire, mots forts, dialectaux, etc.), en sorte qu'aucune écriture n'est plus artificielle que celle qui a prétendu dépeindre au plus près la Nature.

Roland Barthes, *Le degré zéro de l'écriture*, Seuil.

de la désillusion vécue par un jeune provincial ambitieux arrivé à Paris, Frédéric Moreau ; *Bouvard et Pécuchet,* enfin, peint les échecs successifs du rêve de totalité scientiste qui habite les deux héros dérisoires et pathétiques.

La crispation – la « paralysie » – des personnages dans leur rêve ou dans leur destin répond à une **fixation identique de l'écriture.**

● *L'effort d'écrire*

Cette qualité personnelle d'écriture, résultat de ce qu'on a appelé le « travail de Flaubert », c'est bien en fait ce qui signe sa modernité. « Je tâche de bien penser *pour* bien écrire. Mais c'est bien écrire qui est mon but, je ne le cache pas », disait-il.

Un exemple : *L'éducation sentimentale.* Flaubert ne terminera ce roman de quatre cent cinquante pages qu'après cinq années d'effort (1864-1869). Le dossier de l'ouvrage compte près de cinq mille pages. Là encore, la *Correspondance* nous renseigne sur les pages reprises pendant des jours, sur l'insatisfaction d'une exigence obsédée par l'équilibre de la phrase et la précision de l'adjectif.

Le roman flaubertien constitue, cas exemplaire, l'un des premiers efforts de création visant délibérément à faire coïncider l'écriture et son contenu. En lui **s'abolit** ainsi **la distinction de la forme et du fond,** mêlés l'un et l'autre dans un unique effort d'écrire. Par cet effort, par cette tentative toujours recommencée et jamais complètement achevée, l'art de Flaubert dépasse le roman pour rejoindre une autre grande entreprise de langage qui lui est contemporaine : celle, en poésie, de Stéphane Mallarmé.

Lire Flaubert aujourd'hui, c'est :

○ atteindre à ces confins où **naturalisme** et **lyrisme** se rejoignent ;

○ entrer dans le travail d'une écriture tendue vers un **idéal de perfection** ;

○ assister à la création de **mythes modernes**.

Guy de Maupassant (1850-1893)

Ecrivain tardivement reconnu en France, Maupassant a été d'emblée l'objet d'un culte auprès d'écrivains de sensibilité aussi différente que Thomas Mann en Allemagne, Joseph Conrad aux Etats-Unis ou Maxime Gorki en Russie.

Chacun reconnaît en lui une souveraineté technique alliée à une grande invention romanesque.

• *Le maître de la nouvelle*

En dépit de romans très réussis, *Une vie* (1883), *Bel-Ami* (1885), *Pierre et Jean* (1888), Maupassant reste d'abord le maître de la nouvelle : *Boule de suif* (1880) le fera connaître, *La maison Tellier* (1881), *Les contes de la bécasse* (1883), *Le horla* (1887) assureront son succès et distingueront sa supériorité dans le genre.

Maupassant emprunte ses sujets à plusieurs sources ; on peut ainsi classer les nouvelles en cycles : cycle normand, cycle parisien, cycle fantastique. Chacun de ces ensembles propose des **personnages bien typés** de paysans rusés, de petits bourgeois mesquins, de cocottes convoitées et de femmes du monde ambitieuses. On découvre également, entre toutes ces nouvelles, une **communauté de thèmes** : l'amour malheureux, la désagrégation de la cellule familiale, la communication rendue impossible entre les êtres, le monde vécu comme un chaos, l'amour comme un piège, la vie comme une illusion : « Chacun de nous se fait donc simplement une illusion du monde, illusion poétique, sentimentale, joyeuse, mélancolique, sale ou lugubre... illusion du beau, qui est une convention humaine ! Illusion du laid qui est une opinion changeante ! Illusion du vrai jamais immuable ! Illusion de l'ignoble qui attire tant d'êtres. »

Mais ce qui a immédiatement séduit et assuré le succès des contes, c'est **l'art que Maupassant a déployé dans leur écriture**. En bon stratège du récit, il sait utiliser les ressources de l'opposition, se jouer de la logique des rapports attendus, manipuler l'inexplicable, glisser un parfum d'aventure dans la banalité, de surnaturel dans le naturel et ce parce que, comme il l'écrit dans la préface de *Pierre et Jean*, « la vie est brutale, sans chaîne, pleine de catastrophes inexplicables, illogiques et contradictoires ».

• *Un maître du style*

Cette perfection technique dans la conduite du récit, se double d'une maîtrise du style peu commune : Flaubert, jamais satisfait de la copie de son « élève », l'invite toujours, comme le rapporte d'ailleurs Maupassant, à ne retenir qu'un « aspect qui n'ait été vu et dit par personne », à chercher « l'inexploré, ce peu d'inconnu qu'il y a en toutes choses ». Particulariser, tel est l'un des secrets du style de Maupassant : faire voir avec un seul mot, animer avec un seul verbe, qualifier avec un seul adjectif.

Ce sens du détail est inséparable d'une alchimie de la phrase : le travail de l'écrivain s'attache toujours ici à « discerner avec une extrême lucidité toutes les modifications de la valeur d'un mot suivant la place qu'il occupe », à varier la construction de ses phrases, à les couper ingénieusement, à rechercher les sonorités, à construire des rythmes savants.

Maupassant, après Flaubert, reste l'une des références de cette esthétique de l'observation dont Robbe-Grillet et le nouveau roman se réclameront.

Edmond (1822-1896) et Jules (1830-1870) de Goncourt

Les frères Goncourt offrent un des rares exemples de la fusion de deux talents au service d'une même œuvre.

Adeptes du mouvement naturaliste, ils consacrent leur admiration à Flaubert et à Zola. Du premier, ils retiennent le goût de la recherche sur le langage. Du second, ils annoncent les études de cas — sociologiques ou pathologiques — à verser au dossier d'une future histoire de la société contemporaine.

● Les « raconteurs du présent »

Les frères Goncourt comparent eux-mêmes leur méthode d'écriture à celle des historiens. « Les historiens sont les raconteurs du passé, les romanciers sont les raconteurs du présent », écrivent-ils. Leurs premiers travaux, comme L'Histoire de la société française pendant la Révolution (1854) ou L'Art français du XVIIIᵉ siècle (1859), témoignent de l'attrait que portaient ces collectionneurs passionnés à l'observation de la société.

Attachés au présent, leur naturalisme s'exprime dans ces romans-documents qu'ils consacrent à un milieu ou à un type de personnage. Sœur Philomène (1861), par exemple, constitue une évocation précise et abondamment documentée du monde des hôpitaux. Et pour certaines pages de Germinie Lacerteux (1865) ou de Madame Gervaisais (1869), ils n'hésitent pas, comme Flaubert, à accomplir le voyage sur les lieux qui leur livrera un témoignage indispensable pour asseoir la vérité de leur projet. « Le roman, écrivent-ils à propos de *Germinie Lacerteux*, s'est imposé les études et les devoirs de la science. »

• L'« écriture artiste »

La préoccupation de la langue atteint chez les frères Goncourt une telle complexité qu'ils créent une véritable technique du style, ce qu'ils appellent l'« écriture artiste », fondée sur les épithètes rares, les néologismes, les incorrections volontaires, le rythme et la cadence des périodes, comme dans ce passage extrait de *Germinie Lacerteux* :

« Le ciel était gris en bas, rose au milieu, bleuâtre en haut. Les horizons s'assombrissaient ; les verdures se fonçaient, s'assourdissaient, les toits de zinc des cabarets prenaient des lumières de lune, des feux commençaient à piquer l'ombre, la foule devenait grisâtre, les blancs de linge devenaient bleus. Tout peu à peu s'effaçait, s'estompait, se perdait dans un reste mourant de jour sans couleur et, de l'ombre qui s'épaississait, commençait à monter, avec le tapage des crécelles, le bruit d'un peuple qui s'anime à la nuit, et du vin qui commence à chanter. »

L'utopie consiste ici à penser que les mots, par leur singularité, par une utilisation inhabituelle rendent un peu plus de la réalité qu'ils entendent décrire. Le résultat en est bien souvent, **un langage qui fait écran** aux spectacles entrevus.

Jules Vallès (1832-1885)

Dans le droit fil de l'inspiration « sociale » définie par Zola se situe la trilogie romanesque de Jules Vallès, *L'enfant* , *Le bachelier*, *L'insurgé*.

• Un art social

Avec Zola, en effet, Vallès fonde la tradition d'un art social, où **le peuple** intervient, non plus comme chez les romantiques, à titre de référence idéalisée, mais bien en **acteur vivant du drame historique**, avec ses mœurs, sa logique, son parler. Cette évocation des classes opprimées n'est pas ici simple curiosité d'auteur.

La trilogie de *L'enfant*, du *Bachelier*, de *L'insurgé*, n'est autre, à travers les aventures de Jacques Vingtras, que le reflet de la biographie de Vallès lui-même, issu d'une famille pauvre et élevé dans la misère. De cette expérience sociale, Vallès conservera deux traits de pensée qui structurent toute son œuvre : **le goût de la politique**, et **la haine de l'injustice sociale**.

Le roman a donc chez lui une **portée politique** qu'il n'avait encore que partiellement chez Zola. Certaines pages de *L'insurgé*, par exemple, sonnent comme des hymnes vibrants consacrés à la Commune de 1870.

● *Le « cri du peuple »*

En ces décennies 1850-1880, où la presse connaît un essor sans précédent, la tribune la mieux adaptée au idées révolutionnaires de Vallès, c'est **le journal**. Son activité de journaliste sera intense et engagée, au point de le conduire parfois en prison. Et on ne comprend qu'à moitié la véhémence de son discours romanesque si on ne tient compte aussi des articles enflammés qu'il donne au *Figaro*, à *La liberté* d'Emile de Girardin et, plus tard, à son propre journal, *Le cri du peuple*, créé en 1871.

● *L'élan du lyrisme.*

Bien qu'engagée, révoltée, fervente de la « sociale », l'œuvre de Vallès n'en est pas pour autant aisément classable. Politiquement, l'homme se tient scrupuleusement à l'écart des partis. Et en littérature, son goût du réalisme ne suffit pas à le rattacher à l'école naturaliste.

En vérité Vallès fut **épris d'indépendance**. « Insurgé » il l'est d'un bout à l'autre de son action et de son œuvre. Si là matière en est étroite – Vallès ne parle que de ce qu'il connaît –, elle n'en est que plus intense.

Le style qui la porte est nourri d'une culture classique et en particulier latine – héritée de la Révolution de 1789 –, dont Vallès voudrait gommer les références. Cet effort anti-rhétorique et le lyrisme auquel il aboutit sont les traits caractéristiques d'une écriture qui pose pour la première fois dans la littérature française la question du **rapport entre journalisme et roman**.

Emile Zola (1840-1902)

L'œuvre et la personnalité de Zola suscitent, dans le dernier tiers du XIXᵉ siècle, un délire de popularité.

• Le roman scientifique

En se ralliant au naturalisme, Zola allait en pousser les implications plus loin qu'aucun de ses prédécesseurs. Il allait surtout intégrer à l'entreprise du romancier une idéologie extérieure à la littérature : celle des sciences de la matière et de la vie. Ainsi devait-il passer, aux yeux de ses contemporains, comme **le chef de file de l'école naturaliste**.

Il fera aussi, des thèses de Darwin sur *L'origine des espèces* (traduit en 1862) ou de Claude Bernard dans son *Introduction à la médecine expérimentale* (1865), l'arrière-fond idéologique sur lequel se déroulera sa fresque romanesque.

Reprenant le projet de Balzac dans *La comédie humaine*, Zola entend créer un univers romanesque total, qui tend le regard vers une ambition d'exhaustivité. Grande enquête sur le monde, l'ensemble des *Rougon-Macquart* s'apparente aux monuments de littérature scientifique de cette fin de siècle. Il porte d'ailleurs le sous-titre significatif d'« Histoire naturelle et sociale d'une famille sous le Second Empire ».

• Le modèle balzacien

Le modèle, imposé par Balzac, des grandes constructions romanesques, inspira Zola. *Les Rougon-Macquart* répondent d'ailleurs pour le Second Empire à ce qu'était *La comédie humaine* pour la Restauration. Comme ceux de son aîné, les romans de Zola mettent en lumière **des aspects très divers de la société**, qu'ils traitent à la manière d'une monographie : la révolte des mineurs dans *Germinal* (1885), la vie des cheminots dans *La bête humaine* (1890), la déchéance d'une famille ouvrière dans *L'assommoir* (1877), ou l'univers des spéculateurs et de la bourse dans *L'argent* (1891) ; ils sont liés entre eux par une profonde unité de démarche, de ton et de style. Comme ceux de Balzac, les personnages de Zola réapparaissent au fil de l'œuvre, ou sont soumis aux lois de la filiation (Nana est la fille de Gervaise).

Mais là s'arrête la parenté. Balzac n'avait pas pour ambition de vérifier dans l'expérience les hypothèses avancées par une supposée science morale. « Au bout, dit Zola, il y a la connaissance de l'homme, la connaissance scientifique, dans son action individuelle et sociale. » Voilà qui donne à son projet sa particularité − et aussi sa limite. Car plus personne aujourd'hui ne croit à la « connaissance scientifique » de l'homme par le roman. Et si l'œuvre de Zola répondait en tout point à ce programme, ce serait une raison suffisante pour la refermer définitivement.

● *La force d'un imaginaire*

Zola est le premier **chantre de la révolution industrielle**, de l'ascension et des luttes de la classe ouvrière, de la collectivité. Ce qui nourrit chez lui l'imaginaire, ce sont les créations d'une société vouée au profit matériel : les Halles dans *Le ventre de Paris* (1873), la vie d'un immeuble dans *Pot-Bouille* (1882), un grand magasin dans *Au bonheur des dames* (1883)... En s'appliquant à les dépeindre, il n'est plus le froid expérimentateur de la morale en acte ; il s'abandonne à un lyrisme d'un genre nouveau, d'où ressort l'idée d'une force profonde et obscure, cachée au cœur des grands phénomènes sociaux, et que l'écriture cherche à libérer.

● *La fascination des foules*

Cette force, c'est sans doute celle qui soude les éléments épars de la collectivité humaine. Il n'est pas d'objet plus fascinant, pour Zola, que les manifestations et **la vie de la communauté sociale**, anonymes, imprévisibles et irrépressibles. Témoin des premières grandes grèves, il a senti battre le cœur de la « bête humaine » aux mille têtes. Il l'évoque dans *La bête humaine*, précisément, en un texte particulièrement caractéristique :

« Le train passait, dans sa violence d'orage, comme s'il eût tout balayé devant lui [...]. Malgré la vitesse, par les vitres éclairées des portières, on avait eu la vision des compartiments pleins, les files de têtes rangées, serrées, chacune avec son profil. Elles se succédaient, disparaissaient. Que de monde ! encore la foule, la foule sans fin, au milieu du roulement des wagons, du sifflement des machines, du tintement du télégraphe, de la sonnerie des cloches ! C'était comme un grand corps, un être géant couché en travers de la terre. »

Tel est le « grand corps » qui hante toute l'écriture de Zola. Le réalisme s'y trouve tempéré par une vision grandiose, à la fois repoussante et attirante.

Et c'est dans l'exacte mesure où le « patron » du réalisme et l'inspirateur des *Soirées de Médan* fut infidèle aux partis pris déclarés dans *Le roman expérimental* (1880) ou *Les romanciers naturalistes* (1881) qu'il reste l'un des plus grands visionnaires du XIXe siècle.

Lire Zola aujourd'hui, c'est :

○ revisiter, par le regard du romancier, le Second Empire ;

○ assister à l'entrée sur la scène littéraire d'une humanité nouvelle, et à la naissance d'une écriture du social ;

○ entendre l'un des témoignages les plus visionnaires sur le XIXe siècle.

Points de repère

Germinal

La révolte des mineurs dans les « corons » (= quartiers de mineurs) du nord de la France sous le Second Empire : tel est le thème autour duquel se noue le drame personnel d'une famille, les Maheu, et de son hôte, Etienne Lantier, mineur lui aussi, et acquis aux idées du progrès social. Zola en tire une peinture sociale et politique de la condition ouvrière à la fin du XIXe siècle. Il signe par là son engagement socialiste.

Mais c'est la puissance parfois insoutenable du réalisme qui fit le succès de l'ouvrage. Rares sont les îlots de tendresse dans ce paysage de misère et de révolte, et bien vite contredits par la violence et le désespoir qu'inspirent l'exigence ou l'incompréhension des patrons et des contremaîtres.

L'image finale, qui montre le héros partant dans une nature en pleine germination, rehausse l'ensemble d'un trait d'optimisme et explique le titre du livre.

Romanesque et décadentisme : Barbey d'Aurevilly, Villiers de l'Isle-Adam, Huysmans

Commode, le terme de **symbolisme** a permis de ranger sous une même appellation des sensibilités aussi différentes que celles de Baudelaire (le pionnier), Verlaine, Mallarmé, ainsi que celles un peu oubliées de Henri de Régnier (1864-1936), Albert Samain (1858-1900), Emile Verhaeren (1885-1916) et Maeterlinck (1862-1949). A côté de ce symbolisme hétérogène, les personnalités de Villiers de l'Isle-Adam (1838-1889), Barbey d'Aurevilly (1808-1889), Joris-Karl Huysmans (1848-1907) donnent au contraire l'image cohérente d'un symbolisme décadent dont l'intérêt qu'on lui porte n'a cessé de grandir, au point de faire de ces trois écrivains des **précurseurs de la modernité**.

● Le goût de la différence

Ce dernier symbolisme s'affirme dans son **parti pris de l'écart** qui est goût tout à la fois pour l'étrange et l'exotique, l'artifice et l'ambiguïté, le subtil et le raffiné, affirmation d'un individualisme sans partage, détachement du monde et refuge dans l'univers des mythes.

Ce parti pris de l'écart dicte également les choix d'écriture : on cultive l'art de « l'effet », goût pour les mots rares, les néologismes, les outrances. On le retrouve enfin dans cette peinture des exils intérieurs commune aux trois écrivains, ainsi que dans ce pessimisme radical, inspiré de Schopenhauer, qui ne leur fait apercevoir en toute chose que ce qui s'achemine inexorablement vers la fin, la destruction, la mort.

● Une écriture de l'enfermement

Barbey d'Aurevilly, dans *Les diaboliques* (1874), s'attachera à la peinture de mondes clos où rôdent le crime et la vengeance, où l'amour n'est qu'un parfum de solitude, mais aussi à la peinture des êtres soumis aux puissances du mal, habités de passions violentes ou démoniaques, incapables de sortir d'eux-mêmes, préférant la destruction au bonheur, ou n'y accédant qu'à travers elle.

Même enfermement dans l'œuvre de Villiers de l'Isle-Adam, et notamment dans les *Contes cruels* (1883), où l'auteur dénonce la stupidité du monde qui l'entoure, l'oppression de la morale, la destruction du mystère au nom de la science, l'étouffement des artistes par la bourgeoisie. Contre cette cruauté du monde qu'il ne cesse d'attaquer, il n'est pour Villiers de l'Isle-Adam qu'une seule issue, le refuge dans le passé.

Volonté identique enfin, de retrait du monde chez Huysmans et chez son héros de *A Rebours* (1884), Des Esseintes ; cet esthète solitaire vit retiré du monde après en avoir goûté et épuisé toutes les ressources et tous les plaisirs.

A Rebours est l'histoire d'un lent glissement vers la mort et la description tour à tour ironique et inquiète de la jouissance de ce glissement, que le héros justifie tout à la fois par la bêtise définitive du monde et une horreur profonde de la vie.

Habités par l'inquiétude, hantés par la mort, incapables de communiquer avec le monde, les héros de ce dernier symbolisme, appelé aussi décadentisme, préfigurent, par bien des traits, l'esthétique moderne de l'absurde.

Mise en scène de la mort

L'invention de l'histoire moderne

Le XIXᵉ siècle, temps de bouleversements politiques et sociaux, a cherché, par la voix de ses écrivains, à reconquérir et à affirmer l'unité du tissu national qui, en 1830 comme en 1848 ou en 1851, semblait menacé. Reconquête qui inspire d'un côté les grandes réflexions politiques et sociales — Fourier, Saint-Simon, Lamennais ou Proudhon ; de l'autre, les œuvres historiques chargées de retrouver dans le temps l'unité du présent de la nation.

● Le territoire de l'historien
Investi d'une mission, l'historien commence à acquérir son autonomie et sa spécificité dans la pratique de la littérature. Même si Augustin Thierry, Edgar Quinet, Ernest Renan, et surtout Jules Michelet restent pour nous avant tout des manieurs de langage, rien ne saurait les confondre avec ces amateurs de passé que furent leurs contemporains Chateaubriand, Vigny ou Lamartine. D'une certaine façon, **le XIXᵉ siècle invente l'histoire moderne :** un savoir nourri d'archives, de documents divers, et qui ne néglige aucun aspect de la vie des peuples : « Une résurrection, comme dit Michelet, de la vie intégrale, non pas dans ses surfaces, mais dans ses organismes intérieurs et profonds. »

● L'historien, témoin de son temps
« Non, **l'Histoire** n'est pas impartiale », revendique Michelet. Pour lui, comme pour les historiens de son temps, elle est **affaire de cœur, de vision, de poésie.** *La vie de Jésus* de Renan aurait-elle vu le jour sans les violences de la querelle religieuse ? Et les volumes consacrés à « la Révolution » dans *L'histoire de France* de Michelet ne prennent-ils pas tout leur sens à la lumière des événements de 1848 ?

Jules Michelet (1798-1874)

Même si plus personne, aujourd'hui, n'apprend l'histoire chez Michelet, ce dernier a fixé, dans le souvenir du XIXᵉ siècle, l'image type de l'historien. Il lui manquait, en revanche, la réputation d'écrivain qui ne lui revint que bien plus tard. Cette ambiguïté définit tout entière la position actuelle de Michelet. C'est sans doute qu'il faut, avec lui, comprendre l'histoire comme une matière de rêve.

● L'histoire, aventure de l'imaginaire
Des quarante années de réclusion qu'il consacra à sa monumentale *Histoire de France,* Michelet ne sort pas comme un compilateur fatigué : ce sont quatre décennies d'une passion nourrie par l'écriture, qu'il évoque : « Après mes deux premiers volumes seulement, j'entrevis dans ses perspectives

immenses cette *terra incognita*. Je dis : « Il faut dix ans... » Non, mais vingt, mais trente... Et le chemin allait s'allongeant devant moi. Je ne m'en plaignais pas. (...) J'ai passé à côté du monde, et j'ai pris l'histoire pour la vie. »

D'où l'importance, dans cette conception de l'histoire, des **synthèses visionnaires.** Toujours parlant de son *Histoire de France,* Michelet confie que « cette œuvre laborieuse (...) fut conçue d'un moment, de l'éclair de juillet (c'est-à-dire les Trois Glorieuses de 1830) « Dans ces journées mémorables, une grande lumière se fit, et j'aperçus la France. » Non seulement la vision de la France, comme personnage moral, comme mythe, sous-tend son écriture, mais celle de l'humanité tout entière, où qu'elle apparaisse, se créant elle-même, inspire d'un bout à l'autre cette traversée du passé.

● *Le présent comme aboutissement de l'histoire*
Cette aventure de l'imaginaire n'a de sens et de raison d'être que parce qu'elle trouve un écho direct dans le présent : elle permet de le comprendre, de l'interpréter, voire de l'orienter.

● *L'idée centrale de nation*
Cette écriture isole les **grandes forces** qui sont **à l'œuvre dans l'histoire d'une nation.** Et d'abord, l'idée même de nation, prend chez Michelet tout le sens culturel et philosophique qu'elle a gardé jusqu'à nous. Michelet fonde l'idée qu'il existe une Allemagne, une Italie et une France éternelles, dont les caractères propres sont largement dépendants des traits physiques et géographiques qui les définissent.

● *Le recours à l'actualité*
Lorsqu'il songe au présent, Michelet se réfère surtout à **l'actualité politique de la France.** Son histoire est, comme ses cours au Collège de France, une leçon à l'usage des peuples. Elle enseigne la continuité du destin entre passé et avenir, et invite le peuple à méditer et à consolider cette continuité.

● *L'histoire des mythes*
En vrai romantique, Michelet n'a pas d'autres interlocuteurs que **les mythes** – La France : « Eh bien ! ma grande France... » – et **le peuple,** cette force en marche dont il suit le cheminement depuis la forêt médiévale jusqu'aux faubourgs du Paris moderne, et qu'il entrevoit maîtresse de demain. Certes, le Peuple de Michelet, qui donne son titre à l'un de ses plus beaux livres, est une vision sentimentale qui ignore tout de l'internationale prolétarienne à laquelle travaille, au même moment, Karl Marx. Mais ce fils d'ouvrier a, de la réalité populaire et de son devenir, une perception émotive et charnelle.

Cette sensibilité guide son écriture, dans le feu de l'imagination. Par là, « l'écriveur » impénitent et infatigable s'est acquis pleinement, à nos yeux, le titre d'écrivain, dans lequel Barthes et son *Michelet* l'ont confirmé.

Les socialismes utopiques

L'apparition des idées socialistes en France est liée à la **généralisation de l'économie libérale** et à **l'effondrement des catégories politiques traditionnelles.**

Le libéralisme, qui définit le rapport des forces économiques dès le premier essor industriel, sous la Restauration, entraîne, comme une contrepartie, l'aggravation des inégalités sociales, et l'appauvrissement des travailleurs.

Moins apparente dans la paysannerie que dans le monde ouvrier, la misère frappe surtout les régions du nord et de l'est où se développent les premières industries. Cette évolution tend à déterminer une prise de conscience nouvelle, celle du **paupérisme,** et à engager une réflexion sur les causes et les conséquences de ce fait social.

L'opposition entre les philosophies traditionaliste et libérale tend à s'estomper à partir de 1830. L'école traditionaliste s'efface du paysage politique après la mort d'un de ses derniers représentants, Joseph de Maistre (1753-1821). Le libéralisme, lui, qui s'identifie, sous la Monarchie de Juillet, avec les forces au pouvoir, n'a plus les moyens de répondre aux questions que posent les nouvelles données sociales.

Les idées socialistes naissent du développement industriel et de la misère qu'il engendre. Ces idées sont dites « utopistes » (le mot est de Karl Marx) en raison de leur caractère abstrait et de leur incapacité à répondre à la situation du moment où elles apparaissent. Elles sont dites également utopistes parce qu'elles proposent un modèle pour un avenir plus ou moins proche.

• Des propositions pour une cité idéale...

L'un des premiers penseurs de la révolution économique et sociale fut sans doute **Henri de Saint-Simon** (1760-1825), le petit-neveu du mémorialiste. Dans ses traités apparaissent, pour la première fois avec leur sens moderne, les mots d'**exploitation,** d'**organisation,** de **production** et de **communication.** C'est en fait à ses disciples, et surtout à Prosper Enfantin que reviendra l'exploitation de la doctrine dont Saint-Simon n'avait fait que jeter les bases. La tentative de fonder une communauté socialiste, en 1831, à Ménilmontant, tournera court : fiasco qui discréditera définitivement le saint-simonisme comme **utopie**[*]. Il n'en reste pas moins que l'esprit des traités de Saint-Simon orientera la pensée d'une certaine jeunesse bourgeoise qui joue un rôle décisif dans les affaires et dans la banque.

Avec **Charles Fourier** (1772-1837), l'utopie est radicale, délirante, poétique. Fourier est d'abord un « écriveur » acharné. Dans des ouvrages souvent interminables, il reprend la vieille question, restée sans réponse depuis le XVIIIᵉ siècle, du bonheur dans la société humaine. Mais il la reprend en des termes neufs, c'est-à-dire en la situant au cœur de l'organisation sociale. Sa solution est exprimée sous la forme d'un rêve puissant, ou plus précisément d'un délire de rationalité et de classification. L'image qui s'en dégage est celle d'une société composée de **petites cellules communautaires,** ou **phalanstères,** où chacun travaille, non selon les besoins du groupe, mais dans la joie et pour la satisfaction de ses passions personnelles.

● *... à une critique raisonnée de l'organisation sociale*

Proudhon (1809-1864) est l'une des seules figures, parmi celles du socialisme naissant, qui viennent du peuple. Proudhon **repense le fait social à travers l'articulation de la propriété et de la misère.** Il s'impose dans le siècle, et contre Marx avec lequel il polémique dès 1846, comme un pamphlétaire contestataire. Sa première publication, un mémoire intitulé *Qu'est-ce que la propriété ?* (1840) est un brûlot lancé contre le capitalisme. La pensée de Proudhon développe, sous la forme d'une dialectique négative, une critique tournée à la fois contre le profit du capital, contre l'État et contre la religion. A ce titre, elle apparaît aujourd'hui comme l'une des premières expressions théoriques de l'anarchisme.

Louis Blanc (1811-1882) joint, lui, l'action politique à l'écriture. Dans son *Organisation du travail* (1830-1840), il prône la réforme de l'État par le suffrage universel, et la réforme de la production économique par les « ateliers sociaux » qu'il tentera de mettre sur pied en 1848.

Parmi les penseurs de la réalité sociale, certains réclament, comme dit Engels, « une transformation fondamentale de la Société ». Ils se dénomment alors « communistes ». Ce sont principalement **Étienne Cabet** (1788-1856) qui, avec son *Voyage en Icarie* (1842), dessine les grandes lignes d'une société communiste fondée sur la recherche du bonheur en commun ; et le révolutionnaire **Auguste Blanqui** (1805-1881) qui, l'un des premiers, introduira les notions de dictature du prolétariat et de lutte des classes.

Enfin, le **catholicisme social,** avec **Philippe Buchez** (1796-1865) et surtout **Lamennais** (1782-1854), tente de retrouver dans les idées sociales le message de l'Évangile. Les *Paroles d'un croyant* (1834) de Lamennais, exerceront une profonde influence sur les milieux populaires et sur certains écrivains, même si l'Église en rejette les propositions.

La révolution poétique

● Conformisme

La période qui s'étend de 1850 à 1880 est marquée, dans l'ordre idéologique, par la prédominance de la **bonne conscience** et du **conformisme bourgeois.** Le Second Empire triomphant impose ses modèles esthétiques, liés au goût du divertissement (dans les comédies de Labiche ou les opérettes d'Offenbach). La bourgeoisie réinterprète à son compte la pensée de Voltaire, et y appuie sa confiance dans le progrès, sa revendication de liberté et son anticléricalisme. La philosophie positiviste d'Auguste Comte, le déterminisme de Darwin et de Lamarck composent le paysage d'un **rationalisme rassurant,** dont les romanciers réalistes se veulent les interprètes en littérature.

● Marginalité : aristocratie et bohème

Face à ce conformisme qui écarte tous les périls de l'aventure et de l'innovation, certains artistes entendent réagir. Peu à peu privés de la fonction de représenter les aspirations d'une classe dominante, ils se trouvent réduits à la solitude, qui signifie bientôt marginalité, souvent bohème*. Phénomène nouveau dans l'histoire du XIXᵉ siècle : apparaît dans la société française **une classe d'artistes coupés du monde**, c'est-à-dire dépourvus de toute justification sociale. De cette position souvent douloureuse, mais aussi privilégiée, certains d'entre eux — Baudelaire, Rimbaud — s'efforceront de repenser le statut même de la poésie.

Il existe en fait, pour un artiste, deux façons fort différentes d'entrer dans la marginalité.

● Le Parnasse

Il s'agit là d'une marginalité qui consiste à imposer l'idée d'une élite, ou d'une aristocratie littéraire. Abandonnant à d'autres l'ambition de s'adresser à l'humanité entière, l'artiste ne produit plus que pour ses égaux, les « happy few » de Stendhal, seuls capables d'accéder au mystère. C'est là la « distinction » que revendiquent les tenants de l'« art pour l'art », comme Théophile Gautier (1811-1872), rassemblés dans l'école dite des parnassiens. Autour de Gautier et de Leconte de Lisle (1818-1894), Théodore de Banville (1823-1891), François Coppée (1842-1908) et, en leurs débuts, Verlaine, Baudelaire et Mallarmé se rallient à **une esthétique de la perfection formelle**, et de l'impassibilité personnelle. Mais, comme en témoigne la postérité nationale de Leconte de Lisle, cette école finira par participer d'une sorte d'art officiel.

● Les symbolistes

Le même élitisme caractérise la démarche des **symbolistes.** Il est difficile de définir le symbolisme en termes d'école, en raison de la multiplicité des tendances qu'il représente : mais on peut reconnaître sous ce concept un ensemble de données idéologiques et esthétiques qui, d'une certaine façon, composent ce qu'on appelle l'« esprit fin de siècle ».

Fin de siècle : l'achèvement d'un temps, et le refus des valeurs matérialistes qu'il célèbre, conduisent certains créateurs vers le pessimisme, la complaisance aux langueurs et aux névroses. C'est le cas de Paul Verlaine dans *Sagesse* (1881) ou *Jadis et naguère* (1885).

L'impressionnisme : toute la fin du siècle sera placée sous l'influence de ceux qu'en peinture on nomme, depuis 1874, les « impressionnistes ». Plus qu'une école de peinture, l'impressionnisme est une esthétique qui rayonne dans la musique (avec Claude Debussy) et la littérature. En privilégiant, dans les objets représentés, l'impression lumineuse qu'ils procurent à l'œil, les peintres impressionnistes ont formulé les termes d'un art du halo, de l'imprécision et de la suggestion. C'est cet art que représentent, en littérature, Saint-Pol Roux (1861-1940), Emile Verhaeren (1855-1916), Maurice Maeterlinck (1862-1949), et surtout Stéphane Mallarmé.

De ces écoles et tendances, ne tarderont pas à se distinguer quelques personnalités comme Baudelaire, Verlaine, Rimbaud, Lautréamont et Mallarmé. Marquées par l'ambiance poétique de leur temps, elles la dépasseront pour créer leur univers propre. Les quatres premiers d'entre eux, au moins, assumeront la marginalité du poète en des termes radicaux ; ils inventeront le personnage du « poète maudit », dont ils imposeront finalement l'image au monde.

Gérard de Nerval (1808-1855)

Si Nerval se rattache au romantisme, c'est dans la stricte mesure où il puise son inspiration aux mêmes sources que lui. Bien qu'il ait, lui aussi, pris part en 1830 à la Bataille d'*Hernani* aux côtés de Théophile Gautier et de Heine, il ne se laisse nullement confondre avec certains de ses contemporains. Du romantisme comme du XIXe siècle tout entier, il habite les frontières.

● Une œuvre brève

L'œuvre de Nerval se distingue par sa brièveté : à peine une dizaine de recueils qui, en vers ou en prose, se composent de textes courts ; en poésie, la prédilection de Nerval va aux sonnets, aux odelettes et aux chansons. *Les chimères* (1853) ne comptent guère qu'une douzaine de poèmes. Toute l'esthétique de Nerval repose sur la concentration, l'ellipse et l'allusion, plus que sur l'épanchement incontrôlé. Et jusque dans la prose des *Filles du feu* (1854), on retrouve un peu de la **rareté** qui fait la puissance des *Chimères*.

● Références à l'ailleurs

Les romantiques s'étaient reconnus des maîtres dans le passé littéraire. Ils avaient remis à l'honneur Dante et Shakespeare ; Hugo avait rendu son hommage à Dürer et à Piranèse ; tous s'étaient retrouvés autour de la redécouverte de ce qu'ils nommaient le « gothique ».

Les références de Nerval n'ont, elles, aucun caractère de convention. Elles constituent au contraire, un paysage mythique dans lequel le Moi du poète est profondément impliqué.

Le règne de Louis XIII, cet âge du baroque français, est comme la patrie temporelle de Nerval. Il affectionne tel « château de brique à coins de pierre, / Aux vitraux teints de rougeâtres couleurs, / Ceints de grands parcs, avec une rivière / Baignant ses pieds, qui coule entre des fleurs ».

Ronsard, que Nerval remet à l'honneur, lui inspire le mythe de la femme, mythe fondateur dans *Les filles du feu.*

Les romantiques allemands : traducteur du *Faust* de Gœthe (1827), ami de Heine, Nerval se sent proche des ballades allemandes et des *Contes* d'Hoffmann. Et sa destinée s'apparente étroitement à celles de Novalis ou d'Hölderlin.

L'inspiration populaire et le folklore : son attachement aux mythologies venues de tous les horizons (*Myrtho, Isis, Anteros* dans *Les chimères*), rappellent cette veine de la littérature germanique.

L'Orient : il lui consacre un long voyage en 1843, et les pages de son *Voyage en Orient* en 1851, le rapprochent de Chateaubriand et de Hugo. Avec Naples, c'est l'un des pôles essentiels de sa géographie personnelle.

Points de repère

Les chimères

Au cœur de ces douze sonnets, l'image de la femme rêvée, sous toutes les facettes que lui prête la mythologie nervalienne. Si cette poésie dense et parfaite paraît parfois hermétique, c'est en raison exacte du thème qui les habite, ces « chimères », êtres équivoques situés à mi-chemin du rêve et de la réalité, et auxquelles Nerval donne visage de femmes.

Voici Myrtho, « divine enchanteresse », Delfica qui pleure les Dieux antiques, ou Artémis, « sainte napolitaine aux mains pleines de feu ». A chacune, Nerval demande d'être l'initiatrice qui relie au monde ses désirs, dans une quête mystique et sans cesse éblouie de poésie.

Images obsédantes.

Itinéraires

Gérard de Nerval (1808-1855)

La formation (1808-1834)
Naissance à Paris ;
mort de la mère (1810) ;
entrée au collège Charlemagne, où il se lie avec Théophile Gautier ;
publication de sa traduction de *Faust* (1827) ; participation de Nerval à la bataille d'*Hernani*, aux côtés de Théophile Gautier.

Les voyages (1834-1855)
Voyage en Allemagne, avec Dumas (1838) ;
Première crise ; Rechute ; Séjour chez le docteur Esprit Blanche à Montmartre ;
voyage en Orient : Malte, Egypte, Syrie, Chypre, Constantinople, Naples ;
publication de *Voyage en Orient* (1851), *Les illuminés*, *Sylvie*, *Petits châteaux de Bohême*, *Contes et facéties*, *Les filles du feu* et *Les chimères* (1854) ;
nouveau séjour chez le docteur Blanche ;
Aurélia ;
1855 : 26 janvier – Nerval est trouvé pendu rue de la Vieille-Lanterne.

• L'ésotérisme

Cet ensemble de références, qu'il vaudrait mieux appeler **territoires**, débouche sur une unique philosophie du Moi et du monde, inspirée par l'ésotérisme*. *Les illuminés* (1852), ensemble de nouvelles et d'anecdotes inspirées de l'illuminisme de Swedenborg* et des grandes personnalités ésotériques de l'histoire, constitue le témoignage le plus tangible de ce courant nervalien. Mais ce courant traverse toute son œuvre et détermine quelques-unes des grandes influences qu'a exercées Nerval : sur le symboliste J.K. Huysmans (1848-1907) ; sur le peintre Odilon Redon ; et finalement sur les poètes surréalistes.

• *Une mystique de la femme*

La femme est l'un des êtres privilégiés du **passage entre le réel et le surréel.** *Aurélia* (1855) et *Les filles du feu* dessinent l'image d'une véritable mystique de la femme. La femme détient, selon Nerval, le pouvoir d'introduire à l'au-delà, ou de renouer avec le passé, de rétablir l'ordre du monde :

> « La connais-tu, Dafné, cette ancienne romance
> Au pied du sycomore, ou sous les lauriers blancs,
> Sous l'olivier, le myrte, ou les saules tremblants,
> Cette chanson d'amour qui toujours recommence ?...
>
> (...)
>
> Ils reviendront, ces Dieux que tu pleures toujours !
> Le temps va ramener l'ordre des anciens jours ;
> La terre a tressailli d'un souffle prophétique... »

• *Le rêve du Moi*

Le nom de Gérard de Nerval, où l'on peut reconnaître l'anagramme* du vrai nom, Gérard Labrunie, est à lui seul le signe d'un **abandon du Moi à son propre rêve.** Déchiré, dans sa vie psychique, entre le visible et l'invisible, Nerval n'aura d'autre projet que de retrouver cette unité perdue, de « percer les portes d'ivoire et de corne qui nous séparent du monde invisible ». Il ne fait que travailler à cette réunification du Moi, qu'appelle le premier poème des *Chimères*, El Desdichado :

> « Je suis le ténébreux, — le veuf, — l'inconsolé,
> Le prince d'Aquitaine à la tour abolie :
>
> (...)
>
> Suis-je Amour ou Phébus, Lusignan ou Biron ?
> Mon front est rouge encor du baiser de la reine ;
> J'ai rêvé dans la grotte où nage la sirène... »

« Et comme il aimait surtout les choses sombres... »

Ce déchirement donne à la quête poétique de Nerval la résonance d'une tragédie personnelle, qu'il vivra jusqu'au suicide.

Par sa concentration, par son ouverture sur le rêve et la folie, par son illuminisme enfin, l'entreprise de Nerval force en fait les portes de la poésie moderne. Elle annonce Rimbaud et ses *Illuminations* ; elle prépare *Les chants de Maldoror* de Lautréamont ; enfin, elle ouvre la voie aux surréalistes au nom desquels André Breton écrivait en 1924 : « Il semble que Nerval posséda à merveille **l'esprit** dont nous nous réclamons. »

Charles Baudelaire (1821-1867)

Préfaçant *Les fleurs du mal*, le poète contemporain Yves Bonnefoy conclut :
« Voici le maître-livre de notre poésie. » De fait, depuis sa parution en 1857
jusqu'aujourd'hui, le succès et la portée de ces cent soixante poèmes n'ont
cessé de s'affirmer. *Les fleurs du mal* n'apparaissent pas seulement comme
un événement parmi d'autres dans le paysage poétique et intellectuel du
XIXᵉ siècle. Elles constituent à elles seules une révolution.

● *Circonstances*

En 1855 paraît *Aurélia* de Nerval ; en 1856, *Les contemplations* de Victor
Hugo ; l'année de parution des *Fleurs du mal*, Flaubert publie *Madame
Bovary* ; enfin, en 1864, ce sont *Les destinées* de Vigny qui sont livrées au
public, après la mort de leur auteur. En un mot, le romantisme s'épuise, ne
survivant plus qu'en la personne du patriarche Hugo ; le naturalisme s'impose
dans le domaine du roman. Si l'on excepte l'aventure de Nerval, la poésie n'a
pas trouvé encore la veine nouvelle qui remplacera le courant romantique.

Au moment où paraissent *Les Fleurs du mal*, Baudelaire y travaille depuis
une quinzaine d'années. Le texte sera plusieurs fois enrichi, jusqu'à sa troisième édition en 1868. Dès sa sortie, l'ouvrage fait l'objet d'un procès mémo-
rable, où l'auteur et l'éditeur sont ensemble condamnés ; six des plus beaux
poèmes sont retirés pour atteinte à la morale publique et aux bonnes mœurs.
Mais dès ce moment, le recueil jouit de la plus large reconnaissance publique.
Hugo, par exemple, écrit depuis Guernesey à Baudelaire : « Vos *Fleurs du mal*
rayonnent et éblouissent comme des étoiles... »

● *Pessimisme*

L'une des données essentielles de la poésie de Baudelaire est sans doute le
pessimisme radical que lui inspirent l'humanité, l'époque, la femme (« Vraiment, ma chère, vous me fatiguez sans mesure et sans pitié, (...) »), ou lui-
même. « Enfin ! Seul ! », écrit-il dans l'un des poèmes en prose du *Spleen de
Paris* (1869)... « Enfin ! la tyrannie de la face humaine a disparu, et je ne
souffrirai plus que par moi-même... Mécontent de tous et mécontent de moi,
je voudrais bien me racheter et m'enorgueillir un peu dans le silence et la
solitude de la nuit. » Chez lui, le désespoir du drame intérieur – ou
quotidien : déboires familiaux, amours déçues, désillusion, angoisse de la
maladie et de la mort ... – prend le nom de « spleen ». A propos des *Fleurs du
mal*, il dit : « Dans ce livre atroce, j'ai mis tout mon cœur, toute ma tendresse,
toute ma religion (travestie), toute ma haine. »

« Bizarre déité, sombre comme la nuit... »

● *Pouvoir de l'imaginaire*

Face à cette désillusion généralisée, la poésie aura pour fonction d'imposer les pouvoirs de l'imaginaire. Non pas les anecdotes d'un récit, ou les arguments d'une raison : la poésie à l'état pur, construite sur un langage spécifique. Paul Valéry le souligne : « *Les fleurs du mal* ne contiennent ni poèmes historiques ni légendes ; rien qui repose sur un récit. On n'y voit point de tirades philosophiques... Mais tout y est charme, musique, sensualité puissante et abstraite. »

Poésie pure : poésie de la clarté — rien qui gêne jamais la compréhension —, mais aussi poésie qui use de tous les ressorts du langage. L'image, ici, se déploie dans une langue sans trouble. L'esprit peut alors s'élever,

> « Au-dessus des étangs, au-dessus des vallées,
> Des montagnes, des bois, des nuages, des mers,
> Par delà le soleil, par delà les éthers,
> Par delà les confins des sphères étoilées (...) » (*Elévation*)

ou plonger dans le gouffre : il y rencontrera une circulation des sensations, ce que Baudelaire nomme les « correspondances ». Ces équivalences sensibles, qui partent de l'expérience des synesthésies (= relation qui s'établit dans la subjectivité entre une sensation et une autre), constituent l'un des principes conducteurs de l'imaginaire baudelairien :

> « La Nature est un temple où de vivants piliers
> Laissent parfois sortir de confuses paroles ;
> L'homme y passe à travers des forêts de symboles
> Qui l'observent avec des regards familiers.
>
> Comme de longs échos qui de loin se confondent
> Dans une ténébreuse et profonde unité,
> Vaste comme la nuit et comme la clarté,
> Les parfums, les couleurs et les sons se répondent. (...) »
> (*Correspondances*)

● *Un travail lucide*

Baudelaire se distingue radicalement des romantiques lorsqu'il refuse l'opposition entre le génie (l'instinct) et la lucidité. Pour lui, le travail du poète n'est pas seulement la soumission à une inspiration. Il comporte une part active de maîtrise et de contrôle, par quoi se réintroduisent, dans la création, les droits de l'intelligence : « Je plains les poètes, dit-il, que guide le seul instinct ; je les crois incomplets... Il est impossible qu'un poète ne contienne pas un critique. » Critique, il le fut lui-même : dans les textes qu'il consacre à Théophile Gautier, ou à Richard Wagner et *Tannhäuser* à Paris ; dans ses *Salons* (*Salon de 1845, Salon de 1846...*) ; enfin, face aux *Histoires extraordinaires* d'Edgar Poe, dont il est le premier et génial traducteur. Dans toutes ces activités, comme dans sa poésie, son effort n'a qu'un but : retrouver, révéler, en pleine conscience, l'unité mystérieuse et profonde du monde des apparences.

● *L'éloge de la modernité*

Pour lucide qu'il soit, ce travail peut se réclamer d'œuvres antérieures à Baudelaire. Il suffit de citer l'expérience poétique de Nerval pour mesurer les parentés qui unissent les deux univers.

Dans son étude sur le peintre Constantin Guys, *Le peintre de la vie moderne* (1860), Baudelaire consacre les pages les plus originales et les plus visionnaires à un éloge de la modernité, autrement dit, à une apologie du temps présent. Ce lyrisme de la civilisation n'est qu'apparemment contradictoire avec le pessimisme radical. Car ce présent du Paris fin de siècle, ce spectacle de l'artifice qu'entretient la métropole, ces éclairages anti-naturels, ce décor, ces fastes, ces rites et cette solennité parisiens (voir les *Tableaux parisiens*, dans *Les fleurs du mal*), sont les plus chères et les plus vraies consolations du drame intérieur. Ils ouvrent la seule porte, celle des *Paradis artificiels* (1860). La poésie de Baudelaire est un hymne à la ville et ses artifices ; par là, elle se relie d'emblée au monde moderne. Elle ouvre une ère du soupçon sur le naturel et l'innocence, à laquelle nous n'avons pas fini d'appartenir.

Points de repère

Les fleurs du mal

Face à un univers poétique – celui de 1857 – où le romantisme s'épuise à peindre les émois de l'individu, Baudelaire dresse, dans ces cent vingt-six poèmes, un monument lyrique à la misère humaine, rendu plus cruel encore par les échappées fulgurantes d'« idéal » dont il les parsème. *Spleen et idéal* (la première partie) et *Tableaux parisiens* (deuxième partie) disent bien cette contradiction entre la « beauté » entrevue (chez la femme, par exemple ; cf. *L'hymne à la beauté*) et *L'alchimie de la douleur*.

Sans bouleverser ni la rime ni la prosodie ni la syntaxe, Baudelaire introduit dans *Les fleurs du mal* un flot d'images mouvantes et d'une inépuisable richesse, qui valut immédiatement à l'ouvrage un immense succès.

Itinéraires

Charles Baudelaire (1821-1867)

Une jeunesse perturbée :
Mort de son père en 1827. Renvoyé du lycée Louis-le-Grand (1839). Séjour à l'île Maurice (1841).

Les débuts littéraires :
Premières poésies (1837).
Rencontre Sainte-Beuve, Théophile Gautier, Hugo.
Liaison avec Jeanne Duval. *La Fanfarlo* (1847).
Participe à la révolution de 1848.

Le scandale des *Fleurs du mal* :
Parution, sous le titre *Les limbes,* de onze poèmes.
Parution de dix-huit poèmes, sous le titre *Les fleurs du mal* (1855).
Mise en vente des *Fleurs du mal ;* poursuites ; condamnation (1857).

Les errances :
Un mangeur d'opium (1860) ; *Les paradis artificiels* (1860) ; premiers *Petits poèmes en prose* (1862).
Conférences en Belgique (1864).
Troubles nerveux, et paralysie progressive.
Baudelaire meurt en 1867.
Publication posthume des *Petits poèmes en prose, Journaux intimes, Curiosités esthétiques et l'art romantique* (1867).

Paul Verlaine (1844-1896)

La position de Paul Verlaine dans la poésie française est ambiguë. Appartenant à cette génération qui admire déjà Baudelaire et ignore Mallarmé, il est un témoin et un acteur de la révolution poétique de cette deuxième moitié du XIXᵉ siècle. Mais abondamment lu, et sacré de son vivant même « prince des poètes », il ne cessera de jouir d'une popularité que ni son comparse Rimbaud, ni Stéphane Mallarmé ne connaîtront jamais. L'incohérence d'une vie – dont le paysage le plus familier sera celui des prisons, des cafés et des hôpitaux – et l'inégalité d'une œuvre – dont une partie est rendue illisible par les lieux communs sur la religion, la morale ou l'érotisme – achèvent d'obscurcir la situation d'un poète qui se voulut lui-même plus adepte du flou et de l'imprécis que de la clarté.

● *Parnasse, impressionnisme, symbolisme*

Témoin de son temps et des débats poétiques qui l'agitaient, Verlaine le fut d'abord par les influences qu'il subit et qu'il exerça.

La toute première d'entre elles vient de Baudelaire. Huit ans après la parution des *Fleurs du mal* (1865), Verlaine consacre à Baudelaire un article très élogieux. Non seulement il a compris la grandeur du poète, mais il a saisi aussi l'un des aspects essentiels de la révolution qu'il annonce : l'idée que la poésie n'a pas « d'autre but qu'elle-même ».

Verlaine se rattache à **l'esthétique parnassienne** (cf. p. 214). Souci de la forme, impassibilité, oubli du Moi romantique : telle est la leçon – énoncée par Théodore de Banville – que reflètent les premiers vers de Verlaine, ces *Poèmes saturniens* (1866) où il fixe quelques-uns des grands traits de son art poétique.

Ce qui frappe, c'est ce qui finira par constituer l'essence même de l'esthétique verlainienne : le goût du flou, du halo, de la demi-teinte et de l'évanescent. Or ce goût évoque l'art de certains peintres contemporains de Verlaine – et qu'il connaît personnellement –, les impressionnistes.

Impressionniste, en effet, Verlaine le sera de plus en plus, dans le choix d'un vocabulaire de l'imprécision, dans la référence de son œuvre à des formes picturales (« Aquarelles » dans les *Romances sans paroles* (1874), dans la préférence des pièces courtes, enfin, qui rappellent « l'esthétique de l'éphémère » propre à Monet ou à Renoir.

La tradition a associé le nom de Verlaine au **mouvement symboliste**, qu'il influencera ; son art, en effet, s'accorde d'instinct avec l'idéalisme dont se réclament les symbolistes. Attention musicale au langage, tendance à la préciosité, au bizarre, à l'indécision du sens : tout rapproche Verlaine de ceux qui se nomment encore les « Décadents » : Gustave Kahn, Charles Morice, Viélé-Griffin... Pourtant, jamais il ne se considéra lui-même comme « symboliste », pas plus qu'il n'accepta de jouer dans ce mouvement le rôle de porte-drapeau.

● L'« Art poétique »

Dans un poème de *Jadis et naguère* (1885), Verlaine présente, sous forme de conseils au poète, les traits de son « art poétique » :

La musique : « De la musique avant toute chose... » : Verlaine est, avec Baudelaire, l'un des premiers poètes chez qui l'enchaînement des mots soit définitivement envisagé comme une séquence sonore. Aux harmonies musicales de sa phrase, Verlaine sacrifie souvent la syntaxe traditionnelle ou le mot convenu.

> « Il faut aussi que tu n'ailles point
> Choisir tes mots sans quelque méprise... »

Le flou : aux formes carrées et closes, Verlaine préférera toujours les figures ouvertes et inachevées. Ainsi sa prédilection va-t-elle au vers impair (de 5, 7 ou 9 syllabes, comme c'est le cas dans « Art poétique »).

> ...« Plus vague et plus soluble dans l'air,
> Sans rien en lui qui pèse ou qui pose. »

Le goût du flou se traduit, dans les images, par le règne de la nuance, des brumes et des voiles qui atténuent toute réalité.

L'âme : contre les poètes classiques et romantiques, Verlaine achève enfin, après Baudelaire, la destitution du discours rationnel en poésie :

> « Prends l'éloquence et tords-lui son cou ! »

Il travaille ainsi à fixer, pour les générations à venir, la spécificité du langage poétique, en le distinguant non seulement de l'éloquence, mais aussi de l'anecdote, du récit, de la moralité, en un mot de toute forme d'argument étranger à la vie imprévisible de l'âme.

> « Que ton vers soit la chose envolée
> Qu'on sent qui fuit d'une âme en allée
> Vers d'autres cieux à d'autres amours. »

● Naïveté

Quoi qu'il en dise, Verlaine n'a pas toujours atteint le détachement de la raison. Nombreux sont les recueils (*Amours*, 1888 ; *Bonheur*, 1891 ; ou *Liturgies intimes*, 1892) où la rhétorique religieuse la plus appuyée, ou la galanterie la plus convenue (*Odes en ton honneur*, 1893 ; *Chair*, 1896) mènent l'écriture.

Pourtant, la poésie verlainienne se révèle surtout dans la naïveté qu'illustrent *Les fêtes galantes* (1869). Mélange de simplicité et de légèreté, référence aux genres de la chanson ou de l'ariette (les « Ariettes oubliées » dans *Romances sans paroles*, 1874), cette naïveté n'est en fait qu'un moyen de dissimuler l'art savant du poème :

> « – L'abbé divague. – Et toi, marquis,
> Tu mets de travers ta perruque.
> – Ce vieux vin de Chypre est exquis.
> Moins, Camargo, que votre nuque.
>
> – Ma flamme... – Do, mi, sol, la, si.
> L'abbé, ta noirceur se dévoile !
> – Que je meure, mesdames, si
> Je ne vous décroche une étoile ! »
> (*Fêtes galantes, Sur l'herbe*)

● *Fadeur*

La poésie de Verlaine choisit d'habiter un moment où l'âme et le monde se confondent, où l'une et l'autre perdent la conscience de leurs limites. Engluée dans un brouillard permanent, elle prendra soin d'affaiblir les sensations, d'atténuer leur violence, d'affadir leur saveur. **Fadeur** de Verlaine :

> « Le piano que baise une main frêle
> Luit dans le soir rose et gris vaguement,
> Tandis qu'un très léger bruit d'aile
> Un air bien vieux, bien faible et bien charmant
> Rôde discret, épeuré quasiment,
> Par le boudoir longtemps parfumé d'Elle. »
> (*Ariettes oubliées*)

Verlaine n'est pas un poète solaire. « Saturnien », comme il se définit lui-même, son climat de prédilection est la brume, la pluie (« Il pleure dans mon cœur / Comme il pleut sur la ville »), et toutes les vapeurs qui émanent de la mer.

Dans cet état de suspens et d'irisation, la langue de Verlaine révèle sa profonde affinité avec la musique. Claude Debussy, Gabriel Fauré, en mettant en musique certaines pièces des *Fêtes galantes* ou des *Ariettes oubliées*, ont magistralement confirmé cette parenté.

Arthur Rimbaud (1854-1891)

Plus que Baudelaire, Rimbaud incarne la rupture.

Rupture, d'abord, avec une tradition poétique — parnassienne essentiellement —, à laquelle ses premières poésies sacrifient. Rupture ensuite avec le
monde qui l'a vu naître, avec le milieu familial, avec l'atmosphère étouffante
de Charleville, avec toute forme d'attachement social : sa vie n'est qu'une fuite
interminable, un départ permanent vers d'autres cieux où jamais il ne se fixe.
Rupture, enfin, avec la poésie elle-même, qu'il semble abandonner définitivement à partir de 1875, après avoir été l'un des poètes les plus précoces de
toute la littérature française.

Dans cette errance, l'œuvre est le seul rassemblement. Encore est-elle bien
mince, et inégale dans sa portée.

● *Des* Poésies *à la poésie*
L'ensemble de poèmes rassemblés sous le titre de *Poésies* (1869-73) fut écrit
par Rimbaud dans la période où, jeune et brillant élève de rhétorique, il
subissait l'influence de la « grande poésie » contemporaine : Victor Hugo,

« Je dirai quelque jour vos naissances latentes... »

Théodore de Banville, Leconte de Lisle et les Parnassiens. Nombre de ses premiers essais poétiques sentent l'imitation, même si l'habileté et la trouvaille n'en sont pas absentes.

L'intérêt de ce recueil, c'est de nous montrer l'élaboration – ou la déformation – d'un art poétique qui conduira Rimbaud jusqu'aux *Illuminations*. De cet ensemble, la tradition a retenu *Le dormeur du val*, le sonnet des *Voyelles* ou *Le bateau ivre*. Ces trois pages prouvent au moins que Rimbaud fut d'abord un poète doué. Mais on réduirait son œuvre à une caricature si on la résumait à quelques beaux tours de force.

En réalité, Rimbaud travaille, dès ses *Poésies*, à une véritable révolution poétique, dont on peut fixer les grandes lignes.

● *Ironie, dérision, trivialité*

Ce que découvre très tôt le poète Rimbaud, c'est une certaine distance, non face au langage, mais face au propos de la poésie. Ses vers n'excluent pas l'ironie,

> « Ainsi, toujours, vers l'azur noir
> Où tremble la mer des topazes,
> Fonctionneront dans ton soir
> Les Lys, ces clystères d'extases ! »
> (*Ce qu'on dit au poète à propos de fleurs*)

ou la dérision :

> « Messire Belzébuth tire par la cravate
> Ses petits pantins noirs grimaçant sur le ciel... »
> (*Bal des pendus*)

Reprenant thèmes ou images de la poésie traditionnelle, ils les dépouillent de leur allure conventionnelle, quitte à leur retrouver au-delà **une étrangeté nouvelle.** Comme le dit le début d'« Une Saison en enfer » :

« Un soir, j'ai assis la Beauté sur mes genoux. – Et je l'ai trouvée amère. – Et je l'ai injuriée. »

● *« Je est un autre »*

Par ces mots qui résument la position du **Moi** dans son œuvre, Rimbaud rompt avant tout avec la tradition romantique d'une poésie personnelle. Le « Je » qui parle là n'est plus le même que celui qui conduit la phrase de Lamartine ou de Hugo. C'est le sujet d'une aventure imaginaire, l'acteur d'un paysage de création, avec lequel l'homme Rimbaud n'a que d'indirects rapports.

Lorsqu'il écrit :

> « J'ai embrassé l'aube d'été » (*Aube*),

il pose le « **Je** » dans un monde où seuls s'échangent les images et les mots, **dans un temps essentiel,** qui est celui de **l'être,** non de **l'événement.** Du coup, l'être de la poésie dépasse lui aussi l'événement, pour accéder à un ordre de réalités où seuls les mots et leur résistance le font exister et se modifier. Telle est la plus profonde invention de Rimbaud, celle qui ouvre la voie à la poésie moderne.

● Le poète « voyant »

A l'époque des *Poésies* (vers 1871), dans sa correspondance, Rimbaud expose sa position face à la poésie. Elle peut se résumer en trois phrases : « Je dis qu'il faut être *voyant,* se faire *voyant.* Le Poète se fait *voyant* par un long, immense et raisonné *dérèglement de tous les sens.* »

Et plus loin : « Il arrive à l'inconnu, et quand, affolé, il finirait par perdre l'intelligence de ses visions, il les a vues ! »

D'une certaine façon, il est vrai que toute la poésie de Rimbaud n'est que vision. Le titre des *Illuminations*, même s'il a, selon Verlaine, le sens étroit de « gravures colorées », dit bien la place que tiennent les impressions visuelles dans cette œuvre.

La lettre dite « du voyant » nous livre en même temps la clef de l'œuvre et du destin de Rimbaud : l'aspiration forcenée à une liberté absolue, mortelle même, qui conduit l'homme au bout de la poésie, puis au bout du monde − à Java et au Harrar −, jusqu'à l'épuisement de toutes ses forces.

● L'impossibilité de la poésie

Une saison en enfer dit cette aspiration rêvée, et l'avenir réel qui l'attend. Dans le langage de la violence, la « Vierge folle » et « L'époux infernal » de « Délires » poussent jusqu'à leurs extrêmes limites les implications de l'amour. « Je n'aime pas les femmes. L'amour est à réinventer. » C'est cette injonction qui se dessine derrière l'œuvre entière. Ambition absolue qui force le langage à assumer cette nouvelle vérité, ou à se rompre.

La poésie conduit Rimbaud aux portes de cet absolu.

« Enfin, ô bonheur, ô raison, j'écartai du ciel l'azur, qui est du noir, et je vécus, étincelle d'or de la lumière *nature.* » (*Délires II*)

Mais est-ce un hasard si le texte qui suit immédiatement s'intitule *L'impossible* ? et si *Une saison en enfer* s'achève sur un *Adieu* où l'on a souvent vu l'adieu de Rimbaud à la poésie ?

A la différence de celui de Baudelaire, le rêve de Rimbaud n'est pas enfermé dans une « vie antérieure ». Il est devant, au contraire, comme une éternité « enfin retrouvée » : à venir toujours. Aucun poète, dès lors, ne pourra plus éviter de se situer par rapport aux quelques pages de cette œuvre éblouissante. Et toute la poésie contemporaine peut se réclamer à bon droit de la paternité d'Arthur Rimbaud.

Lautréamont (1846-1870)

Par certains côtés, Isidore Ducasse, qui signe « Comte de Lautréamont », ressemble à un poète antique : sa vie nous est à peu près totalement inconnue. Son visage n'a été fixé par personne, et ses intentions nous restent cachées. Dès lors, comment interpréter, comment lire seulement les six *Chants de Maldoror* dont la prose si étrange dut attendre plus de vingt ans (1890) pour forcer la réticence des éditeurs ? La question est au centre du texte, posée par Lautréamont lui-même, qui semble faire avant tout de son livre une expérience sur les limites de l'écriture et de la lecture.

● *Le souvenir du romantisme*

Ce qui est certain, c'est l'étendue et la modernité de la culture littéraire de Lautréamont. Le texte des *Chants de Maldoror* est encore imprégné d'une imagerie romantique, qui va des élans idéalistes et purs aux formes les plus populaires du roman noir. Mais ce romantisme est comme contemplé d'une rive lointaine, de cette rive où Lautréamont a connu *Les fleurs du mal*, et d'où il prend, avec ironie et humour, la mesure de l'héritage. Il l'écrit d'ailleurs à son éditeur : « J'ai chanté le mal, comme ont fait Mickiewicz, Byron, Milton, Southey, A. de Musset, Baudelaire, etc. Naturellement, j'ai un peu exagéré le diapason pour faire du nouveau. »

● *Le mal*

De quoi parlent *Les chants de Maldoror* ? D'un être — homme ou démon ? — nommé Maldoror, sorte de justicier-vampire et âme damnée, frère de Méphisto et du héros d'*Une saison en enfer*. D'un homme et, sans transition, du lecteur, de l'auteur, et finalement du texte : de la fiction mêlée au réel, dans un effet de brouillage où l'un et l'autre se confondent et finalement s'abolissent au profit de la poésie.

S'il est pourtant un thème commun, qui traverse comme un fil conducteur l'ensemble des chants, c'est bien **le mal**. « Moi, je fais servir mon génie à peindre les délices de la cruauté. » Tout commence par une déception originelle, une désillusion qui nourrira peu à peu, en s'approfondissant, les fantasmes et les images hallucinées d'une sorte de « saison en enfer » sur la terre : celle de la naissance.

« Je suis fils de l'homme et de la femme, d'après ce qu'on m'a dit. Ça m'étonne... je croyais être davantage ! »

● *La distance*

L'originalité de Lautréamont réside aussi dans le formidable pouvoir de **distance** qui fait basculer, chez lui, tout élan lyrique dans le burlesque, toute horreur dans la dérision, et tout sérieux dans l'humour.

Le texte instaure un jeu entre son objet (ou son sujet : Maldoror), le lecteur, l'auteur et lui-même. De l'un à l'autre, le point de vue se déplace et le sol, pour ainsi dire, se dérobe, dans un flottement narratif qui constitue l'un des plus savoureux plaisirs des *Chants de Maldoror*. « Nous ne sommes plus dans la narration... Hélas ! nous sommes maintenant arrivés dans le réel... » Et pour commencer, cette mise en garde initiale : « Il n'est pas bon que tout le monde lise les pages qui vont suivre ; quelques-unes seuls savoureront ce fruit amer sans danger. Par conséquent, âme timide, avant de pénétrer plus loin dans de pareilles landes inexplorées, dirige tes talons en arrière et non en avant. » ·

La lecture des *Chants de Maldoror* constitue en effet **une aventure initiatique**, un « traumatisme ». Expérience épuisante qui ne s'apparente à aucune autre lecture, dans laquelle la participation du lecteur est sollicitée plus que nulle part ailleurs. Eprouvante traversée, comme du *Bateau ivre* de Rimbaud, mais aussi irrésistible poussée en avant. La force des images, la puissance du souffle tiennent en haleine le lecteur le plus distrait, comme devant un fruit qu'on ne peut s'empêcher de goûter.

Incompris ou refusés, *Les chants de Maldoror* sont passés inaperçus à travers toute l'époque du symbolisme. Il faudra attendre les premières décennies du XXe siècle, avec André Gide puis les surréalistes, pour que soit remis à sa vraie place ce texte étonnant, qui semble ne venir de nulle part, mais qui conduit la poésie à toutes ses limites.

« Moi, je fais servir mon génie à peindre les délices de la cruauté »

Stéphane Mallarmé (1842-1898)

L'œuvre poétique de Mallarmé devait être écrite pour le xxe siècle. Si contestée ou refusée du vivant du poète, elle n'attira vraiment que ceux qui avaient charge d'opérer la transition entre l'âge d'un romantisme essoufflé, et celui d'une nouvelle conception de l'art, avec André Gide, Paul Claudel, Paul Valéry.

● L'hermétisme

Une réputation d'hermétisme et d'intellectualisme décharné entoure la poésie de Mallarmé. Elle constitue l'essentiel de la critique qui lui fut adressée au xixe siècle. De fait, certains exercices poétiques, comme le « Sonnet en ixe », peuvent passer pour quelque peu artificiels.

Cette opinion, qui a cours encore de nos jours, résulte d'une lecture distraite de cette œuvre. Car il n'est point de poète plus exigeant vis-à-vis de son lecteur. Aucun qui laisse moins de place à la complaisance, à l'anecdote ou à la complicité de la page.

Ainsi, **l'exercice de la lecture** prend-il là une portée et un sens nouveaux. En cassant l'ordre de la phrase, en bouleversant la syntaxe, en préférant toujours le mot et la formule rares, Mallarmé laisse au lecteur le soin de retrouver et de revivre le parcours qu'il a lui-même accompli dans sa création et qui conduit à une compréhension lumineuse.

● Le sensualisme

Héritière à la fois de Baudelaire et du symbolisme, la poésie de Mallarmé oppose à la critique d'intellectualisme la qualité de son sensualisme. Les *Poèmes d'enfance et de jeunesse* (1858-1863) et les premières *Poésies* publiées dans la revue du *Parnasse contemporain* sont tout imprégnés des témoignages d'une sensualité frémissante, investie dans quelques objets privilégiés : écume de la vague, plume du cygne, irisation de la lumière, nuage, chevelure...

> « La chevelure vol d'une flamme à l'extrême
> Occident de désirs pour la tout déployer
> Se pose (je dirais mourir un diadème)
> Vers le front couronné son ancien foyer
>
> Mais sans or soupirer que cette vie nue
> L'ignition du feu toujours intérieur
> Originellement la seule continue
> Dans le joyau de l'œil véridique ou rieur
>
> (*La chevelure*)

A mesure que se constituera l'univers imaginaire du poète, ce sensualisme prendra la forme d'un rêve inquiet, ou d'une angoisse face à une exigence

Jusqu'à l'essentiel des signes

contraire de pureté. Toute la poésie de Mallarmé approfondit ainsi une lutte entre le monde (*Ici-bas*) et le domaine de l'ange (*L'azur*) :

« Le vierge, le vivace et le bel aujourd'hui
Va-t-il nous déchirer avec un coup d'aile ivre
Ce lac dur oublié que hante sous le givre
Le transparent glacier des vols qui n'ont pas fui ! » (*Plusieurs sonnets*, II)

Aux deux extrémités de cet affrontement – et composés au même moment – figurent l'angélique poème dialogué d'*Hérodiade* et le sensuel *Après-midi d'un faune*, dont Claude Debussy, en le transposant musicalement (1894), prolongera l'esthétique.

● *Le langage*

La responsabilité que Mallarmé confie au lecteur n'est pas gratuite. Elle repose sur une **métaphysique du signe** et de l'écriture dont il a fixé une fois la formule imagée :

« Je dis : une fleur ! et, hors de l'oubli où ma voix relègue aucun contour, en tant que quelque chose d'autre que les calices sus, musicalement se lève, idée même et suave, l'absente de tous bouquets. »

Pouvoir du signe, du mot, du vers ou de la phrase à faire ainsi se lever l'idée des objets par et dans leur absence même : tel est, rapidement résumé, le fondement d'une poésie qui reconnaît ses raisons d'être dans la suggestion, l'allusion, l'interrogation inquiète et finalement le néant.

La reconnaissance de ce pouvoir devait porter Mallarmé à une ambition absolue. Tout l'effort de son œuvre – au demeurant fort mince, mais d'une incomparable densité – devait finalement aboutir à une « explication orphique de la Terre », comme il l'écrit lui-même à Verlaine, c'est-à-dire à un livre qui reconstitue, dans l'ordre du langage, la nécessité du monde. Ce livre, qui ne paraîtra qu'après la mort de son auteur, c'est le *Coup de dés* (« Un coup de dés jamais n'abolira le hasard »), étrange et somptueux poème qui met en jeu les ressorts de la langue et des images autant que ceux de la typographie.

● *Prolongements*

Du vivant de son auteur, l'œuvre de Mallarmé n'eut qu'un succès confidentiel. La courtoisie et la sociabilité de l'homme devaient pourtant faire de sa maison l'un des lieux d'échange et de rencontre les plus significatifs de cette fin de siècle. Aux fameux « mardis de la rue de Rome » se rencontrent Paul Valéry, André Gide et les derniers des symbolistes.

Au XXe siècle, l'influence de son œuvre est considérable. A l'égal – mais dans un genre opposé – de celle de Rimbaud, elle devait constituer un point de départ obligé pour l'approche de la poésie.

Plus largement, son apport dans la réflexion sur le texte fut décisif. Certains articles, comme *Quant au livre*, préfigurent les réflexions de la future sémiologie. Et Maurice Blanchot, pour ne citer que l'un des commentateurs les plus profonds de Mallarmé, a bien montré que cette œuvre était, beaucoup plus qu'une simple étape dans l'histoire de la production poétique, l'accession à une nouvelle ère de l'écriture.

• *Glossaire*

alexandrin : vers de 12 syllabes.
allégorie : suite d'éléments descriptifs ou narratifs dont chacun correspond aux divers détails de l'idée qu'ils prétendent exprimer.
anagramme : mot formé des lettres d'un autre mot, dans le désordre. Pour le *v* de *Nerval*, on joue sur la confusion, en caractère d'imprimerie, entre le *u* et le *v*. ex. Crayencour, Yourcenar.
anthropocentrisme : doctrine qui met l'homme au centre de l'univers.
antithèse : opposition.
athéisme, athée : doctrine (homme) qui nie l'existence de Dieu.
autobiographie : ouvrage et, plus généralement, genre littéraire, dans lequel un auteur raconte sa vie et se peint lui-même, souvent dans une intention de justification.
ballade : poème à forme fixe composé de trois strophes et d'un couplet.
bohème : vie de vagabondage, sans règle et sans souci du lendemain. Se dit aussi d'une personne adonnée à l'art, le plus souvent qui mène ce genre de vie. *Synonyme* : vie d'artiste.
casuistique : partie de la théologie qui s'occupe des cas de conscience.
Circé : magicienne qui avait le don de transformer les êtres qu'elle aimait.
consensus : communauté de pensée, accord d'opinion entre plusieurs personnes ou plusieurs groupes humains.
contingent : caractère d'un événement soumis au hasard.
cosmologie : étude, pensée, discours qui tendent à décrire l'organisation de l'univers.
cosmopolitisme : disposition de celui qui accepte de vivre tantôt dans un pays, tantôt dans un autre, et qui adopte aisément les mœurs et les vues des habitants du pays où il réside. Plus généralement, et au XVIIIe siècle en particulier, cosmopolite se dit d'un homme qui s'affirme volontiers citoyen du monde.
déisme : croyance en l'être suprême (Dieu) hors de toute religion révélée, et de tout dogme.
démiurgie : puissance de créer les êtres.
dithyrambe : discours dans lequel on fait l'éloge, parfois exagéré, d'une personne, d'un acte, d'une institution...
égérie : femme qui joue auprès d'un homme un rôle de conseillère secrète, voire d'inspiratrice.
églogue : court poème inspiré par le sentiment de la nature.

égotisme : attention portée à soi-même ; complaisance à analyser sa personnalité physique et morale.
élégie : poésie lyrique exprimant un sentiment intime et triste.
ellipse : suppression d'un ou plusieurs mots dans une phrase pour la rendre plus expressive. *Art de l'ellipse* : art marqué par l'usage des raccourcis et des sous-entendus.
empirisme : méthode, procédé de pensée ou théorie de la connaissance qui repose sur l'expérience.
épigramme : courte pièce satirique.
ésotérisme : doctrine selon laquelle les connaissances essentielles ne peuvent ou ne doivent être communiquées qu'à un petit nombre de disciples.
évangélisme : pensée qui prétend découvrir dans les seuls Evangiles la vérité chrétienne.
exégèse : explication, interprétation d'un texte dont le sens est obscur.
féminisme : doctrine et discours qui tendent à faire reconnaître la valeur et le droit au pouvoir des femmes.
féministe : voir féminisme.
feuilleton : roman publié dans un journal par extraits successifs, chaque jour, chaque semaine ou chaque mois.
glose : annotation en marge d'un texte pour expliquer une pensée supposée obscure.
hyperbole : figure de style qui consiste à souligner une idée en en exagérant l'expression (opposé à litote*).
illuminisme : doctrine ésotérique selon laquelle les vérités sont révélées par une illumination intérieure. L'illuminisme est lié au nom de l'écrivain et savant suédois Swedenborg (1688-1772).
innutrition : emprunt que le poète s'est approprié et qu'il a transcrit dans une forme qui lui est propre.
Leporello : serviteur de Don Giovanni chez Mozart. Equivalent du Sganarelle de Molière. Chante, dans l'opéra de Mozart, l'air dit du catalogue.
libelle : court écrit de caractère polémique ou satirique, qui attaque, sur un ton injurieux ou diffamatoire, une institution, et plus souvent une personne.
libéralisme : au XIXe siècle surtout, où il apparaît comme une théorie progressiste, le mot désigne la doctrine économique du libre-échange et du non-interventionnisme de l'Etat. Plus généralement, principe de la liberté érigée en système d'économie et de politique.
libertin, libertinage : esprit fort qui refuse le principe d'autorité de la religion officielle. Par

extension, est dit libertin celui qui a des mœurs non conformes à la morale courante, en particulier sur le plan sexuel.

litote : figure de rhétorique qui consiste à atténuer l'expression d'une pensée pour faire comprendre le plus en disant le moins.

machiavélisme : doctrine de Machiavelli (1469-1527), présentée dans *Le Prince* et mettant l'accent sur l'absence de principes et sur le réalisme comme source de la tyrannie.

macrocosme : l'univers par opposition à l'homme.

manifeste : déclaration écrite, par laquelle une personne ou un groupe prend position et justifie cette position publiquement.

matérialisme : doctrine philosophique selon laquelle il n'existe pas d'autre substance que la matière.

métaphore : transfert de sens par substitution d'un élément, par « volonté de mieux dire ». .

métaphysique : réflexion qui a pour but la recherche de l'origine et de la finalité de l'homme, de l'univers, de la connaissance.

Michel de L'Hospital (1505-573) : Chancelier de France, célèbre par ses ordonnances.

microcosme : l'homme considéré par certains philosophes comme une image réduite du monde.

mystique : doctrine philosophique et religieuse qui postule l'union de l'homme à Dieu. *Mystique* se dit du sentiment par lequel l'esprit aperçoit directement et intimement la divinité.

Narcisse : il s'éprit de lui-même en regardant sa propre image reflétée dans l'eau et en mourut noyé.

néologisme : mot nouveau, ou employé dans un sens nouveau.

nouvelle : œuvre romanesque courte.

Orphée : dans la mythologie grecque, musicien ; il charma par sa musique les divinités des Enfers qui lui rendirent son épouse, Eurydice, morte le jour de ses noces.

ostentation : mise en valeur, affectation.

pamphlet : court récit polémique ou satirique, qui attaque avec violence et, dans le cas de Voltaire, avec une verve acide, les institutions, la religion, ou une personne...

période : phrase complexe qu'on ne comprend qu'après l'avoir lue entièrement.

périphrase : expression désignant une personne ou une chose. ex. : *Bossuet : l'Aigle de Meaux.*

philologue : spécialiste de l'étude linguistique, grammaticale des textes.

prédestination (dogme de la) : croyance que Dieu sait d'avance si les hommes seront sauvés ou non.

prémisses : données *a priori*, principes fondamentaux sur lesquels repose une réflexion.

Protée : dieu marin qui changeait de forme à volonté.

Providence : autorité de Dieu sur la création ; par extension : destin.

psychopathologie : section de la médecine qui étudie les troubles mentaux.

redondance : caractère d'un discours abondant, orné, et qui redonne inutilement une information qui a déjà été livrée.

rondeau : chanson à danser de 13 vers en 3 strophes.

scientisme : confiance absolue dans le pouvoir de la science.

sémantique : étude qui s'attache à une compréhension scientifique de la signification.

sensualisme : théorie psychologique, essentiellement représentée par Condillac au XVIIIe siècle, selon laquelle les connaissances viennent des sensations.

spiritisme : doctrine qui enseigne la croyance aux esprits, à leurs manifestations, et à la possibilité de communiquer avec eux.

stoïcisme : le stoïcien veut obéir à la seule raison et ne pas se laisser atteindre par les sentiments.

Swedenborg : voir illuminisme*.

syllogisme : type de raisonnement déductif qui vise à tirer une vérité particulière d'une vérité universelle.

théocentrisme : théorie qui met Dieu au centre de l'univers.

Tiers Etat : dans l'Ancien Régime, cette partie (numériquement majoritaire) de la société française qui ne relève ni de l'aristocratie ni du clergé ; au XIXe siècle, elle s'appellera « le peuple ».

utopie : conception politique, philosophique ou morale, idéale, tenant peu compte de la réalité.

Le Moyen Age (800-1453)

Charlemagne, empereur d'Occident (800)
Hugues Capet, roi de France (987)
Conquête de l'Angleterre par Guillaume le Conquérant (1066)
Aliénor, reine d'Angleterre (1154)
Philippe Auguste (1180-1223)
Prise de Constantinople (IVe croisade, 1204)
Saint Louis (1226-1270)
Philippe le Bel (1285-1314)
Avignon, résidence des papes (1300-1377)
Guerre de Cent Ans (1337-1453)
Jeanne d'Arc (1412-1431)
Chute de Constantinople (1453)

Serments de Strasbourg (842)
Cantilène de sainte Eulalie (vers 881)
Chanson de Roland (vers 1100)
Marie de France : *Lais* (1160-1170)
Tristan et Iseult (1170)
Fabliaux (1150-1340)
Chrétien de Troyes : *Lancelot* (1165-1190)
Nibelungenlied (1190)
Parsifal (1200-1220)
Roman de Renart (1174-1205)
Villehardouin : *Conquête de Constantinople* (1207-1213)
Aucassin et Nicolette (1200-1225)
Cycle du Graal (1200-1235)
Roman de la rose (1 : 1236 ; 2 : 1275-1280)
Rutebeuf : *Miracle de Théophile* (1260)
Adam de la Halle : *Jeu de la feuillée* (1275), *Jeu de Robin et Marion* (1285)
Joinville : *Histoire de Saint Louis* (1309)
Machaut, poète et musicien de cour (1300-1377)
Dante : *Divine Comédie* (1315)
Boccace : *Le décameron* (1348)
Froissart : *Chroniques* (1370-1400)
Gréban : *Mystère de la Passion* (1450)
Charles d'Orléans (1391-1465) : *Ballades*
La farce de Maître Pathelin (1465)
Commynes : *Mémoires* (1489-1498)
Villon : *Le grand testament* (1462)

Construction des grandes cathédrales : Toulouse, Autun, Chartres, Arles, Notre-Dame de Paris, Rouen, Sainte-Chapelle, Cologne, Westminster, Florence
Giotto : Vie de Saint-François (1295-1300)
Roublev : icône La Trinité (1411)
Fra Angelico : Annonciation (1430)

La Renaissance (1453-1610)

L'Age baroque (1598-1635)

L'Age classique
(1635-1680)

Événements politiques

Régence de Marie de Médicis (1610-1624)
Richelieu et Louis XIII (1618-1648)
Guerre de Trente Ans (1635)
Mazarin (1643-1661)
Fronde des princes (1650-1652)
Louis XIV (1661-1715)
Paix d'Aix-la-Chapelle (1668)
Guerre de Hollande (1672)
Paix de Nimègue (1678)

Vie littéraire en France

L'Astrée (1607-1619)
Descartes : *Discours de la méthode* (1637)
Corneille : *Le Cid* (1636), *Horace* (1640), *Cinna* (1640), *Polyeucte* (1642), *Rodogune* (1644), *Nicomède* (1651), *Suréna* (1674), *Iphigénie* (1674)
Pascal : *Provinciales* (1656), *Pensées* (1670)
Molière : *Les précieuses ridicules* (1659), *L'école des femmes* (1662), *Tartuffe* (1664), *Dom Juan* (1665), *Le misanthrope* (1666), *L'avare* (1668), *Le bourgeois gentilhomme* (1670), *Les femmes savantes* (1672), *Le malade imaginaire* (1673)
La Fontaine : *Fables* (I-VI, 1668), *Fables* (VII-XI, 1678), *Fables* (XII, 1694)
Racine : *Andromaque* (1667), *Britannicus* (1669), *Bérénice* (1670), *Bajazet* (1672), *Mithridate* (1673), *Phèdre* (1677)
La Rochefoucauld : *Maximes* (1665)
Boileau : *Art poétique* (1674)
Mme de La Fayette : *La princesse de Clèves* (1678)

Art en France et en Europe

Rembrandt : *La leçon d'anatomie* (1631), *La ronde de nuit* (1642)
Jacques Callot : *Les misères de la guerre* (1633)
Poussin : *Les bergers d'Arcadie* (1650)
Vélasquez : *Les ménines* (1656)
Construction de Vaux-le-Vicomte (1657-1661)
Vermeer : *Vue de Delft* (1658-61)
Le Vau et Le Nôtre à Versailles (1665)
Académie de France à Rome et colonnade du Louvre (1670)
Construction des Invalides (1670)
Couperin (1668-1733)
Hardouin-Mansart à Versailles (1679)
Wren : cathédrale Saint-Paul à Londres (1675-1712)

La crise de la conscience européenne
(1680-1715)

Événements politiques

Révocation de l'Édit de Nantes (1685)
Guerre de succession d'Espagne (1701-1714)
Paix d'Utrecht (1713) et de Rastadt (1714)
Mort de Louis XIV (1715)

Vie littéraire en France

Querelle des Anciens et des Modernes (1678-1694)
La Bruyère : *Les caractères* (1688)
Fénelon : *Télémaque* (1695)
Bayle : *Dictionnaire* (1697)
Fontenelle : *Entretiens sur la pluralité des mondes* (1686)
Le sage : *Turcaret* (1709)

Art en France et en Europe

Fondation de Saint-Pétersbourg (1703)
Destruction de Port-Royal des Champs (1710-1712)
Chapelle de Versailles (1698-1710)

Événements politiques

Régence du duc d'Orléans (1715-1723)
Règne de Louis XV (1723-1774)
Ministère de Fleury (1726-1743)
Guerre de succession de Pologne (1733-1738)
Guerre de succession d'Autriche (1741-1748)
Traité d'Aix-la-Chapelle (1748)
Frédéric II, roi de Prusse (1740-1786)

Vie littéraire en France

Lesage : *Gil Blas* (1715)
Montesquieu : *Lettres persanes* (1721), *De l'esprit des lois* (1748)
Marivaux : *Le jeu de l'amour et du hasard* (1730), *Le paysan parvenu* (1735), *Les fausses confidences* (1737)
Prévost (Abbé) : *Manon Lescaut* (1731)
Voltaire : *Lettres anglaises* (1734), *Zadig* (1747), *Le siècle de Louis XIV* (1751), *Micromégas* (1752)
Vauvenargues : *Maximes* (1746)
Diderot : *Lettre sur les aveugles* (1749)
Rousseau : *Discours sur les sciences et les arts* (1750)
Premier tome de l'*Encyclopédie* (1751)

Art en France

Watteau : *Gilles* (1716), *Embarquement pour Cythère* (1717)
Rameau : *Traité d'harmonie* (1722), *Les Indes galantes* (1735)
Chardin : *La raie ouverte, Le benedicite* (1739)
Boucher : *Le déjeuner* (1738)

Art et littérature en Europe

Defoe : *Robinson Crusoé* (1719)
Bach : *Concertos brandebourgeois* (1721), *Passion selon saint Matthieu* (1729)
Swift : *Voyages de Gulliver* (1726)
Pergolèse : *La servante maîtresse* (1733)
Scarlatti : *Sonates pour clavecin* (1737)
Young : *Les nuits* (1742)
Hogarth : *Mariage à la mode* (1743)
Fielding : *Tom Jones* (1749)
Tiepolo : Fresques de Würzburg (1750-1753)
Goldoni : *comédies vénitiennes* (1750)

Événements politiques

Guerre de Sept Ans (1756-1763)
Règne de Louis XVI (1774-1791)
Guerre d'Indépendance d'Amérique du Nord (1775-1783)

Vie littéraire en France

Rousseau : *Discours sur l'inégalité* (1755), *La nouvelle Héloïse* (1761), *Le contrat social, Émile* (1762), *Rêveries* (1782), *Confessions* (1782-1789)
Diderot : *Le fils naturel* (1757), *La religieuse* (1760), *Le neveu de Rameau* (1762), *Le rêve de d'Alembert* (1767), *Jacques le fataliste* (1773)
Voltaire : *Candide* (1759), *L'ingénu* (1767)
Beaumarchais : *Le barbier de Séville* (1775), *Le mariage de Figaro* (1784)
Choderlos de Laclos : *Les liaisons dangereuses* (1782)
Bernardin de Saint-Pierre : *Paul et Virginie* (1787)

Art en France

Greuze : *Le père de famille* (1755)
Soufflot : le Panthéon (1764-1780)
Construction du Petit Trianon (1762-1768)
Fragonard : *La fête à Saint-Cloud* (1776)
David : *Le serment des Horaces* (1785)

Art et littérature en Europe

Piranesi : *Antiquités romaines* (1756)
Macpherson : *Chants d'Ossian* (1760)
Gluck : *Orphée et Eurydice* (1762)
Lessing : *Minna von Barnhelm* (1767)
Sterne : *Voyage sentimental* (1768)
Gœthe : *Werther* (1774)
Scala de Milan (1776-1780)
Schiller : *Les brigands* (1782), *Don Carlos* (1787)
Kant : *Critique de la raison pure* (1781)
Mozart : *Les noces de Figaro* (1786), *Don Giovanni* (1787)
Guardi : *Vedute* et *Capricci* vénitiens (1786)

Événements politiques

Révolution française (1789)
Assemblée législative (1791)
Chute de la royauté (1792)
La Convention (1792-93)
Terreur (1794)
Directoire (1795)
Bonaparte et la campagne d'Italie (1796)
Bonaparte en Égypte (1798)
Coup d'État de brumaire (1799)
Consulat (1799)
Bonaparte Consul (1802)

Vie littéraire en France

Sade : *Justine ou les malheurs de la vertu* (1791), *La philosophie dans le boudoir* (1795)
Publication posthume de *Jacques le fataliste* (1796)
Chénier : *Iambes* (1794)
Chateaubriand : *Essai sur les révolutions* (1797), *Atala* (1801), *René* (1802), *Le génie du christianisme (1802)*

Art en France

David : *Serment du Jeu de paume* (1791), *L'assassinat de Marat* (1793), *Les sabines* (1799), *Mme Récamier* (1800)
Rouget de l'Isle : *La Marseillaise* (1792)
Chénier : *Le chant du départ* (1794)
Gros : *Bonaparte au pont d'Arcole* (1798)

Art et littérature en Europe

Mozart : *La flûte enchantée* (1791)
Goya : *Le mannequin* (1791), *La duchesse d'Albe* (1795), *Caprices* (1799), *La Maja nue* (1801)
Haydn : *Stabat Mater* (1793), *Les saisons* (1801)
Blake : *Les vieillards* (1794)
Schiller : *Wallenstein* (1796-1799), *Marie Stuart* (1800)
Gœthe : *Wilhelm Meister* (1795-1831)
Novalis : *Hymnes à la nuit* (1800)
Beethoven : *Sonate à Kreutzer* (1802)

Événements politiques

L'Empire (1804-1815)
Trafalgar/Austerlitz (1805)
4e coalition (Iéna) (1806)
Victoires Eylau-Friedland (1807)
Metternich chancelier (1809)
Campagne de Russie (1812)
Napoléon vaincu (1813)
Les Cent-Jours (1814-1815)
Ouverture du congrès de Vienne (1815)

Vie littéraire en France

Senancour : _Oberman_ (1804)
Chateaubriand : _Les martyrs_ (1809), _Mémoires d'outre-tombe_ (1811-1848)
Mme de Staël : _De l'Allemagne_ (1810)
Benjamin Constant : _Adolphe_ (1816)

Art en France

Gros : _Les pestiférés de Jaffa_ (1804)
David : _Le sacre de Napoléon_ (1805)
Ingres : _Portrait de Napoléon_ (1806), _Œdipe et le Sphinx_ (1808)
Chalgrin : Arc de Triomphe de Paris (1808)
Géricault : _L'officier des chasseurs_ (1812), _Le cuirassier blessé_ (1814)

Art et littérature en Europe

Schiller : _Guillaume Tell_ (1804)
Beethoven : _Waldstein, Fidelio_ (1805-1814)
Turner : _La Tamise, Vue de Wolton Bridge_ (1807)
Hegel : _Phénoménologie de l'esprit_ (1807)
Gœthe : _Faust_ (1808), _Les affinités électives_ (1809)
Caspar Friedrich : _La croix dans la montagne_ (1808)
Fichte : _Discours à la nation allemande_ (1807)
Hoffman : _Contes fantastiques_ (1810-1820)
Grimm : _Contes populaires_ (1812-1822)
Byron : _Childe Harold_ (1812)
Goya : _Exécution des rebelles à Madrid_ (1814)
Rossini : _Le Barbier de Séville_ (1816)
Beethoven : _9e symphonie_ (1815-1823)

Événements politiques

Retour de Louis XVIII (1815)
Congrès d'Aix-la-Chapelle (1818)
Bernadotte, roi de Suède (1818)
Mort de Napoléon (1821)
Renversement de Charles X (1830)
Révolution de juillet (1830)
Prise d'Alger (1830)
Monarchie de Juillet avec Louis-Philippe (1830)
Ministère Thiers (1834-1836)

Vie littéraire en France

Lamartine : *Méditations poétiques* (1820)
Hugo : *Odes et ballades* (1826), Préface de *Cromwell* (1826), *Les orientales* (1829), *Hernani* (1830), *Notre-Dame de Paris* (1831), *Les feuilles d'automne* (1831), *Lucrèce Borgia* (1833), *Les chants du crépuscule* (1835)
Stendhal : *Armance* (1827), *Le rouge et le noir* (1830)
Balzac : *La peau de chagrin* (1831), *Le médecin de campagne* (1833), *Eugénie Grandet* (1833), *Le père Goriot* (1834), *Le lys dans la vallée* (1836)
Vigny : *Poèmes antiques et modernes* (1826-37), *Cinq-Mars* (1826)

Art en France

Géricault : *Le radeau de la méduse* (1819)
Delacroix : *Dante et Virgile aux enfers* (1822)
Corot : *Pont de Narni* (1927)
Daumier : *Caricatures* (1830)
Berlioz : *La symphonie fantastique* (1830)
Rude : *Le départ des volontaires* (1832-36)

Art et culture en Europe

Byron : *Manfred* (1817), *Don Juan* (1818)
Walter Scott : *Ivanhoé* (1819)
Schopenhauer : *Le monde comme volonté et comme représentation* (1818)
Schubert : *La truite* (1819)
Weber : *Le Freischütz* (1821)
Heine : *Le livre des chants* (1825-1830)
Pouchkine : *Boris Godounov* (1825), *Eugène Onéguine* (1833)
Cooper : *Le dernier des Mohicans* (1826)
Manzoni : *Les fiancés* (1827)
Rossini : *Guillaume Tell* (1829)
Chopin : *Deuxième concerto pour piano* (1830)
Bellini : *Norma* (1831)
Pellico : *Mes prisons* (1832)
Donizetti : *Lucia di Lammermoor* (1835)

Événements politiques

Arrestation de Barbès et Blanqui (1839)
Ministère Guizot (1847)
Abdication de Louis-Philippe (1848)

Vie littéraire en France

Victor Hugo : *Les voix intérieures* (1837), *Ruy Blas* (1838), *Les rayons et les ombres* (1840)
Stendhal : *La chartreuse de Parme* (1839)
Balzac : *Les illusions perdues* (1837), *La rabouilleuse* (1841), *La cousine Bette* (1846), *Le cousin Pons* (1847)
Vigny : *Stello* (1832), *Servitude et grandeur militaires* (1835)
Michelet : *Le peuple* (1846)
Musset : *Lorenzaccio* (1834), *La confession d'un enfant du siècle* (1836)
Lamartine : *Recueillement* (1839)
Mérimée : *Colomba* (1840), *Carmen* (1845)
Dumas père : *Les trois mousquetaires* (1844), *Le comte de Monte-Cristo* (1846)
Eugène Sue : *Les mystères de Paris* (1842)
Aloysius Bertrand : *Gaspard de la nuit* (1842)
George Sand : *La mare au diable* (1846)
Dumas fils : *La dame aux camélias* (1848)

Art en France

Invention de la photographie (1839)
Delacroix : *L'entrée des croisés à Constantinople* (1840)
Berlioz : *Requiem* (1837), *La damnation de Faust* (1846)

Art et culture en Europe

Schumann : *Les amours du poète* (1840)
Poe : *Histoires extraordinaires* (1840-1845)
Rossini : *Stabat mater* (1842)
Wagner : *Le vaisseau fantôme* (1843), *Tannhaüser* (1845)
Kierkegaard : *Le concept d'angoisse* (1844)
Turner : *Pluie, vapeur, vitesse* (1844)
Emily Brontë : *Les hauts de hurlevent* (1847)
Marx Engels : *Manifeste communiste* (1847)

L'éclatement des genres

Événements politiques

Louis Napoléon Bonaparte président (1848)
Coup d'État de Louis Napoléon (1851)
IIe Empire

Vie littéraire en France

Chateaubriand : publication des *Mémoires d'outre-tombe* (1850)
Hugo : *Les châtiments* (1853), *Les contemplations* (1856), *La légende des siècles* (1859-1883), *Les Misérables* (1862), *Les travailleurs de la mer* (1866)
Leconte de Lisle : *Poèmes antiques* (1852)
Nerval : *Les filles du feu* (1854), *Aurélia* (1855)

Art en France

Courbet : *L'enterrement à Ornans* (1849), *L'atelier du peintre* (1855), *La falaise d'Étretat* (1870)
Corot : *Le port de La Rochelle* (1851)
Doré : *Gravures sur bois* (1854)
Berlioz : *L'enfance du Christ* (1854)

Environnement artistique et culturel

Kierkegaard : *Traité du désespoir* (1849)
Melville : *Moby Dick* (1851)
Verdi : *La traviata* (1853), *Le trouvère* (1853), *Aïda* (1871)
Whitman : *Feuilles d'herbe* (1855)

(1848-1870)

Occupation de Saïgon (1859)
Rattachement de la Savoie et de Nice à la France (1860)
Guerre France/Prusse
Défaite de Sedan (1870)
IIIe République (1871)
Commune de Paris (1871)

Musset : *Comédies et proverbes* (1854)
Flaubert : *Madame Bovary* (1856), *Salammbô* (1862),
L'éducation sentimentale (1869)
Baudelaire : *Les fleurs du mal* (1857)
Daudet : *Lettres de mon moulin* (1866)
Verlaine : *Poèmes saturniens* (1866), *La bonne chanson* (1870)
Lautréamont : *Chants de Maldoror* (1868-1869)

Millet : *Les glaneuses* (1857)
Gounod : *Faust* (1859), *Roméo et Juliette* (1867)
Manet : *Le déjeuner sur l'herbe* (1863), *Olympia* (1863)
Offenbach : *La vie parisienne* (1866)
Monet : *Femmes au jardin* (1866)
Cézanne : *La tranchée, La montagne Sainte-Victoire* (1867)
Renoir : *Le ménage Sisley* (1868)
Carpeaux : *La danse* (1867)

Brahms : *Requiem allemand* (1857-1868)
Tolstoï : *Guerre et paix* (1865-1869)
Lewis Carroll : *Alice au pays des merveilles* (1865)
Wagner : *Tristan et Isolde* (1865)
Taine : *Philosophie de l'art* (1865-1869)
Dostoïevski : *Crime et châtiment* (1866)
Marx : *Le capital* (1867)
Ibsen : *Peer Gynt* (1867)
Moussorgsky : *Boris Godounov* (1869-1872)
Whistler : *Portrait de la mère de l'artiste* (1870)

Vers le XXᵉ siècle (1870-1890)

Événements politiques

Guerre franco-prussienne (1870-1871)
Fondation de la IIIᵉ République, la Commune (1871)
Kulturkampf en Allemagne (1871-1878)
Victoria reine d'Angleterre, impératrice des Indes (1877)
Assassinat d'Alexandre II (1881)
« Dreibund » entre l'Allemagne, l'Italie, l'Autriche (1882)
Guillaume II, empereur d'Allemagne (1888)

Vie littéraire en France

Zola : *Les Rougon-Macquart* (1871-1893)
Daudet : *Tartarin de Tarascon* (1872), *Sapho* (1884)
Rimbaud : *Une saison en enfer* (1873)
Flaubert : *La tentation de saint Antoine* (1874), *Trois contes* (1877), *Bouvard et Pécuchet* (1881)
Verlaine : *Sagesse* (1881), *Jadis et naguère* (1885)
Barbey d'Aurevilly : *Les diaboliques* (1874), *Croquis parisiens* (1880)
Mallarmé : *L'après-midi d'un faune* (1876), *Poésies complètes* (1887)
Maupassant : *Boule-de-suif* (1880), *La maison Tellier* (1881), *Une vie* (1883), *Contes et nouvelles, Bel-Ami* (1885)
Henry Becque : *Les corbeaux* (1882)
Huysmans : *A rebours* (1884)
Laforgue : *Complaintes* (1885)
Claudel : *Tête d'or* (1890)

Art en France

Monet : *Impression — Soleil levant* (1872)
Degas : *La classe de danse* (1874), *Le viol* (1875)
Renoir : *La loge* (1874), *Le moulin de la Galette, La balançoire* (1876)
Monet : *série sur Argenteuil* (1874)
Saint-Saëns : *Samson et Dalila* (1877)
Manet : *Nana* (1877), *La serveuse de bocks* (1879)
Rodin : *L'homme qui s'éveille à la nature* (1877)
Offenbach : *Les contes d'Hoffmann* (1881)
Massenet : *Manon* (1884)
Fauré : *Requiem* (1887)

Environnement artistique et culturel

Andersen : *Contes danois* (1872)
Tolstoï : *Anna Karénine* (1873-1876)
Verdi : *Requiem* (1874), *Othello* (1887)
Moussorgsky : *Tableaux d'une exposition* (1874)
Wagner : *L'anneau du Nibelung* (1848-1876), *Parsifal* (1882)
Ibsen : *Maison de poupée* (1879)
Strindberg : *La chambre rouge* (1879), *Père* (1887)
Dostoïevsky : *Les frères Karamazov* (1880)
Stevenson : *L'île au trésor* (1883)
Nietzsche : *Ainsi parlait Zarathoustra* (1885)
Van Gogh : *Les mangeurs de pommes de terre* (1885)
Tchekhov : *Ivanov* (1887)
Moore : *Confessions of a Young Man* (1888)

Table

llustrations

123   *Apothéose de Voltaire,* BN, Estampes, photo Hachette.

126   *Le neveu de Rameau,* mise en scène de Jean-Marie Simon (Jean-Marc Bory) (1980), photo Enguerand.

129   *Jonas, qui aura 20 ans en l'an 2000,* film d'Alain Tanner (1976), coll. *Cahiers du cinéma.*

131   HLM à La Courneuve, photo Baitel/Rush.

136   *Manon 70,* de Jean Aurel (Catherine Deneuve) (1970), Archives *Cahiers du cinéma.*

139   *Suzanne Simonin, La religieuse de Diderot* (1966), de Jacques Rivette, collection Cahiers du cinéma.

141   *Les liaisons dangereuses,* scénario de Roger Vailland, mise en scène de Vadim (Jeanne Moreau) (1960), films Marceau Cocinor.

143   *Salo ou les 120 journées de Sodome,* de P.P. Pasolini (1976), Coll. *Cahiers du cinéma.*

144   *La dispute,* de Marivaux, mise en scène de Patrice Chéreau (1974), photo Bricage.

146   *Les noces de Figaro,* de Mozart, mise en scène de Strehler (Marie Mac Laughlin, Margaret Price) (1973), photo Marc Enguerand/CDDS.

148   *Abbaye dans un bois de chênes,* de C.D. Friedrich (1774-1840) (détail), Hamburger Kunsthalle, photo Ralph Kleimhenpel.

151   *Stonehenge,* de Constable (1776-1837), Victoria and Albert Museum, Londres, photo Giraudon.

154   Construction de la tour Eiffel, B.N., Cliché Hachette.

162   *Mur d'atelier* (1872), de Menzel, Hamburger Kunsthalle, photo Ralph Kleimhenpel.

165   Ruines antiques, collection particulière.

175   *Hernani,* de Victor Hugo, mise en scène d'Antoine Vitez (1985) (Vitez et Jenny Gastaldi), photo Bricage.

177   *Justitia,* dessin de Victor Hugo, photo Bulloz.

183   *Prima della revoluzione,* de Bertolucci (Adriana Asti), collection particulière.

196   1. *Cabinet de lecture des chiffonniers,* Musée de la préfecture de police, photo Hachette.

       2. *Escalier du Bon Marché,* gravure de Baudemarde, d'après un dessin de Deroy et Lix, Paris, BN, photo Hachette.

       3. *Paris qui s'éveille,* BN Estampes, photo Hachette.

       4. *Les halles de Paris,* coupe d'un pavillon, dessin de Lancelot, BN, photo Hachette.

197   1. *La fabrication du pain,* carte postale, collection particulière, photo Jean-L. Charmet.

       2. *Une filature près de Remiremont,* L'Illustration, BN, photo Hachette.

       3. *Le pain,* dessin de V. Foulquier (détail), photo Roger Viollet.

       4. Trouville, Seeberger, Arch. phot. Paris, SPADEM.

199   *La modiste,* de Toulouse-Lautrec (1864-1901), Musée d'Albi, photo Lauros-Giraudon.

207   Manifestation de femmes aux houillères du Creusot, BN, photo Hachette.

209   *L'Île aux Morts* (1883), de Böcklin, Berlin, Nationale Galerie, photo Hinz Ziola.

217   *Le silence,* d'Odilon Redon (1840-1916), Musée d'Art Moderne, New York, photo Bulloz.

219   *Les contes d'Hoffmann,* mise en scène de Patrice Chéreau (1974).

221   *Jeune fille endormie* (1918), de Schiele, droits réservés.

227   Peinture à l'encre de Chine, d'Henri Michaux (1899-1984), photo Lauros-Giraudon.

231   *L'entrée du Christ à Bruxelles* (1888), de James Ensor, Musée des Beaux-Arts, Anvers, photo Faillet-Ziolo.

233   *Étude au crayon, pour Mallarmé* (vers 1930-32), d'Henri Matisse, photo B.N., © SPADEM.

Aubin Imprimeur Ligugé, Poitiers. N° d'édition 02 / N° de collection 06 / N° d'impression L 26155.
Dépôt légal, n° 7794-02-1988